政府权责清单制度
实施效果评价研究

叶　勇　林仁镇◎著

ZHENGFU QUANZE QINGDAN ZHIDU

SHISHI XIAOGUO PINGJIA YANJIU

中国出版集团 | 全国百佳图书
中国民主法制出版社 | 出版单位

图书在版编目(CIP)数据

政府权责清单制度实施效果评价研究 / 叶勇，林仁镇著 .—北京：中国民主法制出版社，2023. 5

ISBN 978-7-5162-3216-3

Ⅰ. ①政… Ⅱ. ①叶… ②林… Ⅲ. ①行政管理－政治制度－研究－中国 Ⅳ. ① D63

中国国家版本馆 CIP 数据核字（2023）第 074514 号

图书出品人：刘海涛
出版统筹：石　松
责任编辑：刘险涛

书　　名 / 政府权责清单制度实施效果评价研究
作　　者 / 叶　勇　林仁镇　著

出版·发行 / 中国民主法制出版社
地址 / 北京市丰台区右安门外玉林里 7 号（100069）
电话 /（010）63055259（总编室）　63058068　63057714（营销中心）
传真 /（010）63055259
http: //www.npcpub.com
E-mail: mzfz@npcpub.com
经销 / 新华书店
开本 / 16 开　710 毫米 ×1000 毫米
印张 / 21.5　**字数** / 272 千字
版本 / 2023 年 8 月第 1 版　　2023 年 8 月第 1 次印刷
印刷 / 廊坊市海涛印刷有限公司

书号 / ISBN 978-7-5162-3216-3
定价 / 98.00 元

前 言

作为制约与监督公共权力的新举措，在经历了初现端倪、试点导入和规范推广阶段之后，清单式的权力公开机制逐渐形成并不断得到完善，有效地规范了政府权力的运行和督促了政府责任的担当，初步构筑了政府权责清单制度分析框架，在当今公共议题讨论中日渐兴盛。但作为一个发展历程较短的新兴事物，理论界和实务界对政府权责清单制度的研究力度和视域还需深化与拓展：首先，目前推行政府权责清单制度的实践远远超越了相关的理论研究，对政府权责清单制度的概念还没有科学权威的界定，缺乏严密的逻辑体系，更没有形成明确的切入角度、研究范畴和框架设计；其次，至今尚未对政府权责清单制度的改革实践做出全面、客观的跟踪评价，因而难以确切了解并详细比较各级政府及其工作部门的运行模式、发展路径以及改革成效；最后，既有的研究没有从面临的实际问题来探索其具体功能及实现途径，对推行政府权责清单制度的内在要素、实际情境、行动网络和动态过程等更为宏观的高层次体系都还没全面涉及，提出的对策和建议其针对性和可操作性有待加强。总之，如何保障我国政府权责清单制度在理想范围内健康、稳定、持续运转，建立一套科学客观的指标体系，对实际进程与效果予以科学规范的计量，从而揭示出当前存在的不足及深层次问题，进而为其制定相应的政策法规与对策建议，就显得极为迫切和必要。

对此，本书遵循“提出问题—分析问题—解决问题”的逻辑线索，努力编制一套合理且有效的政府权责清单制度实施效果评价指标体系，详尽考察当前政府权责清单制度的实施现状，由此探寻出具有可操作性的解决问题的措施和途径，旨在激活政府权责清单制度的评价机制，充分发挥政府权责清单制度的综合效用。

首先，基于对国内外研究现状、相关概念和理论基础、制度演进轨迹以及实践检视的挖掘，为推进政府权责清单制度实施效果评价进行整体性思考并提供现实基础及理论支撑。

其次，从政府权责清单制度实施效果评价的必要性和所面临的困境两个方面对我国政府权责清单制度实施效果评价的客观诉愿进行论述。

然后，就是对政府权责清单制度绩效评价指标体系进行设计尝试，以公共利益为总价值取向，延伸出民主、服务、效率、公民权四个层面的目标，主要遵循系统优化、科学规范、客观公正、公众参与、操作简便、动态发展等指导原则，从“制度制定—制度执行—制度结果—公众满意度”四个角度出发，对指标体系进行维度考量；在文献阅读、资料分析、问卷调查和实地走访调查的基础上，运用头脑风暴法、德尔菲法等研究方法构建绩效评价指标体系的指标池，形成了包含74个指标的指标体系。同时，对所构建的指标体系进行隶属度分析、相关性分析，以及信度、效度检验等进行有实证根据的筛选，确定包含48个指标的政府权责清单制度绩效评价指标体系，进而运用层次分析法确定各维度和绩效评价指标权重值。

此外，通过指标体系的应用性细化后，对A省B县进行实证研究，依据细化说明测量出该县政府权责清单制度主观指标和客观指标的实际值，进而为指标体系的操作性提供实例探究，初步实现对政府权责清单制度实施效果的研判。

再者，为深入透析目前政府权责清单制度实施过程中存在的问题及原因，本书选取了B县县直部门主要负责同志、分管领导、科室负责人、具体经办人员等人进行采访。结合个别被访谈者提及的信息，总结提炼出目前政府权责清单制度存在的主要困境，即专业素质有待提升、监督机制不健全、政府宣传工作不到位等。另外，基于访谈法获取的原始资料信息，结合扎根理论，借助 NVivo 11 软件作为编码和分析的工具，对访谈文本资料进行逐级编码，从而归纳出影响目前政府权责清单制度实施的关键因素，即思想认识存在偏差、相关配套机制缺失、社会公众参与不足、制定缺乏规范性、法律法规依据缺位等。

最后，结合我国政府权责清单制度实施效果评价的客观诉愿、指标体系的构建及政府实施权责清单制度过程中取得的经验和存在的不足，从完善制度制定工作，提高制度的合理性；有力推进制度执行，实现制度预期目标；重视制度执行结果，推进制度优化调整；构建公民参与机制，提升公众的满意度等四个方向来探寻政府权责清单制度的下一步改革行动指南。

目　录

CONTENTS

第一章 绪 论

政府权责清单制度是中国行政体制改革过程中的一项创新性制度安排，是优化政府职责体系的重要手段之一。《中共中央关于制定国民经济和社会发展第十四个五年规划和2035年远景目标的建议》指出，要“深化简政放权、放管结合、优化服务改革，全面实行政府权责清单制度”。党的二十大报告再次强调要“转变政府职能，优化政府职责体系和组织结构”。从最初的权力清单、责任清单等逐步发展到当下的政府权责清单制度，得益于政府体制的改革和创新。推进政府权责清单制度，是促进国家治理体系和治理能力现代化的重要举措。

权责清单在现实中扮演着重要的角色和发挥着重要的功能，但作为一个发展历程较短的新兴事物，理论界和实务界对政府权责清单制度的研究还有待深入，需要更准确地归纳定义、特点、运作模式、改革成效等。尤其在制度运行一定阶段后，需要构建完备的绩效评价指标体系，对当前运行的政府权责清单制度进行评价，以发现这个过程中存在的问题，为相应对策建议的提出提供依据，推动政府权责清单制度的进一步发展。

第一节　论题选择与研究意旨

中国特色的行政体制改革与创新，既是中国改革事业发展的重要组成部分，也是一项实践性的难题。政府权责清单制度是一项行政实践先于理论研究的创新性安排，研究探讨新时代行政制度问题，关注政府权责清单制度的演进与评价，已经成为新时代进一步推进政府改革的题中之义，对规范权力运行、改善管理手段、理顺职能关系，进而构建服务型、责任型和参与型政府，全面推进国家治理体系和治理能力现代化具有重要且深远的影响。

一、问题缘起及立论视角

任何权力都具有自我扩展和异化的特性，对其进行监督制约始终是政治学研究中的一个核心问题。对于这一问题的研究，从古至今，中外学者从多范围、多层面、多角度对权力的制约与监督进行了不同的探索。对正处于转型期的我国政府而言，规范政府权力运行，推进政府权力运行的公开化、透明化，并将公权力约束在制度的框架内，对避免政府越权行为的发生具有深远的历史意义和现实的紧迫性。

每一项具体制度的实施，都需要立足于当前的时代背景，并为党和国家的战略方针实施贡献力量。对不断强化的政府权力，需运用政府权责清单制度来监督和制约，这是治理权力失控的良方，也是实现党和国家战略方针的重要工具。因此，党的十八届三中全会以来，从中央到地方各级政府及其职能部门均在推动政府权责清单制度的改革，体现出党和政府对有效制约和监督权力的新探索。在这一阶段中，政府权责清单制度突出清权、确权、减权和晒权，经历了由试点导入到规范推广再到全面深化的过程，呈现常态化发展趋势。这一制度的实施，是我国深化行政体制改革的必然选择，它不仅是对如何破除公共权力神秘色彩，将权力关入透明的制度之笼的有益尝试，更是深化“放管服”改革的重要抓手，充分表明了政府为改变权力运作封闭性和模糊性状态的决心，也表明了政府的治理模式正在发生着深刻的变革。

可以说，作为我国政治文明发展过程中对权力规约的热点探索，政府权责清单制度对积极构建法治、有限、高效、服务和责任政府及满足人民日益增长的多元化的公共需求具有重要作用，是实现制约与监督公共权力的新举措，也是通过制度的形式将公权力约束在法律的框架内，最终实现依法治国的重要途径。但作为一个新兴事物，不可否认的是，当前政府权责清单制度的实践发展已远远超过理论探索，造成实践改革需求和理论滋养供给之间的矛盾较为突出，导致这一制度在实施过程中存在推进机理的缺位与弱化问题，影响了这一制度在现实中所能发挥的重要作用。同时，当前学界关于该制度实施效果评价的研究仍寥寥无几，不能满足这一制度在实践中日益凸显的评价需要。为解决上述问题，需要在了解政府权责清单制度的最新发展动向基础上，构建与实际相适应的政府权责清单制度评价体系，为具体实践提供理论指导，使得该制度的推进更加顺畅有力。

因此，本书希望通过对国内外研究状况的梳理、实践经验的总结、指标体系的构建以及对县（区）一级政府权责清单制度实施情况进行实证检验，运用全新的视角和全新的理性价值，考量这一制度的实施现状，以期从制度的实践中总结经验和不足，初步形成政府权责清单制度实施效果评价的理论分析框架，进而巩固政府权责清单编制和行政审批改革的成果，保障改革成果落地并惠及全社会。

二、理论价值与现实意义

融合学理背景和现实背景的政府权责清单制度，是当前我国将权力关进笼子里，履行政府责任的重要举措，有力地推进了有限政府、法治政府、责任政府、服务政府和廉洁政府的建设，取得了良好的成效。但可以发现，当前学术界和实务界尚未运用科学合理的量化指标对这一制度的成效与问题进行可视化的评价。因此，本书在立足政府权责清单实践的基础上，通过运用科学规范的研究方法，构建一套评价指标体系，并对其进行简单的实证分析，以期更好地实现这一制度的功能作用，具有一定的理论价值和实践意义。

在理论价值层面，作为一种具有“应急性”和“自我革命性”特征的自上而下的强制性制度变迁，政府权责清单制度在制定、执行和监督过程中仍然缺乏较为规整的理论原则指导和尚未形成牢靠的动力保障机制，在发展过程中呈现出制度“碎片化”的特有现象。同时，进一步推进和完善政府权责清单制度，需要对当前已经初具规模的政府权责清单制度的实施效果进行评价分析，以便在更高的起点上将其继续推进。而目前学界缺乏运用相关制度评价工具对政府权责清单制度深入的理论研究，这一领域的研究亟待加强。本书通过对政府权责清单制度的内涵界说、理论基础、演进轨迹、实践检视、价值意蕴、效果评价、实证检验和推进策略进行系统研究，构建一套连接理论和实践的分析框架，跨越二者之间的鸿沟，以期在政府权责清单制度实施效果评价指标体系及实际运用情境中寻求突破，从而丰富了该制度的相关理论研究。

在现实意义层面，当前我国政府权责清单制度改革模式存在制度需求与制度供给之间的突出矛盾，学界关于政府权责清单制度的研究更多地是从定性方面进行研究，较少以科学规范的定量方法对其实施效果评价研究。开展此项研究，通过理论联系实际，筛选出与政府权责制度评价相关的指标，建立一套科学、合理、客观和严密的指标体系，避免制度评价高高在上未能落到实处。同时，尝试对县（区）一级的地方政府进行实证评价，分析县（区）政府权责清单制度制定和实施过程中的薄弱环节，不仅能系统总结政府权责清单制度推行中的有关经验教训，更能为现实中进行全国性县（区）一级的政府权责清单制度实施效果评价提供一套可参考借鉴的分析框架。此外，通过评价可全面反映政府权责清单制度建设的真实情况，辨别其中存在的问题，增强政府推进这一制度工作的针对性和有效性，实现以评促建的目标，为稳步推进政府权责清单制度的下一步改革提供方向性指引。

第二节 研究现状与客观评述

作为中国特定管理情境下的特定概念范畴，政府权责清单制度正逐渐成为学术界和实务界所关注的焦点，是一个颇具理论意义和现实意义的前沿研究领域，充满着活力，具有广阔的发展前景。从现有的研究可以看出，政府权责清单制度研究领域的边界具有很强的漂移性和渗透性，是一块方兴未艾的热土。为了对研究主题有一个较好的理解和把握，本书围绕“政府权责清单制度”层面进行国内外文献的回顾，奠定相关的研究基础。

一、国外研究概况及述评

由于政府权责清单制度是具有中国特色的权力制约与监督机制，国外几乎没有学者有对政府权责清单制度进行专门的研究。但是政府权力清单制度的逻辑起点，在于限制权力而非设定权力[①]。针对这一问题，国外在权力制约监督、政府权责关系、政务信息公开、制度实施效果评估等方面的研究成果，能够为推进政府权责清单制度的研究提供相应的参照、指导与借鉴。

（一）权力制约监督视角

行政权力的规范与约束作为政府权责清单制度内容的重点，受到了国外学者的广泛关注。经过数千年的发展，西方国家在权力的制约监督上积累了许多宝贵经验，主要形成了权力制约权力、权利制约权力、法律制约权力、道德制约权力、社会制约权力五个主要范式[②③]。

一是以权力制约权力，通过权力的分解使得各部门之间的权力相互平衡和制约，防止公共权力的异化。凡有权力的人都趋于把权力用到极致，一旦没有对权力加以约束，那么权力便会膨胀失控，最后将会如洪水猛兽般侵害人类的权利。这一理论主要代表人物及其观点包括亚里士多德的分权[④]、洛克（1690）的国家权力三分[⑤]、孟德斯鸠（1748）的三权分立与制衡[⑥]、杰斐逊（1776）的纵向分权理论[⑦]和汉密尔顿（1787）所主张的以削弱立法权为核心的三权分立理论[⑧]等。以洛克和孟德斯鸠的观点为例，洛克（1690）指出，如果权力完全集中，可能产生诸多危害和带来不良影响，而通过权力的分化，

① 罗亚苍．权力清单制度的理论与实践——张力、本质、局限及其克服［J］．中国行政管理，2015（6）：29-33.

② 魏远明．我国政府权力清单制度绩效评价指标体系构建及应用研究［D］．福州：福州大学，2016.

③ 吕艳红．四种权力制约机制比较及其对国家治理现代化的启示［J］．理论视野，2014（8）：47-50.

④ ［古希腊］亚里士多德．政治学［M］．吴寿彭，译．北京：商务印书馆，1983：215.

⑤ ［英］洛克．政府论（下篇）［M］．叶启芳，瞿菊农，译．北京：商务印书馆，2007：91-93.

⑥ ［法］孟德斯鸠．论法的精神（上册）［M］．张雁深，译．北京：商务印书馆，1995：155-156.

⑦ 曹希岭．杰斐逊关于权力制约与监督的思想［J］．学海，2002（5）：75-79.

⑧ 张锐智．汉密尔顿制衡论初探［J］．辽宁大学学报（哲学社会科学版），1986（2）：63-65.

对主要决策权进行切割以分配给不同部门，并保证不同部门间的相互独立和互不干涉，能够实现权力的内部抗衡与牵制[①]。孟德斯鸠（1748）进一步指出，如果一个国家的决策权归属于某个人或者是某一机构，很有可能会发生滥用职权的情况，对国家公民拥有的自由权造成侵犯，因而要通过三权分立与制衡，防止权力的滥用，以保障政治自由，实现权力约束权力的目标[②]。

二是以权利制约权力，认为国家权力来源于人民权力的让渡，要受公民权利的监督制约。洛克（1690）认为，国家的权利来源于人民权利的让渡，将人民作为制约权力的重要力量，人民对政府的服从是有条件的，一旦政府谋求自己的私利侵犯了人民的权利，人民就可以不再服从于它[③]。卢梭（1762）主张主权在民，认为人民主权是现代民主国家的根本原则，国家是在基于共同契约基础上而产生的[④]。他在其著作《社会契约论》的开篇写道，“人是生而自由的，但却无往不在枷锁之中”，他认为政府不该只是着眼于社会少数人财富和权力的保护，而是应该注重每一个人的权利和平等[⑤]。林肯（1863）在宾夕法尼亚州葛底斯堡的葛底斯堡国家公墓（Gettysburg National Cemetery）揭幕式上发表的演讲中以这样一句话作为结束：“That this nation，under God，shall have a new birth of freedom; and that government of the people，by the people，for the people，shall not perish from the earth”，最后一句可以直译为：（政府）来源于人民、由人民控制、为人民服务[⑥]；马克思（1884）认为，一切权力都来源于且属于人民，只有在人民的全面监督下方可实现权力的有效

① ［英］洛克 . 政府论（下篇）［M］. 叶启芳，瞿菊农，译 . 北京：商务印书馆，2007：91-93.
② ［法］孟德斯鸠 . 论法的精神（上册））［M］. 张雁深，译 . 北京：商务印书馆，1995：155-156.
③ ［英］洛克 . 政府论（下篇）［M］. 叶启芳，瞿菊农，译 . 北京：商务印书馆，2007:94-95.
④ 陈炳辉 . 卢梭民主思想新论［J］. 厦门大学学报（哲学社会科学版），2013（5）：20-27.
⑤ RUSSELL B. *Power：A new social analysis*［M］. New York：Routledge，2004：1.
⑥ 黄信 . 民有、民治、民享的政府［J］. 英语学习，1995（1）：95.

制约，而脱离了人民的监督，则最终无法探寻到权力制约的有效途径[①]；罗伯特·达尔（1968）著名的“多元主义民主理论”，则主张以权利制约权力[②]。

三是以法律制约权力，通过制定健全的法律法规，使公权力的运行程序化和透明化。西方行政法理论的核心内容之一就是“控权”，它明确一定要以法律控制国家行政权力。当前许多国家所采取的便是这样的一种形式，这也成为现代法制文明的标志[③]。对权力的制约与控制，英美法系和大陆法系国家在其宪法中都有迹可循。西方法律制约权力的思想可以追溯到古希腊，亚里士多德首次系统而又明确地提出了完整的法治理论，指出“法治应当优于一人之治”[④]。英国思想家洛克（1690）把自由与权力的结合当成法治的目标，明确提出政治权力必须借助公开的、已定的、有用的法律来行使[⑤]。上述观点都为法治政府建设和政府依法行政提供了理论依据，并为我国权力制约监督理论提供了重要思路，为政府权责清单制度的制定、执行以及评价提供了借鉴。

四是以道德制约权力，该范式的立足点是道德修养，其核心强调的是执政者通过价值的洗礼和道德的升华，拔出执政者心中的“恶念”，为权力的正当性提供道德依据。霍布斯（1651）认为，永恒不变的“自然法”是人们行为的准则，是衡量善恶是非的标准，是人们必须遵循的道德律[⑥]。斯宾诺莎（1670）提出，受理性指导的人具有一定的自利性，认为一个人只要受制于外在的影响，他就是处于奴役状态，而只要和上帝达成一致，人们就不再受制于这种影响，就能获得相对的自由，也因此摆脱恐惧[⑦]。卢梭（1762）的政治

① 张康之．评政治学的权力制约思路［J］．中国人民大学学报，2000（2）：66-74.

② 辛向阳．罗伯特·达尔的多元主义民主论评析［J］．东岳论丛，2010，31（5）：147-152.

③ 金雪花．地方政府权力清单制度研究［J］．云南行政学院学报，2018，20（3）：54-60.

④ ［古希腊］亚里士多德．政治学［M］．吴寿彭，译．北京：商务印书馆，1983：167-168.

⑤ ［英］洛克．政府论（下篇）［M］．叶启芳，瞿菊农，译．北京：商务印书馆，2007：91-93.

⑥ 刘科．霍布斯道德哲学中的理性之思［J］．道德与文明，2007（2）：53-56.

⑦ ［荷兰］斯宾诺莎．伦理学［M］．贺麟，译．北京：商务印书馆，1997：166-170.

思想中，其最显著的表现是政治不应当与道德脱离，当一个国家主体做不到以道德感化民众，那么它就无法发挥其本身该有的功能，也无法构建国家主体对民众的威望[①]。康德（1781）的“道德律”是最著名的三定律之一，主张道德是每个人的责任和义务，认为出于功利目的而采取的行动不能算是道德的行为，他主张真实纯粹的道德行为是基于真正的义务而采取的行为，判断某个行为是否符合道德规范并不取决于行为所产生的后果，而是采取该行为的原本动机[②]。罗尔斯（1971）则试图建构一种统合性的道德学说，克服功利主义等理论缺陷[③]。

五是以社会制约权力。亚里士多德在其《政治学》一书中提出了公民社会的理论，强调了公民在国家权力制约中的重要性，任何国家或政体只有得到社会公众的支持才能建立或者得到长久的发展，法律的权威性离不开民众的认可和服从，“人类的生存与生活需要人与人之间彼此的依赖与约束，任何人都不可以随心所欲无所顾忌的生活”[④]。该观点一方面强调了社会公众对国家权力运行和制约的作用；另一方面指出了社会公众只有在国家法律的约束下才能更好地生活。法国政治思想家托克维尔（1835）进一步提出“以社会制约权力”的思想，认为来源于社会组织机构的社会权力有可能会高于其他一切权力，并且各种社会权力能够达到一定程度的社会制衡的效应，以社会制约权力，倡导以体制外的社会力量来强化对权力的规约，逐渐由分权制衡走向社会制约[⑤]。

---

① 陈炳辉 . 卢梭民主思想新论［J］. 厦门大学学报（哲学社会科学版），2013（5）：20-27.

② 韩刚 . 康德的道德律何以可能［J］. 求索，2017（10）：198-206.

③ 顾肃 . 罗尔斯正义理论的道德根基［J］. 道德与文明，2017（4）：23-28.

④ ［古希腊］亚里士多德 . 政治学［M］. 吴寿彭，译 . 北京：商务印书馆，1983：81-82.

⑤ DAHL R A. *A preface to democratic theory*［M］. Chicago: University of Chicago Press，1956：142-145.

（二）政府权责关系视角

在政府权责关系研究方面，公共权力与公共责任是相伴相生、不可分割的。公共权力设定的目标是为了实现和维护公共利益，其存在本身就意味着一种责任。古希腊时期，柏拉图和亚里士多德等就对权力和责任的关系进行了探讨，他们主张权力不被滥用就要将权力交给有责任的公民[①]。但是这一时期的权责关系倾向于道德意义上的连接，权力和责任之间的关系并不是十分紧密的，其所具有的现代权责关系的特征程度很低。从西方行政学的发展历程上看，不少学者就关于权力和责任的管理做了重要的论述。韦伯（1904）在其官僚制理论中认为，依照规程办事的运作机制，使组织中的每个部门、单位、个人都具有法定的权责[②]。权责关系是西方行政管理所探讨的职能划分和部门分工中的重要部分。在西方行政创立及发展时期，古德诺（1900）在政治与行政二分的理论探讨过程中对权责关系进行过论述，提出为改变由于过度划分权力造成的行政体系松散情况，政府内不同类型的行政官员应在组织中建立并形成一种权责集中的层级关系[③]。福莱特（1937）在《控制的过程》一文从权力、权威、控制等方面对引入责任问题，强调责任来源于职能和情景，有必要对“他对什么负责”进行提问，而不是问“他对谁负责”，责任是所要完成的工作或职能所固有的；同年，古利克（1937）发表的《组织理论评论》认为，部门领导的权力与其责任应该相称[④]。怀特（1926）认为，适当的权力必须与确定的责任同时存在，根据这个问题提出了权力和责任之间分配的同一性原则，也就是在分配权力和责任时，以同

---

① 陆杰荣，张丽．古希腊哲学的本体——权力思想初探［J］．哲学研究，2013（12）：87-93.

② 丁煌．西方行政学说史（第二版）［M］．武汉：武汉大学出版社，2004：76.

③ ［美］古德诺．政治与行政［M］．王元，王百鹏，译．北京：华夏出版社，1987：52-53.

④ 丁煌．西方行政学说史（第二版）［M］．武汉：武汉大学出版社，2004：112.

一目标的行政事务作为相应的依据[①]。厄威克（1949）发表的《行政的要素》一文中指出，要遵循责权相符原则，所承担的责任要依照个人的能力进行分配[②]。法约尔（1916）在管理的14条原则中对权力与责任这一原则进行了说明，明确指出责任是权力的孪生物，是权力的当然结果和必要补充[③]。此后，权责对等观念无论是在传统的公共行政还是后来的新公共行政，都是极其重要的。随着时间的不断推移，对这一问题的研究也更加深入，研究者对权力与责任的关系有了更深的见解。登哈特（2004）在新公共服务理论中指出，责任并不简单更是说明权责需要一致性[④]。

（三）政务信息公开视角

在政务信息公开方面，西方的地方政府非常重视政务信息公开，并以此作为接受群众和社会监督的一种重要方式。已有研究指出，政务信息公开是促进民主化进程的重要推进动力，是保障信息公开性和政府透明度的前提和基础，对于公众深入了解政府及其运转至关重要，能够在政府和公众之间发挥重要的桥梁作用[⑤⑥]。若对政务信息进行保密很有可能会导致政府的腐败，为了阻止政府腐败行为的发生，一定要尽可能地公开政府的政务，

① ［美］伦纳德·怀特.行政学概论［M］.刘世传，译.北京：商务印书馆，1947：74.

② 丁煌.西方行政学说史（第二版）［M］.武汉：武汉大学出版社，2004：128.

③ ［法］法约尔.工业管理与一般管理［M］.周安华，译.北京：北京社会科学出版社，1982：24.

④ ［美］珍妮特·V.登哈特，罗伯特·B.登哈特.新公共服务——服务，而不是掌舵［M］.丁煌，译.北京：中国人民大学出版社，2004：88.

⑤ LOCKE H G，REYNOLDS JR H W. Ethics in American government：A look backward［J］. *The Annals of the American Academy of Political and Social Science*，1995，537（1）：14-24.

⑥ RIEDL C，KÖBLER F，GOSWAMI S，et al. Tweeting to feel connected：A model for social connectedness in online social networks［J］. *International Journal of Human-Computer Interaction*，2013，29（10）：670-687.

保证公民能够行使应有的权利[①]。在这个过程中，可以将信息技术作为政务公开的载体，不断优化和完善政务公开工作，使政府的服务及管理模式都实现扩增，实现政府的内部与外部信息之间的有效连接，并且促进良性循环的发生[②]。与此同时，政务信息公开在促进政府效率提升和透明度提高方面发挥着重要作用，推进政务公开是透明政府建设的关键，加强电子环境下政府信息公开，对未来电子政府的发展至关重要，可能会创造一个由“知情公民”支持的更强大的“法治”，并为信息产业创造更多的商业机会，从而增加政府信息的价值[③④⑤]。此外，政府机关要主动接受公众监督，才能不断提高公众对政府的信任，特别是公民的知情权的保障，是公民自由获取政务信息的前提，不仅可以为民众争取参与社会治理的权利，还可以对政府行为实行外部监督，来达到规范政府行为的目的，对违规违法行为进行问责[⑥⑦]。

---

① SUSMAN T M. The good, the bad, and the ugly: E-government and the people's right to know［J］. *Vital Speeches of the Day*, 2001, 68（2）: 38-42.

② MOON M J. The evolution of e - government among municipalities：rhetoric or reality?［J］. *Public Administration Review*, 2002, 62（4）: 424-433.

③ BERTOT J C, JAEGER P T, GRIMES J M .Using ICTs to create a culture of transparency：E-government and social media as openness and anti-corruption tools for societies［J］.*Government Information Quarterly*, 2010，27（3）：264-271.

④ GANAPATI S，REDDICK C G. Open e-government in US state governments：Survey evidence from Chief Information Officers［J］. *Government Information Quarterly*, 2012, 29（2）: 115-122.

⑤ KOGA T. Access to government information in Japan：a long way toward electronic government?［J］. *Government Information Quarterly*, 2003, 20（1）: 47-62.

⑥ GWANHOO L，YOUNG HK. An open government maturity model for social media based public engagement［J］. *Government Information Quarterly*, 2012（29）：492-503.

⑦ HABERSHAM M. Beyond transparency：rethinking election reform from an open government perspective［J］. *Seattle UL Rev*, 2014，38（1）：1007.

（四）制度实施效果评估视角

制度实施效果，又称制度绩效，是指制度制定实施后所取得的实施效率、效果和效应，主要表现为制度能否在实施的过程中或实施后促进经济社会的发展。马克思主义制度分析理论构建的制度绩效评价标准可由三部分构成，即最基础层级的“效率”标准，渐渐发展至第二层级的“公平”标准，最后上升为最高层级的“人的自由全面发展”标准①。关于制度绩效的评估标准，埃莉诺·奥斯特罗姆（1993）设计了包含效率、公平、责任、适应性和间接绩效五个绩效指标体系来评价制度的绩效②。关于制度绩效的衡量标准，帕特南（1993）认为，需要从全面性、内在一致性和目标一致性三方面去衡量③。国家政权的多样性和政府管理的多元化使各个国家对国家行政权力行使的评估模式是不一样的④，但各个国家评估之间的共同性则可提供宝贵的经验进行参考借鉴。国外政府绩效评估指标可划分为实践性指标和理论性指标⑤。实践性指标上，已有研究基于苏格兰的经验为地方政府制定了绩效指标以便于对其进行评估⑥。在尼克松政府出台的《联邦政府生产率测定方案》的指导下，

---

① 郑志龙．制度绩效评估标准及我国政府扶贫开发制度绩效分析［J］．郑州大学学报（哲学社会科学版），2009，42（2）：25-29.

② ［美］埃莉诺·奥斯特罗姆，拉里·施罗德，苏珊·温．制度激励与可持续发展［M］．陈幽泓，谢明，任睿，译．上海：上海三联书店，2000：127-144.

③ ［美］罗伯特·D. 帕特南．使民主运转起来［M］．王列，赖海榕，译．南昌：江西人民山版社，2001：72.

④ 高丽虹．法律规制视域下权力清单后评估制度研究——基于安徽省 16 市实施状况分析［J］．江淮论坛，2018（1）：98-102.

⑤ 尚虎平．地方政府绩效评估指标设计的研究进展与数据挖掘理论的应用［J］．甘肃行政学院学报，2012（2）：11-26.

⑥ MIDWINTER A. Developing performance indicators for local government：the Scottish experience［J］. *Public Money & Management*，1994，14（2）：37-43.

美国联邦政府制定了3000多个绩效评估指标[①]。美国得克萨斯州地方政府则是从经济性、效率性和效果性三方面，辅之以解释性指标构建一套完整的地方政府绩效评估指标体系[②]。理论性指标上，世界银行开发了一套政府治理绩效评价的指标体系，其中有一个重要的方面就是政府制定和执行政策的能力[③]。美国学者理查德·科尔尼（1999）以效益、效率和公平等指标作为政府各个部门及其工作人员绩效的评估检验标准[④]。还有研究探讨了韩国政府绩效管理和评估的历史和当前实践，指出其未来发展方向[⑤]。

（五）国外研究述评

在政府权责清单制度方面，虽然国外没有直接与政府权责清单制度相关的研究，但对其背后所蕴含的理论，国外学者通过大量而深入的探讨，形成了很多经典观点，对研究政府权责清单制度大有裨益。在相关研究方面，国外学者主要基于权力制约监督、政府权责关系、政务信息公开、制度实施效果评估四个不同的研究视角开展研究，能够为进行政府权责清单制度实施效果评价和推进这一制度的发展提供宝贵的经验。具言之，基于权力制约监管视角下的研究，国外学者们主要阐释了公权力必须要受到制衡，才能防止权力滥用、权力腐败，公民权利才不会被随意侵犯，权力制衡可以通过强力对

---

① LAZAR R J. Report from wasteland：America' s military-industrial complex by william proxmire［J］. *International Review of Modern Sociology*，1971（1）：82.

② 孟华．政府绩效评估［M］．上海：上海人民出版社，2006：10-19.

③ KAUFMANN D，KRAAY A，MASTRUZZI M. Governance matters III：Governance indicators for 1996，1998，2000，and 2002［J］. *The World Bank Economic Review*，2004，18（2）：253-287.

④ KEARNEY，BERMAN A E . Public sector performance：management，motivation and measurement［J］. *Journal of Public Administration Research & Theory*，1999，13（1）：109-112.

⑤ YANG S B，TORNEO A R. Government performance management and evaluation in South Korea：History and current practices［J］. *Public Performance & Management Review*，2016，39（2）：279-296.

抗、分权、社会力量、清单、选举、任期等多种形式来达到等内容；基于政府权责关系视角下的研究，主要表明了权力和责任之间相辅相成、紧密相连、不可分割，并且呈正相关的关系，权力和责任的统一有利于促进组织的高效运转等见解；基于政务信息公开视角下的研究，主要示意了权力要进行最大限度地公开，保密会导致腐败，信息技术、电子政务、社会监督等手段有助于权力公开等思想；基于制度实施效果评估视角下的研究，主要介绍了制度绩效评价标准、不同国家的评估共性、具体的指标内容等观点。总体而言，国外学者的一系列探索研究，为政府权责清单制度实施效果的评价研究，提供了强大的理论支撑和实例研究方法，尤其提出的绩效评价标准和相关指标体系的构建，为本书提供了有益的借鉴。

二、国内研究概况及述评

政府权责清单制度的概念实践始于 2005 年的河北邯郸市试点改革，具有中国特色的显著特征。近年来，这一制度在我国各地得到了大力推广，取得了一定成效，很好地阐释了权力管制和有限政府理论。从实践历程来看，2005 年，河北省邯郸市率先探索公布的市长权力清单，成为我国政府权责清单制度的开端。2013 年，政府权力清单以制度化的方式，在全国层面开始推行。2015 年，中共中央办公厅、国务院办公厅印发了《关于推行地方各级政府工作部门权力清单制度的指导意见》(以下简称《意见》)，该《意见》要求省级政府 2015 年底前、市县两级政府 2016 年底前基本完成政府权力清单公布工作[①]。2018 年，中央机构编制委员会办公室、国务院法制办公室印发《中央编办、法制办关于深入推进和完善地方各级政府工作部门权责清单制度的

① 中央办公厅，国务院办公厅 . 中央办公厅 国务院办公厅印发《关于推行地方各级政府工作部门权力清单制度的指导意见》[N]. 人民日报，2015-03-25（1）.

指导意见》，要求要积极推进权责清单标准化规范化建设。2020 年，国务院办公厅印发《2020 年政务公开工作要点》，强调全面梳理本机关依法行使的行政权力和依法承担的公共服务职责，更新完善权责清单并按要求公开。2021 年，《中华人民共和国国民经济和社会发展第十四个五年规划和 2035 年远景目标纲要》指出要深化简政放权、放管结合、优化服务改革，全面实行政府权责清单制度，持续优化市场化、法治化、国际化营商环境。

虽然国内学者对政府权责清单制度的研究起步较晚，但随着实践探索的广泛兴起，该制度渐渐成为理论界和实务界热议的主题，产生了丰富的研究成果。总体而言，国内对推行政府权责清单制度路径构建的研究日益深入，主要涵盖了标准化流程、法治化进程、科学化管理、公开化监督等方面，为政府权责清单制度的推进，提供了较为全面的支持和保障。换言之，权责清单从提出到实施再到逐渐完善，是逐步将权力关进笼子里的过程，也是平衡政府职能和市场职能的重要抓手。

（一）国内研究概况

作为一项新兴事物，政府权责清单制度在我国讨论和研究任重而道远。梳理政府权责清单制度的相关研究成果，对于探讨新时代政府权责清单的实施效果和推进策略，具有重要的研究意义。本书聚焦政府权责清单出现至今（2005—2021 年）收录于中国知识基础设施工程（China National Knowledge Infrastructure，CNKI）数据库的相关文献，通过考察相关研究的理论前沿、研究热点，把握其阶段性发展特征，从而为政府权责清单制度的进一步深化研究与实践提供参考。

1. 研究方法

本书采用 CiteSpace 5.7.R5 可视化文献分析软件，对政府权责清单制度相关文献进行可视化分析，力图揭示政府权责清单制度的研究路径与发展轨迹，并预测其发展趋向。

CiteSpace 5.7.R5 是由德雷塞尔大学中国学者陈超美教授团队开发的基于 Java 语言的文献可视化分析软件。该软件通过可视化的手段来呈现科学知识的结构、规律和分布情况，通过这些方法分析的视觉图，也称为“地图知识域”[①]。其专注于在一个领域的发展过程中发现关键节点，尤其知识的转折点和关键节点，提供多种功能帮助理解和解释网络模式和历史模式，包括识别快速增长的专题领域，在出版物上发现引用热点，将网络分解为集群，自动使用引用文章的术语标注集群[②]。CiteSpace 5.7.R5 支持从科学出版物衍生出来的多种网络结构和时序分析，包括作者合作网络分析、机构合作网络分析、作者共被引网络分析和文献共被引网络分析等，挖掘引文空间的知识聚类、分布及研究热点，并使用自带的突现词检测算法来探测该领域的研究前沿和发展趋势。采用这一方法可以对政府权责清单制度的发展历程、演变趋势、研究领域热点和前沿问题进行分析，总结归纳出该研究领域的发展趋势。

2. 数据来源

政府权责清单制度构建经历了从权力清单到责任清单再到政府权责清单的制度演进过程。通过对各地政府政务服务网站的梳理发现，目前形成两种主要模式：权责分离的“权力清单+责任清单”模式（浙江、海南、贵州等）以

① 李杰，陈超美 .CiteSpace：科技文本挖掘及可视化［M］. 北京：首都经济贸易大学出版社，2016：29-30.

② 成全，周兰芳 . 我国微博信息聚合研究现状及路径探析——基于 CiteSpace 的可视化视角［J］. 现代情报，2017，37（3）：153-160.

及权责一体的“权责清单”模式（安徽、辽宁、湖北等）[①]。为了相对全面覆盖政府权责清单制度的研究文献，在CNKI数据库中进行高级检索时，以“权责清单”“权力清单”“责任清单”“清单制”“清单式”“清单治理”“清单管理”为主题词进行精确检索，时间范围覆盖到2005年1月1日—2021年6月30日，来源类别为“核心期刊”“CSSCI”“CSCD”。将检索的文献进行筛选、比较和去重，发现2005—2009年的文献数量较少，且期刊类型并非“核心期刊”“CSSCI”“CSCD”，故在数据筛选时将其视为无效文献，予以剔除。此外，剔除通知、消息、新闻报道、征稿启事、书评、专栏介绍、重复文件、会议综述等文献，最终得到有效文献559篇。

这559个搜索结果以Refworks格式导出，并重命名为CiteSpace 5.7.R5可视化文献分析软件可用的download_***.txt格式，并导入CiteSpace 5.7.R5可视化文献分析软件以供分析。本书的时间分区（Time Slicing）设置为2010—2021年，每年一个分区；节点类型（Node Types）分别选择作者（Author）、机构（Institution）、关键词（Keyword）。通过可视化设置，可以获得作者、机构和关键词的可视化地图。

3. 研判维度

（1）发文量统计与研究期刊分布

政府权责清单制度发文量统计。对某一研究专题领域的文献发表年份进行统计分析，从时间分布上可以了解该研究主题的发展历程和研究热度[②]。政府权责清单制度研究领域文献的年份统计数据如图1-1所示。

---

① 赵志远.政府权责清单制度研究的演进与发展——基于CNKI文献的知识图谱分析［J］.安徽行政学院学报，2019（6）：37-43.

② 巩海霞，王明芝，谷丽娜.基于文献计量的个性化信息服务研究现状分析［J］.情报科学，2011，29（3）：391-395.

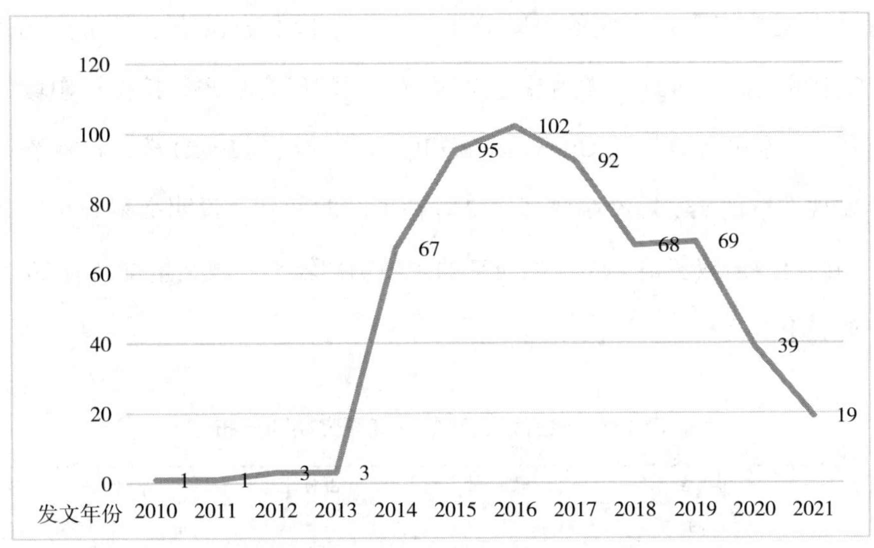

图 1–1 政府权责清单制度研究领域的年度发文量时间分布

（说明：因检索时间截至 2021 年 6 月 30 日，故 2021 年的文献数量尚不完整。）

首先，2010—2013 年，处于该领域的研究初期，研究力量和关注度较少。国内关于政府权责清单制度的研究较为匮乏，每年的发文数量只有 1—3 篇。其次，2014—2016 年，处于该领域的研究热度期，国内关于政府权责清单制度的研究出现爆发式增长，关注度不断上升，3 年间的论文发文量占总发文量的 47.23%，这与 2013 年政府权责清单制度以制度化的形式在全国、省、市层面推行有着密切的关系。其中，2014 年的发文量为 67 篇，2015 年的发文量为 95 篇，2016 年是该研究领域中发文量最多的一年，发文数达 102 篇。最后，2017—2021 年，此阶段的发文量呈现放缓的趋势，整体维持在稳定的水平，对政府权责清单制度的研究日渐深入。从发文量总体情况来看，当前，政府权责清单制度的研究取得了一定的成果，但是仍然处于发展阶段，优质论文、核心论文的总发文量还比较少。

其次，政府权责清单制度研究期刊分布。论文的来源期刊分布能够在一定程度上反映该研究主题的空间分布特点，分析发表在核心期刊、CSSCI、CSCD 上的文献，有助于学者快速掌握该领域的研究视角，挖掘该领域的研究群体[①]。本书将数据从 CiteSpace 5.7.R5 软件导出到 Excel 软件进行统计分析，发现选取的 559 篇文献来源于 236 种不同的期刊，说明文献分布较为分散，国内对政府权责清单制度的研究的规模仍然较小。载文量排名前 20 名的期刊如表 1-1 所示。

表 1-1　政府权责清单制度研究期刊分布

序号	刊物名称	载文量（篇）	百分比（%）	累计百分比（%）
1	领导科学	34	6.08	6.08
2	中国行政管理	28	5.01	11.09
3	人民论坛	23	4.11	15.21
4	档案管理	21	3.76	18.96
5	中国党政干部论坛	11	1.97	20.93
6	行政论坛	10	1.79	22.72
7	中州学刊	8	1.43	24.15
8	对外经贸实务	8	1.43	25.58
9	天津行政学院学报	7	1.25	26.83
10	理论探讨	7	1.25	28.09
11	政治与法律	6	1.07	29.16
12	云南行政学院学报	6	1.07	30.23
13	学习与实践	6	1.07	31.31
14	上海行政学院学报	6	1.07	32.38
15	理论导刊	6	1.07	33.45
16	重庆社会科学	5	0.89	34.35
17	中共福建省委党校学报	5	0.89	35.24
18	新视野	5	0.89	36.14
19	探索	5	0.89	37.03
20	经济体制改革	5	0.89	37.92

① 刘圣君，曲宝强 . 我国图书馆联盟研究的文献计量分析［J］. 情报科学，2011，29（3）：396-400.

从表 1-1 文献期刊分布统计数据可知，559 篇文献中，政府权责清单制度主题文献载文量排名前 20 名的期刊总载文量占比 37.92%。其中，数量前三名的期刊分别为《领导科学》《中国行政管理》《人民论坛》，其中《领导科学》共发文 34 篇，占发文总数的 6.08%;《中国行政管理》共发文 28 篇，占发文总数的 5.01%;《人民论坛》共发文 23 篇，占发文总数的 4.11%。此外，还有 129 个期刊载文量仅为 1 篇，可见关于政府权责清单制度主题研究的期刊分布较为分散。当前，该研究主要集中在行政管理、政治学、法学学科领域，也反映出政府权责清单制度主题论文与其他相关学科交叉研究不足。

（2）核心作者与主要研究机构分布

第一，核心作者分析。作者的发文量可衡量其在该研究领域的学术影响力，对作者的发文量进行统计分析，可以找出相关领域的核心作者。我们将经过预处理后的数据导入 CiteSpace 5.7.R5，对文献作者进行分析，时间参数设置为“From 2010 to 2021”，时间切片（Year Per Slice）设置为 1，节点类型（Node Types）选择作者（Author）。由于文章数量较少，选择标准（Selection Criteria）的阈值类型选择 G-index，其中 K 设定为 100。相关参数设置好后运行，得到经过处理后的作者合作网络图谱如图 1-2 所示。

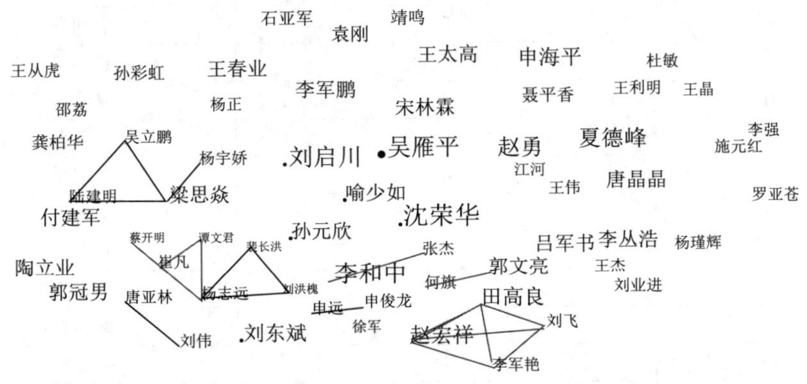

图 1-2 政府权责清单制度研究的作者合作网络图谱

从总体分布来看，作者合作网络呈现出比较分散的布局，作者间合作共现的密度较低，多数为孤立的点，作者之间的合作较少。但是梁思敹与吴立鹏、陆建民、杨宇娇等学者，杨志远与崔凡、蔡开明、谭文君、裴长洪、刘洪愧等学者，赵宏祥与田高良、李君艳、刘飞等学者的合作程度比较高，形成了比较明显的合作网络。此外，李和中、张杰、唐亚林、刘伟、申远、申俊龙、郭文亮、何旗等学者与其他学者联合发表过论文。

本书检索出的 559 篇有效文献中，共有作者 646 位，将其按照发文数量排序，取发文量 2 篇及其以上的作者进行梳理。如表 1-2 所示，发文量最大的仅为 6 篇，作者有 1 位；发文量为 5 篇的作者共有 4 位；发文量为 4 篇的作者共有 5 位；发文量为 3 篇的作者共有 15 位；发文量为 2 篇的作者共有 56 位；其余的 565 位作者均发表一篇论文，占作者总数的 87.46%。可见，关于政府权责清单制度主题研究的学者众多，而且较为分散。

表 1-2　发文量 2 篇及其以上的作者统计

序号	发文量（篇）	作者
1	6	沈荣华
2	5	吴雁平
3	5	刘启川
4	5	李和中
5	5	赵　勇
6	4	夏德峰
7	4	申海平
8	4	赵宏祥
9	4	田高良
10	4	刘东斌
11	3	王春业
12	3	梁思敹
13	3	郭文亮
14	3	李从浩
15	3	袁　刚

（续表）

序号	发文量（篇）	作者
16	3	王太高
17	3	孙元欣
18	3	吕军书
19	3	宋林霖
20	3	李军鹏
21	3	唐晶晶
22	3	郭冠男
23	3	付建军
24	3	喻少如
25	3	陶立业
26	2	唐亚林
27	2	李君艳
28	2	刘　伟
29	2	孙彩红
30	2	龚柏华
31	2	刘业进
32	2	江　河
33	2	申俊龙
34	2	王　晶
35	2	张　杰
36	2	王利明
37	2	聂平香
38	2	石亚军
39	2	罗亚苍
40	2	杨　正
41	2	王　伟
42	2	申　远
43	2	何　旗
44	2	邵　荔
45	2	杨宇娇
46	2	王　杰
47	2	吴立鹏
48	2	陆建明
49	2	杜　敏
50	2	靖　鸣

（续表）

序号	发文量（篇）	作者
51	2	李　强
52	2	杨瑾辉
53	2	施元红
54	2	刘　飞
55	2	杨志远
56	2	王丛虎
57	2	刘帷韬
58	2	靖裕思
59	2	高　旭
60	2	叶良海
61	2	孙琼欢
62	2	张运昊
63	2	林孝文
64	2	刘风景
65	2	关保英
66	2	竺乾威
67	2	王克稳
68	2	宋　飞
69	2	吴湘玲
70	2	崔　凡
71	2	张　平
72	2	刘云亮
73	2	陈浩天
74	2	张　力
75	2	张小明
76	2	杨荣珍
77	2	曾小锋
78	2	姚东旻
79	2	刘德学
80	2	刘桂芝
81	2	汪全胜

对高产作者进行分析，根据普赖斯定律来确定政府权责清单制度领域的高产作者，其计算公式为 $M=0.749*\sqrt{N_{max}}$，其中，N_{max} 为该研究领域发文量最多的作者所发表的论文篇数，M 为核心作者发文篇数的下限①。从表 1-2 中易知 $N_{max}=6$，计算 $M=1.835$，取整为 2，即发表论文 2 篇及以上的作者为政府权责清单研究领域的核心作者，共计 81 位。这 81 位作者的发文量合计为 203 篇，占总发文量的 36.31%。我们认为，这些属于政府权责清单制度研究的核心作者群。

关于核心作者群，我们取几个有代表性的学者进行分析。沈荣华是中国行政管理学会的专家，主要研究权责清单、权力清单、“放管服”改革等领域，深入研究建立权责清单的难点、地方权责清单制度的改革探索、推进“放管服”改革等内容。吴雁平、刘东斌的研究方向为档案管理、行政法及地方法制，他们所发表的论文主要围绕档案行政权力清单制度展开，探讨档案行政权力的来源与分类、推行档案行政权力清单的主要任务等。李和中与张杰、李德勋、王宜灏、石智刚、刘孋毅等学者合作过政府权责清单制度相关的多篇文章，围绕行政权力清单制度、廉政清单制度、监控清单、清单式治理等主题展开研究。赵勇主要的研究方向为行政学及国家行政管理、中国政治与国际政治、中国共产党，在政府权责清单制度研究方面，他提出大城市政府权力清单升级和优化方向，探究省级政府责任清单运行的两种模式（独立型工作职责和联单型责任追究），并以浦东新区为例具体探析地方政府权力清单制度的构建。郭文亮与何旗、张恩铭等学者合作开展权力监督与制约、权力腐败治理的相关研究，对加强县委书记权力监督制约进行四维探索，提出把县委书记的权力“关进笼子里”的有效举措，并从厘权、晒权、

① PRICE D J. *Little science, big science and beyond* [M]. New York: Columbia University Press, 1986: 1-10.

监权的角度，对广州市治理“一把手”权力腐败治理进行探索。陈浩天主要开展扶贫政策清单的相关研究，对清单式治理的价值之维、执行逻辑、绩效管理等进行深入探究。刘启川则从法学角度研究权责清单的编制问题，并对权责清单与机构编制法定化关系进行解读。夏德峰对权力清单制度的实施现状、地方具体实践进行了深入探索，并提出深化权力清单制度内涵式改革发展的若干思考。申海平着眼于负面清单的研究，以上海自贸区负面清单、菲律宾外国投资负面清单等为研究案例，分析其具体措施，并总结经验启示。李从浩主要研究大学行政权力清单制度。王太高着眼于从法治角度探讨权力清单制度的构建与完善；宋林霖与杨建萍合作探讨“最多跑一次”清单制度的类别、挑战与路径选择；关保英侧重于探讨权力清单的行政法构造与价值研究等。

从核心作者的研究领域来看，可以发现，近几年学术界对政府权责清单制度的研究也越来越丰富。政府权责清单制度主题涉及面较广，受到广泛关注，包含权力清单、责任清单、权责清单、档案行政权力清单、清单式治理等方面。

第二，主要研究机构分布。研究机构是科学研究的重要载体，分析发文机构的分布可了解核心研究力量的分布情况[①]。我们将相关数据导入，并将节点类型选择机构（Institution），其他参数设置同上。运行 CiteSpace 5.7.R5 软件，得到处理后的机构合作网络图谱，如图 1-3 所示。

① 林彩云，梁发超. 基于 CiteSpace 的国内征地中失地农民问题研究进展［J］. 资源开发与市场，2020，36（6）：599-605.

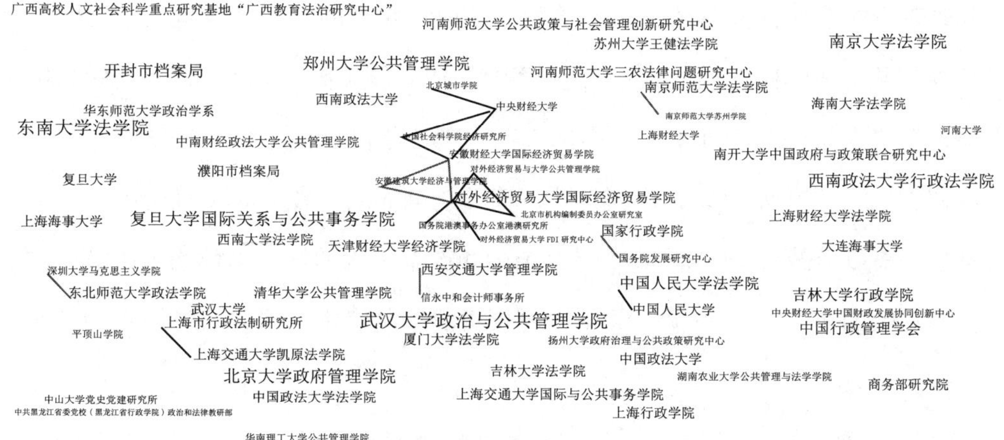

图 1–3　政府权责清单制度研究的机构合作网络图谱

从总体分布来看，机构合作网络呈现出比较分散的布局，机构合作共现的密度较低，多数为孤立的点，不同研究机构的学术交流和合作有待加强。但是对外经济贸易大学国际经济贸易学院与北京市机构编制委员会办公室研究室、国务院港澳事务办公室港澳研究所、对外经济贸易大学 FDI 研究中心、对外经济贸易大学公共管理学院、安徽建筑大学经济与管理学院、安徽财经大学国际经济贸易学院，安徽财经大学国际经济贸易学院与中国社会科学院经济研究所、中央财经大学、北京城市学院，西安交通大学管理学院与信永中和会计师事务所，东北师范大学政法学院与深圳大学马克思主义学院，上海交通大学凯原法学院与上海市行政法制研究所，国家行政学院与国务院发展研究中心，中国人民大学法学院与中国人民大学，南京师范大学法学院与南京师范大学泰州学院等机构的合作程度比较高，形成了比较明显的合作网络。

本书检索出的 559 篇有效文献中，共有机构 558 个，将其按照发文数量排序，发文量 3 篇及其以上的机构共有 43 个，如表 1–3 所示。从发文数量上看，政府权责清单制度研究领域中，发文量最高的机构是武汉大学政治与公共管理学院和东南大学法学院，篇数为 7 篇。次高的机构是复旦大学国际关系与公共事务学院、西南政法大学行政法学院，篇数为 6 篇。紧随其后的机构是郑州大学公共管理学院、中国人民大学法学院、南京大学法学院、开封市档案局、北京大学政府管理学院，篇数均为 5 篇。在 558 个机构中，发文量在 2 篇以上的机构共有 93 个，其余的 465 个机构的发文篇数均为 1 篇，占机构总数的 83.33%。可见，关于政府权责清单制度主题研究的机构众多，而且较为分散。

从研究机构的类型上看，政府权责清单制度研究领域的机构类型有高校、科研院所、行政管理部门与企业。其中，发文量 3 篇及其以上的研究机构中，高校占比 79.07%，表明目前政府权责清单制度研究的主力是各大高校，但科研院所、行政管理部门、学术团体、企业的研究力量也不可忽视。

表 1-3　发文量 3 篇及其以上的研究机构

序号	研究机构	发文量（篇）	类型
1	武汉大学政治与公共管理学院	7	高等院校
2	东南大学法学院	7	高等院校
3	复旦大学国际关系与公共事务学院	6	高等院校
4	西南政法大学行政法学院	6	高等院校
5	郑州大学公共管理学院	5	高等院校
6	中国人民大学法学院	5	高等院校
7	南京大学法学院	5	高等院校
8	开封市档案局	5	行政管理部门
9	北京大学政府管理学院	5	高等院校
10	濮阳市档案局	4	行政管理部门
11	中国行政管理学会	4	学术团体
12	吉林大学法学院	4	高等院校
13	上海市行政法制研究所	4	科研院所
14	对外经济贸易大学国际经济贸易学院	4	高等院校

（续表）

序号	研究机构	发文量（篇）	类型
15	复旦大学	4	高等院校
16	西安交通大学管理学院	4	高等院校
17	上海交通大学国际与公共事务学院	4	高等院校
18	吉林大学行政学院	4	高等院校
19	中国政法大学	4	高等院校
20	河南师范大学公共政策与社会管理创新研究中心	3	科研院所
21	东北师范大学政法学院	3	高等院校
22	南京师范大学法学院	3	科研院所
23	上海交通大学凯原法学院	3	高等院校
24	西南政法大学	3	高等院校
25	清华大学公共管理学院	3	高等院校
26	上海海事大学	3	高等院校
27	中南财经政法大学公共管理学院	3	高等院校
28	国家行政学院	3	高等院校
29	中国政法大学法学院	3	高等院校
30	南开大学中国政府与政策联合研究中心	3	科研院所
31	河南师范大学三农法律问题研究中心	3	科研院所
32	厦门大学法学院	3	高等院校
33	大连海事大学	3	高等院校
34	天津财经大学经济学院	3	高等院校
35	苏州大学王健法学院	3	高等院校
36	中国人民大学	3	高等院校
37	上海财经大学法学院	3	高等院校
38	武汉大学	3	高等院校
39	上海行政学院	3	高等院校
40	商务部研究院	3	科研院所
41	西南大学法学院	3	高等院校
42	海南大学法学院	3	高等院校
43	华东师范大学政治学系	3	高等院校

（3）高被引文献与学术影响分析

高被引文献是用以衡量作者或学术机构研究成果水平的重要评价指标，论文的被引频次主要体现了该研究对本学科和研究领域推动发展的影响程度。一个作者被引用的论文数量越多，该作者研究成果的学术影响越大，甚至在该学科建设中，处于引领地位。通过对高被引论文的分析，可以有效地揭示高校科研能力及其科研成果的学术认可程度和全面了解国内政府权责清单制度研究的发展状况分布。我们以2010—2021年相关研究成果为样本，从CNKI数据库中筛选出政府权责清单制度研究成果被引频次排名前30的文献进行分析，如表1-4所示。

表1-4　2010—2021年国内政府权责清单制度研究领域排名前30的高被引文献

排名	文章题目	作者	来源期刊	发表年份（年）	被引次数（次）
1	负面清单管理模式与私法自治	王利明	中国法学	2014	306
2	国家治理过程的“可视化”如何实现——权力清单制度的内涵、意义和推进策略	程文浩	人民论坛·学术前沿	2014	209
3	中国（上海）自由贸易试验区外资准入“负面清单”模式法律分析	龚柏华	世界贸易组织动态与研究	2013	207
4	我国政府权力清单制度的建设与完善	胡税根 徐靖芮	中共天津市委党校学报	2015	191
5	权力清单制度的理论与实践——张力、本质、局限及其克服	罗亚苍	中国行政管理	2015	184
6	论地方行政权力清单制度及其法治化	王春业	政法论丛	2014	163
7	中国（上海）自由贸易试验区外资准入的负面清单	商舒	法学	2014	160
8	权力清单的定位不能僭越法律	申海平	学术界	2015	156
9	负面清单管理模式的法治精神解读	张淑芳	政治与法律	2014	139
10	当前推进政府职能根本转变急需解决的若干深层问题	石亚军	中国行政管理	2015	136
11	地方政府权力清单法律效力研究	林孝文	政治与法律	2015	135
12	权力清单制度：国家治理体系和治理能力现代化的制度性回应	谢建平	华东师范大学学报（哲学社会科学版）	2014	131

（续表）

排名	文章题目	作者	来源期刊	发表年份（年）	被引次数（次）
13	权力清单的行政法价值研究	关保英	江汉论坛	2015	129
14	权力清单制度对简政放权的价值	陈坤 仲帅	行政论坛	2014	121
15	权力清单的行政法构造	关保英	郑州大学学报（哲学社会科学版）	2014	120
16	加快推进行政审批制度改革的二次设计	顾平安	中国行政管理	2015	114
17	“负面清单”转型经验的国际比较及对中国的借鉴意义	王中美	国际经贸探索	2014	107
18	论“放管服”改革背景下地方政务服务中心的发展新趋势	宋林霖 赵宏伟	中国行政管理	2017	95
19	负面清单制度的国际经验及其对上海自贸区的启示	孙婵 肖湘	重庆社会科学	2014	93
20	美国负面清单管理模式探析及对我国的借鉴	聂平香 戴丽华	国际贸易	2014	87
21	法治政府视野下的权力清单制度分析	刘同君 李晶晶	法学杂志	2015	85
22	中国（上海）自由贸易试验区负面清单的解读及其推广	杨海坤	江淮论坛	2014	82
23	行政审批权力清单制度评析及完善——以国家税务总局2014年第10号公告为分析模板	罗亚苍	中国行政管理	2014	82
24	负面清单：中国对外开放的新挑战	张相文 向鹏飞	国际贸易	2013	80
25	地方政府权力清单制度体系建设的实践与完善	郑俊田 郜媛莹 顾清	中国行政管理	2016	78
26	权力清单制度中的公众参与研究——兼论权力清单之制度定位	喻少如	南京社会科学	2016	73
27	中国（上海）自贸试验区改革的重点：对外商投资准入实施“负面清单”管理	王新奎	上海对外经贸大学学报	2014	72
28	构建政府权力规制的公共治理模式	胡税根 翁列恩	中国社会科学	2017	71
29	简政放权下政府管制改革的法治进路——以实行负面清单模式为突破口	陈兵	法学	2016	70
30	行政审批（许可）权力清单建构中的法律问题	王克稳	中国法学	2017	69

注：统计时间截至2021年6月30日。

从被引频次来看，王利明（2014）的《负面清单管理模式与私法自治》位居首位，被引次数达306次。该文献提出了负面清单管理模式是我国深化市场准入制度改革的一个重要突破口，是我国全面深化改革的重要内容之一。作为一种市场准入管理模式，负面清单是私法自治精神的具体落实和重要保障①。程文浩（2014）的《国家治理过程的“可视化”如何实现——权力清单制度的内涵、意义和推进策略》被引频次达209次，位居第二。该文献提出了“权力清单所涵盖的范围就是行政权力的合法行使范围”的观点，认为权力清单制度是强化权力运行制约和监督、确保权力正确行使的重要制度，并从宏观把握、中观战略、微观战术等三个角度提出政府权力清单制度额推进策略②。龚柏华（2013）的《中国（上海）自由贸易试验区外资准入“负面清单”模式法律分析》一文的被引频次达207次。该文主要探讨上海自贸区“负面清单”相关的法律问题，如“负面清单”是否包括了未来出现的产业，“负面清单”内容是否可增加及这样做可能的理由，对“负面清单”内容发生理解纠纷的解决机制等③。胡税根、徐靖芮（2015）的《我国政府权力清单制度的建设与完善》被引频次达191次。该文献主要对权力监督和权力制约进行了探讨，提出通过清权厘权、科学确权、简政放权和严格制权等改革步骤，逐步完善政府权力清单制度的可行方案④。罗亚苍（2015）发表在《中国行政管理》期刊上的文章《权力清单制度的理论与实践——张力、本质、局限及其克服》的被引频次达184次。该文献探讨了权力清单制度的意义和主要功

① 王利明．负面清单管理模式与私法自治［J］．中国法学，2014（5）：26-40.

② 程文浩．国家治理过程的“可视化”如何实现——权力清单制度的内涵、意义和推进策略［J］．人民论坛·学术前沿，2014（9）：90-95.

③ 龚柏华．中国（上海）自由贸易试验区外资准入“负面清单”模式法律分析［J］．世界贸易组织动态与研究，2013，20（6）：23-33.

④ 胡税根，徐靖芮．我国政府权力清单制度的建设与完善［J］．中共天津市委党校学报，2015（1）：67-77.

能，提出了权力清单制度的逻辑起点在于限制权力而非设定权力，本质在于通过规范行政行为达到控制行政权力，实为行政行为清单。文章进一步指出权力清单制度的八个误区和局限性，提出按照轻重缓急、先后有序，循序渐进、从粗到细，法律保留、程序正当，上下联动、内外有别，权权相称、权责一致，格式统一、形式固定的选择路径的推进策略①。

从被引时间来看，在被引次数排名前 30 名的文献中，发表在 2013 年的高被引文献有 2 篇，2014 年的高被引文献有 14 篇，2015 年的高被引文献有 8 篇，2016 年的高被引文献有 3 篇，2017 年的高被引文献有 3 篇。可见，高被引文献基本都分布在 2014 年和 2015 年，占发文总量的 73.33%。

2013 年，高被引文献主要对负面清单的法律模式和挑战进行分析。2014 年，高被引文献主要研究权力清单制度的内涵、意义、价值、法治化建设与推进策略，同时对负面清单管理的法治精神、国际比较、地方经验进行了权威解读。2015 年，高被引文献主要研究我国政府权力清单制度的张力、本质、局限、建设现状、法律效力、制度设计、完善策略，探讨行政审批制度改革中的行政权力清单设计，并着眼于地方实践进行相关探索。2016 年，高被引文献着眼于地方政府权力清单制度建设中的微观视角，探讨权力清单制度中的公众参与研究、实践情况与完善路径。同时，在宏观视角上进行深入挖掘，探讨地方政府权力清单制度体系建设的实践与完善，并以实行负面清单模式为突破口，研究简政放权下政府管制改革的法治进路。2017 年，高被引文献从“放管服”改革的视角出发，研究“放管服”改革背景下地方政务服务中心的发展新趋势，从深化简政放权、放管结合、优化服务改革等角度探讨了建构权责清单制度的制度前景。同时，探讨构建政府权力规

① 罗亚苍 . 权力清单制度的理论与实践——张力、本质、局限及其克服［J］. 中国行政管理，2015（6）：29-33.

制的公共治理模式，研究行政审批（许可）权力清单建构中的法律问题。

（4）研究热点与研究主题分析

政府权责清单制度的研究并不是分散化的[①]。权责清单的出现，一定程度上填补了责任条目短缺的制度空白。2010—2021年间，政府权责清单制度研究一方面随着实践过程而不断调整，产生了一些新的创新点；另一方面又在动态变化中保持着一定的连续性。从2010—2021年，围绕“权力清单”“权力清单制度”“负面清单”“责任清单”“政府职能”“权责清单”“简政放权”“负面清单管理”“依法行政”“绩效评估”“行政权力”“清单式管理”等关键词，研究形成了一条比较清晰的逻辑脉络。

总体而言，从历年研究重点来看，研究对象从权力清单转向负面清单、责任清单，继而转向权责清单；从研究内容来看，从宏观权力运行逐步聚焦微观权力运行、简政放权、政府职能转变、“放管服”改革等具体内容。从政治实践来看，2013年底，政府权力清单制度在全国范围内铺开；2014—2016年间，各地政务服务网站开始陆续公布配套的责任清单；随后，权责清单作为集“权”与“责”一体的清单形式被大多数地方政府所采用，其内容包含权力行使主体、依据、责任边界、责任主体、事中事后监督、行使层级等。具体而言，政府权责清单制度研究的演进过程大致可划分为三个阶段。

首先，初步研究阶段（2010—2013年），该阶段的关键词是“权力清单”和“国民待遇”。在最开始，大部分地方探索编制和公布的都是权力清单，中央层面出台的相关文件中，用的也是“权力清单”这个词。同时，“县委权力”“公开透明”也成为该阶段的一大重要关键词。这个阶段，“权责清单”的说法还未被提及。2013年，关于“国民待遇”的研究也开始兴起，主要集

① 谢建社，朱小练，陆珍旭．当代中国社会工作研究热点及其趋向——基于Citespace的可视化分析［J］．江汉学术，2020，39（5）：29-39.

中在对自贸区外商投资准入的研究等方面。可见，2010—2013 年，关于“政府权责清单制度”的研究，还处于初步研究阶段。

其次，视角延伸阶段（2014—2016 年）。2014—2016 年是政府权责清单制度研究的视角延伸阶段，该阶段的主要的关键词是“权力清单制度”“负面清单”“责任清单”与“权责清单”，并关联了法治政府建设、政府职能转变、简政放权、档案行政权力、依法行政、行政审批、清单式管理等诸多领域，政府权责清单制度研究的视角得以延伸。在这个阶段，一些省级政府率先从“权力清单”向“权力清单”和“责任清单”共同迈进。2015 年 3 月，中共中央办公厅 、国务院办公厅办印发《关于推行地方政府工作部门权力清单制度的指导意见》要求，“已经建立权力清单的，要加快建立责任清单；尚未建立权力清单的，要把建立责任清单作为一项重要改革内容，与权力清单一并推进”。从部分地方的实践看，该阶段的权力清单和责任清单的关系模式主要有两种：一种是权力和责任一体化，责任清单等同于权力清单，权力清单也等同于责任清单，在权力事项后面明确责任事项和追责情形；还有一种是权力清单和责任清单各成体系，这里的责任清单更像是部门使命，权力清单内的事项是部门完成使命的手段。2016 年，“权责清单”一词在论文中出现并被运用，学者研究的聚焦点从纯粹的“权力清单”“负面清单”“责任清单”的研究，逐步聚焦到“权责清单”的研究。

最后，深入细化阶段（2017—2021 年）。自 2017 年起，政府权责清单制度的定位逐步清晰化，一些相关性较弱的领域退出主要研究范畴，政府权责清单制度研究的内容开始逐渐聚焦于“绩效评估”“放管服”改革、权责监督与权责清单制度、“国家治理现代化”“司法责任制”等核心领域。这个阶段，更加注重研究政府权责清单制度的边界，做到严格监权、阳光晒权，做好城市社区和农村基层的清单式治理工作，进一步推进简政放权和国家治理现代化向纵深方向发展。而这个阶段，各地的权责清单大都采取“一表两单”的模式，呈现权力清单与责任清单的“两单”融合的发展趋势，对行政职权事项和责任事项进行一体设计、逐项对应。同时，针对每一项具体的行政职权，相应明确责任主体和问责情形等，避免权力清单和责任清单“两张皮”。实际上，“两单”融合已经从思维层面向全国范围整体推进。且值得关注的是，关于政府权责清单制度“绩效评估”的研究于2017年开始出现，并在之后的几年中成了研究热点，为本书奠定了一定的研究基础。

本书通过词频分析，对研究主题进一步阐释和分析。词频通常是指可用于显示论文的主要思想和核心内容的关键词或主题词的出现次数。其在论文中出现的次数可以用来显示特定研究领域的热点和前沿，出现频率越高的关键词，越能体现该研究领域的研究方向。CiteSpace 5.7.R5 软件可以通过绘制知识地图来计算论文中关键词的出现次数，并且可以获得高频关键词。本书提取频次排名前30位的关键词，整理至政府权责清单制度研究高频关键词表，如表1-5所示。

表1-5　政府权责清单制度研究的高频关键词

序号	频次	关键词
1	163	权力清单
2	92	负面清单
3	67	权力清单制度
4	31	政府职能
5	28	责任清单
6	24	法治政府
7	23	简政放权
8	21	负面清单管理
9	19	权责清单
10	18	国民待遇
11	17	地方政府
12	16	档案行政权力
13	16	市场准入

（续表）

序号	频次	关键词
14	16	依法行政
15	15	行政权力
16	14	上海自贸区
17	14	绩效评估
18	12	不符措施
19	11	行政审批
20	9	“放管服”改革
21	9	清单式管理
22	8	清单制度
23	8	管理模式
24	7	正面清单
25	7	法治政府建设
26	6	制度创新
27	6	清单制
28	5	政府权力清单
29	5	权力监管
30	4	外商投资

从表 1-5 可知，“权力清单”一词出现的频次最高，达 163 次；其次是“负面清单”（92 次）、“权力清单制度”（67 次）。相关高频词体现了政府权责清单制度研究主要关注权力清单制度与责任清单制度建设问题、政府权责清单制度与法治政府建设问题、行政权力的监督与依法行政问题、政府职能转变与“放管服”改革建设问题以及政府权责清单的绩效评估问题。

笔者通过对政府权责清单制度研究的关键词进行聚类发现，共有“负面清单”“权力清单”“政府职能”“权力清单制度”“依法行政”“权责清单”“权力监督”等七个聚类，在一定程度上反映了政府权责清单制度研究的热门主题。

此外，在“ClusterExplorer”中得到对数似然率（聚类标签词提取算法之一），得到关键词共现网络聚类表，如表 1-6 所示。

表 1-6　政府权责清单制度研究关键词共现网络聚类

聚类号	聚类规模	轮廓值	平均年份	标识词（选取前 5 个）
#0	22	0.946	2015	负面清单；市场准入；国民待遇；不符措施；上海自贸区
#1	14	0.891	2015	权力清单；档案行政权力；行政权力；行政审批；小微权力
#2	13	0.848	2014	政府职能；负面清单管理；简政放权；行政体制改革；行政审批制度改革
#3	11	0.806	2016	权力清单制度；清单制度；绩效评估；清单式管理；路径
#4	11	0.844	2015	依法行政；法治政府；法治政府建设；信息公开；政府权力清单
#5	10	0.865	2016	权责清单；"放管服"改革；责任清单；机构编制；廉政清单
#6	6	0.903	2015	权力监督；机构改革；县委书记；地方政府；权力法治

从表 1-6 不难发现，政府权责清单制度研究有如下的热门主题。

一是关于负面清单及其制度的研究。该领域主要涉及"负面清单""市场准入""国民待遇""不符措施""上海自贸区"等关键主题词。自 2013 年起，关于负面清单的研究一直是一大研究热点。众多学者从国内外负面清单运行模式经验比较、自贸区负面清单管理、外资准入"负面清单"模式法律分析等多维度进行了探讨与研究。张小明、张婷、邢珺（2014）认为，准入前国民待遇和负面清单的外资管理模式已逐渐成为国际投资规则发展的新趋势，我国在外资管理体制改革的探索实践中，可以借鉴欧美日外资管理经验，实现国内经济平稳过渡及与国际投资新规则的无缝衔接[①]。杨海坤（2014）对中国（上海）自由贸易试验区负面清单进行详细解读并探讨推广问题，指出负面清单模式是上海自贸区在外资准入管理上的新举措，逐步实现从"准入前正面清单审批为主，准入后监督为辅"旧模式到"准入后监督为主，准入前国民待遇 + 负面清单为辅"新模式的过渡[②]。陈朝兵（2015）研究了"负面清单"管理在我国的缘起、应用价值与推广路径，指出从上海自贸区开始试点

① 张小明，张婷，邢珺．"负面清单"的国际经验及借鉴意义［J］. 开放导报，2014（6）：28-31.

② 杨海坤．中国（上海）自由贸易试验区负面清单的解读及其推广［J］. 江淮论坛，2014（3）:5-11.

到全国多地探索实行，“负面清单”管理在我国正呈现“由点及面”式推广应用的态势，全国各地在推广应用“负面清单”管理时还应遵循破除“负面清单”管理实施壁垒、提升“负面清单”制定质量、完善配套制度设计、加强市场准入后监管、构建风险防御体系等路径[①]。赵伟欣（2016）认为，处理好政府和市场关系的核心是厘清政府与市场的边界，通过对当前负面清单、权力清单和责任清单的落实情况进行分析，指出在体制机制、政府协调、市场监管等层面依然存在许多问题阻碍“三张清单”的顺利推行，并就落实中存在的问题提出针对性政策建议[②]。高凛（2017）着眼于负面清单监管方面的研究，认为在负面清单模式下，我国政府监管体系在理念、体制和效果上面临重重挑战，自贸试验区的事中事后监管应从转变监管理念、完善立法、构建信息平台、监管主体多元化和完善社会征信体系等方面，对事中事后监管制度进行完善[③]。刘一展（2018）探讨了自贸区负面清单管理模式与政府治理能力现代化的关系，指出自贸区应落实国家赋予的“更大改革自主权”，以负面清单管理模式所包含的产业对外开放和政府职能转变推进综合配套制度创新，提高政府治理能力现代化[④]。施元红（2019）研究总结了近几年我国负面清单管理制度的发展现状、分析存在问题，对进一步完善负面清单制度具有积极作用[⑤]。陈升、李兆洋、唐雲（2020）指出，随着《市场准入负面清单（2018年版）》的公布，市场准入负面清单制度正式在我国全面实施。该文通过梳理市场准入负面清单的治理实践，并建立“特征—理念—路径”的分析框架，

① 陈朝兵．“负面清单”管理在我国的缘起、应用价值与推广路径［J］．现代经济探讨，2015（8）：20-24.

② 赵伟欣．推进负面清单、权力清单和责任清单制度，处理好政府和市场关系［J］．现代管理科学，2016（8）：39-41.

③ 高凛．自贸试验区负面清单模式下事中事后监管［J］．国际商务研究，2017，38（1）：30-40.

④ 刘一展．自贸区负面清单管理模式与政府治理能力现代化［J］．国际经济合作，2018（4）：45-50.

⑤ 施元红．负面清单管理制度的发展现状、问题及提升路径［J］．对外经贸实务，2019（8）：60-62.

阐述了市场准入负面清单的制度特征所体现的国家治理理念创新，从而指出了制度实施对国家治理现代化的价值所在，并对制度全面实施提出政策建议[①]。

二是关于权力清单及其制度的研究。该类主题包含聚类 #1 和聚类 #3。在权力清单和权力清单制度研究领域，主要包含“权力清单”“档案行政权力”“行政权力”“行政审批”“小微权力”“权力清单制度”“清单制度”“绩效评估”“清单式管理”等关键主题词。陈泽伟（2010）从四川省成都市武侯区“县权公开”试点的实践出发，提出要让权力清单“理”得明白，权力行使“用”得明白，权力公开“说”得明白，权力监督“看”得明白[②]。吴雁平（2015）着眼于研究档案行政权力清单制度，探讨了“权力清单”的概念与权力清单制度的基本含义，档案行政权力的来源、分类，不同隶属及体制下档案行政权力清单制度的建立，推行档案行政权力清单的主要任务等问题[③]。郭文亮、张恩铭（2017）从广州市权力清单制度的地方实践出发，以法治方式厘清“一把手”用人、用钱、决策、审批等权力，通过公布权力清单，厘权、晒权、监权，总结治理“一把手”权力腐败经验[④]。何旗、郭文亮（2017）对加强县委书记权力监督制约进行四维探索，提出从源头治理县委书记腐败问题的根本路径是科学配权、适度分权、严格监权、阳光晒权[⑤]。熊樟林（2018）从规范层面对政府权力清单制度进行界定，主张要采用一定的程序将行政权力予以冻结，促使行政权力清单从政治行为向法律行为转变、从封闭行为向

① 陈升，李兆洋，唐雲．清单治理的创新：市场准入负面清单制度［J］．中国行政管理，2020（4）：95-101.

② 陈泽伟．省会城区“县权公开”试水［J］．瞭望，2010（42）：21.

③ 吴雁平．论建立和推行档案行政权力清单制度［J］．档案管理，2015（6）：10-12.

④ 郭文亮，张恩铭．厘权·晒权·监权：广州市治理“一把手”权力腐败的实践探索与启示［J］．理论探讨，2017（6）：115-120.

⑤ 何旗，郭文亮．加强县委书记权力监督制约的四维探索［J］．中州学刊，2017（3）：14-19.

开放行为转变[①]。王杰、刘伟忠（2020）从结构功能主义视角，分析县级政府权力清单制度的深层运行逻辑，认为权力清单制度的运行结构是运行机制嵌入静态制度结构的产物，在县级治理中主要发挥着边界性、服务性、合作性和公民导向性的功能[②]。王杰、张宇（2021）从制度效能的角度，对政府权力清单制度的实施逻辑和效果差异进行考察，认为权力清单制度的运行规则、清单文本、行动主体和实施机制等环境要素分别从合法性来源、能量依托、实现力量和条件保障等层面对制度运行产生影响。实现权力清单制度势能的蕴积和释放，需要进一步增强制度认同，提升清单内容合理性，同时巧妙借助新技术加持并完善制度的实施机制[③]。

值得一提的是，关于政府权责清单制度的绩效评估研究，也是近几年的一大研究热点。杨雪冬（2018）从总体性评估的视角，探讨了改革开放40多年中国政府责任体制变革的历程，认为需要进一步厘定政府责任限度，推进政府权责清单制度的发展[④]。高丽虹（2018）对安徽省16市权力清单制度的实施状况进行分析与综合评估，从学术的角度分析目前权力清单实施过程中存在的清单制定依据、行政行为的类型及权力项目数量、权力清单实施时效、权力清单监督制度构建等问题[⑤]。李欣（2019）着眼于政府权力清单制度的绩效评估体系构建，运用模糊层次分析法进行指标设计和实证分析，构建了一

① 熊樟林．权力挂起：行政组织法的新变式？［J］．中国法学，2018（1）：265-283.

② 王杰，刘伟忠．县级政府权力清单制度的深层运行逻辑：结构—功能主义视角［J］．党政研究，2020（1）：108-116.

③ 王杰，张宇．制度势能：政府权力清单制度的实施逻辑和效果差异考察［J］．探索，2021（2）：113-125.

④ 杨雪冬．改革开放40年中国政府责任体制变革：一个总体性评估［J］．中共福建省委党校学报，2018（1）：4-26.

⑤ 高丽虹．法律规制视域下权力清单后评估制度研究——基于安徽省16市实施状况分析［J］．江淮论坛，2018（1）：98-102.

套由 5 个一级指标和 22 个二级指标所组成的权力清单制度绩效评估指标体系，将清单制度绩效评估置于政府绩效评估总体框架和视野中[①]。

三是关于权责清单及其制度的研究。该领域主要涉及“权责清单”“‘放管服’改革”“责任清单”“机构编制”“廉政清单”等关键主题词。在权责清单研究方面，2018 年，随着《中央编办、法制办关于深入推进和完善地方各级政府工作部门权责清单制度的指导意见》的出台，各地积极推进权责清单标准化规范化建设，学术界也对此展开了热烈的探讨。马岭、苏艺（2018）探讨了全面推行政府权责清单制度的法治意义[②]，袁维海、沈荣华、姚玫玫（2018）着眼于对安徽省推行权责清单制度的建设情况进行调研，致力于探索和打造权责清单升级版[③]。刘桂芝、崔子傲（2019）主要研究地方政府权责清单中的交叉职责及其边界勘定[④]，徐军、王国栋（2019）对省级权责清单执行的差异性进行研究，深析其背后的原因、问题、规范[⑤]。李军鹏（2020）站在社会主义新时代的背景，探究现代政府权责清单制度建设的新要求、新举措[⑥]。赵守东、高洪贵（2021）以有为政府为分析框架，分析地方政府权责清单制度的治理进路，认为有为政府在理念上能带动地方政府权责清单制度由自律控权向有为治理转变，在制度建设上为地方政府权责

① 李欣. 政府权力清单制度的绩效评估体系构建与实践应用——基于模糊层次分析法的研究［J］. 党政研究，2019（5）：100-112.

② 马岭，苏艺. 全面推行政府权责清单制度的法治意义［J］. 学习与探索，2018（11）：75-80.

③ 袁维海，沈荣华，姚玫玫. 打造权责清单升级版的改革探索——基于对安徽省推行权责清单制度的调研［J］. 中国行政管理，2018（8）：18-20.

④ 刘桂芝，崔子傲. 地方政府权责清单中的交叉职责及其边界勘定［J］. 理论探讨，2019（5）：168-176.

⑤ 徐军，王国栋. 省级权责清单差异性研究：原因、问题、规范［J］. 深圳大学学报（人文社会科学版），2019，36（2）：93-101.

⑥ 李军鹏. 新时代现代政府权责清单制度建设研究［J］. 行政论坛，2020，27（3）：41-46.

清单制度提供靶向指引[①]。在责任清单制度的研究方面，自2015年以来，学者们从省级政府到地方政府，探讨了建立责任清单制度的适用模式、实践探索、治理逻辑、实现路径等。如陈蕾妍（2015）从浙江省金华市磐安县的实践出发，提出要全岗位建立基层党建责任清单、全过程跟踪管理监督党员工作、全方位落实“最大政绩”要求、全面推进各项工作，形成基层党建工作新格局[②]。李沫、黄健（2016）从加强落实党风廉政建设责任制的角度出发（即“两个责任”：党委负主体责任、纪委负监督责任），提出要建立责任清单制度、完善检查和考核机制、规范责任追究制度，以消解党风廉政建设责任制的实践困境[③]。林蔚文、林明华（2016）着眼于地方政府部门责任清单制度的理论与实践，明确责任清单的制度属性、主体、责任范围、编制原则和运行机制[④]。赵伟欣（2016）则从制度关系的视角出发，研究负面清单、权力清单和责任清单制度三者之间的关系[⑤]。关于机构编制的研究，谭波（2020）提出建设责任型法治政府建设的基本思路是要做到权责统一，强调要从理念上强调机构编制法定化的新型执法理念，强化权责统一原则的推行[⑥]。何精华（2021）研究政府职责动态配置的立论基础、实践逻辑与可行

---

① 赵守东，高洪贵．地方政府权责清单制度的治理进路——以有为政府为分析框架［J］．行政论坛，2021，28（2）：142-146.

② 陈蕾妍．答好“治党三问”，抓好责任落实——磐安县全岗位建立基层党建责任清单［J］．人民论坛，2015（S2）：74-75.

③ 李沫，黄健．论“两个责任”的实践困境及制度消解［J］．中南大学学报（社会科学版），2016，22（4）：47-53.

④ 林蔚文，林明华．地方政府部门责任清单制度的理论与实践［J］．福建论坛（人文社会科学版），2016（5）：86-92.

⑤ 赵伟欣．推进负面清单、权力清单和责任清单制度，处理好政府和市场关系［J］．现代管理科学，2016（8）：39-41.

⑥ 谭波．权责统一：责任型法治政府建设的基本思路［J］．西北大学学报（哲学社会科学版），2020，50（4）：168-178.

路径，从机制编制和行政体制改革方面进行探索①。

四是关于政府职能与行政体制改革的研究。该研究领域的关键主题词主要包括政府职能、简政放权、行政体制改革和行政审批制度改革等。王颖群、于新恒（2016）研究经济新常态下政府职能转变的目标和路径，提出只有找准转变政府职能的突破口，健全和完善权力清单、负面清单和责任清单制度体系，才能达到适应新常态、引领新常态的战略目的②。与此同时，中央已把建立权力权责制度与简政放权改革联系在一起，二者互为作用，这也引起了学术界对行政体制改革的相关研究。陈坤、仲帅（2014）探讨了权力清单制度对简政放权的价值，提出建立权力清单制度有助于保证简政放权的科学性并为其提供技术手段上的帮助③。许耀桐、包雅钧（2016）探究了中国行政体制改革的进展及其重点，提出地方政府的权力和责任清单制度改革是中国行政体制改革的十大研究重点之一④。沈荣华（2017）研究了十八大以来我国“放管服”改革的成效、特点与走向，提出要继续把“放管服”改革向纵深推进，争取在权责清单制度研究领域取得更大突破⑤。

五是关于政府职责体系的研究。田玉麒（2020）提出政府治理体系现代化的双重进路，从功能结构的视角出发，强调职责体系和组织结构是政府治理体系现代化的关键维度，应坚持权责一致的基本原则，构建相互匹配的权

---

① 何精华．政府职责动态配置的立论基础、实践逻辑与可行路径［J］．上海行政学院学报，2021，22（1）：41-55.

② 王颖群，于新恒．经济新常态下政府职能转变的目标和路径［J］．中州学刊，2016（6）：6-10.

③ 陈坤，仲帅．权力清单制度对简政放权的价值［J］．行政论坛，2014，21（6）：23-26.

④ 许耀桐，包雅钧．中国行政体制改革的进展及其重点［J］．北京行政学院学报，2016（4）：47-54.

⑤ 沈荣华．十八大以来我国“放管服”改革的成效、特点与走向［J］．行政管理改革，2017（9）：10-14.

力清单和责任清单，厘清政府纵向、横向以及条块职责体系的内在关联[①]。朱光磊、赵志远（2020）则从政府职责体系视角，探究权责清单制度构建逻辑，认为权责清单制度的进一步发展，要以构建政府职责体系为核心，从权责梳理、职责配置、制度执行的过程中寻找突破口[②]。

六是关于法治政府建设的研究。陈宏（2015）提出要全面推进依法治国，培养法治思维，加快法治政府的建设，约束行政权力的运行，妥当处理改革中执法和市场的关系[③]。刘同君、李晶晶（2015）着眼于法治政府视野，提出要大力推行权力清单制度，依法规范行政权力行使，加强法治政府建设[④]。谭波（2020）则从权责统一的视角出发，提出了建构责任型法治政府建设的基本思路，认为权责一致需要彰显责任对权力运行的辅助推进功能，但不能仅仅局限于权责清单的表面落实，要强化强调宪法责任的引领和落实，并对责任进行体系化处理[⑤]。

（5）研究前沿探测与发展趋向分析

研究前沿是某个特定时间段内某研究领域内被引次数最多的文献聚类，是相关领域临时形成的某个研究主题或新的概念组合，其所表达的主题因引起多人的关注而成为一段时间内突然出现或正在发酵的研究趋势。科学文献的发表具有一定时效性，科学文献所表达的研究主题或内容会随着时间的推移变得陈旧过时，而表征此研究主题或内容的关键词或主题词也会随之减

① 田玉麒．职责优化与组织调适：政府治理体系现代化的双重进路［J］．社会科学战线，2020（4）：199-205.

② 朱光磊，赵志远．政府职责体系视角下的权责清单制度构建逻辑［J］．南开学报（哲学社会科学版），2020（3）：1-9.

③ 陈宏．领导干部法治思维的培养及价值［J］．理论探讨，2015（5）：131-133.

④ 刘同君，李晶晶．法治政府视野下的权力清单制度分析［J］．法学杂志，2015，36（10）：62-68.

⑤ 谭波．权责统一：责任型法治政府建设的基本思路［J］．西北大学学报（哲学社会科学版），2020，50（4）：168-178.

少[①]。整体来看，不同时期的研究前沿构成领域内的整体研究路径，探测研究前沿，可以挖掘出某研究领域的发展趋向。

在 CiteSpace 5.7.R5 可视化文献分析软件中，我们采用“突现词检测”技术来探测政府权责清单制度研究领域的研究前沿，并由此归纳出该领域的研究路径和发展趋向。其中，突现词是指短时间内出现或使用频率突然提高，增长速度突然加快的关键词或专业术语。每个突现词都具有一定的突变强度，突变强度越高，说明某个时间段以该关键词展开的共现频次骤增程度越强，围绕该研究前沿展开的相关主题研究趋势越明显。突现词探测技术的基本原理在于通过统计研究领域内论文中关键词或专业术语的数量变化频率来确定研究前沿的热点词汇，这些热点词汇所表征的研究主题或内容即为此研究领域的研究前沿。

利用突现词检测技术对政府权责清单制度研究领域的关键词进行检测，得出引用最多的 25 个突现词，按突现时间排列，形成 2010—2021 年政府权责清单制度研究突现词表，如表 1-7 所示。

表 1-7　2010—2021 年政府权责清单制度研究突现词

关键词	年份	突现强度	开始	结束	2010—2021 年
国民待遇	2010	5.78	2013	2014	
上海自贸区	2010	3.55	2014	2014	
负面清单管理	2010	3.23	2014	2014	
不符措施	2010	2.43	2014	2014	
正面清单	2010	2.4	2014	2015	

① 成全，周兰芳 . 我国微博信息聚合研究现状及路径探析——基于 CiteSpace 的可视化视角［J］. 现代情报，2017，37（3）：153-160.

（续表）

关键词	年份	突现强度	开始	结束	2010—2021 年
双边投资协定	2010	1.64	2014	2014	
县委书记	2010	1.47	2015	2015	
档案行政权力	2010	6.44	2016	2016	
责任清单	2010	3.86	2016	2016	
行政权力	2010	3.37	2016	2018	
依法行政	2010	1.95	2016	2017	
责任清单制度	2010	1.44	2016	2016	
行政审批制度改革	2010	1.44	2016	2016	
信息公开	2010	1.44	2016	2016	
“放管服”改革	2010	2.56	2017	2018	
清单制度	2010	2.27	2017	2021	
权责清单	2010	4.71	2018	2021	
绩效评估	2010	4.63	2018	2021	
自贸区	2010	1.9	2018	2019	
清单式管理	2010	1.75	2018	2021	
市场准入	2010	3.16	2019	2021	
法治化	2010	1.77	2019	2019	
权力监督	2010	1.56	2019	2019	
地方政府	2010	2.51	2020	2021	
清单制	2010	1.81	2020	2021	

结合表 1-7，可以清晰看出政府权责清单制度研究的路径主要经历了三个阶段。

第一，2013—2015 年，出现了“国民待遇”（突现强度 5.78）、“上海自贸区”（突现强度 3.55）、“负面清单管理”（突现强度 3.23）、“不符措施”（突现强度 2.43）、“正面清单”（突现强度 2.4）、“双边投资协定”（突现强度 1.64）、“县委书记”（突现强度 1.47）等突现词。该阶段，政府权力清单开始逐步发展，四川省成都市武侯区、湖南省华容县和衡东县等多地开展了“县权公开”的试点，纷纷公布县委权力清单，“县委书记”“县委权力”等成了研究热点。2013 年，上海自贸区率先在全国实施外商投资负面清单，广东、天津、福建自贸区等纷纷效仿，开启负面清单制度的建设元年，关于“国民待遇”“上海自贸区”“不符措施”“双边投资协定”“正面清单”等的研究也日渐深入。这些突现词都构成了该阶段政府权责清单制度领域的研究前沿。

第二，2016—2017 年，共检测出“档案行政权力”（突现强度 6.44）、“责任清单”（突现强度 3.86）、“行政权力”（突现强度 3.37）、“依法行政”（突现强度 1.95）、“责任清单制度”（突现强度 1.44）、“行政审批制度改革”（突现强度 1.44）、“信息公开”（突现强度 1.44）、“放管服”改革（突现强度 2.56）等突现词，其中，“档案行政权力”一词的突现强度最大，“责任清单”次之。2016 年，宋飞、杨瑾辉、吴雁平、刘东斌等发表论文，探讨档案行政权力清单的行政法属性、制度制约与建设路径并开展相关的实证分析，“档案行政权力”成为该领域的学术研究前沿，但是突现时间很短，仅一年便结束。在权力清单制度日渐完善的同时，“责任清单”与“责任清单制度”也被越来越多的学者研究，关于“行政审批制度改革”“依法行政”的文章也在该时期涌现，成为一大研究热点。2017 年初，“放管服”改革实践大力推广，众多地方开始了相关的改革探索。

第三，2018—2021 年，关于政府权责清单的研究更加多元化和细分化。“权责清单”一词的突现强度最强，达 4.71，并从 2018 年起一直延续至今。这与国家政策的大力支持与推行息息相关。2018 年 1 月 25 日，中央机构编制委员会办公室、国务院法制办公室印发《中央编办、法制办关于深入推进和完善地方各级政府工作部门权责清单制度的指导意见》。这一指导意见的出台，对确保权责清单制度落地生效、提质增效起到了重要作用，也将政府权责清单制度的研究推向了高潮。《2020 年政务公开工作要点》《中华人民共和国国民经济和社会发展第十四个五年规划和 2035 年远景目标纲要》等政策文件，也用规章制度等形式，大力支持政府权责清单制度的发展。“清单制度”（突现强度 2.27）、“自贸区”（突现强度 1.9）、“清单式管理”（突现强度 1.75）、“市场准入”（突现强度 3.16）、“法治化”（突现强度 1.77）、“权力监督”（突现强度 1.56）、“地方政府”（突现强度 2.51）、“清单制”（突现强度 1.81）等词语也成为该阶段的研究前沿，强调要综合运用政府权责清单制度，做好清单式管理、治理与权力监督。值得一提的是，“绩效评估”（突现强度 4.63）也成为这一时期政府权责清单制度研究的一大方向，通过科学设计指标、赋权、开展绩效评估等方式，有助于构建更加科学、高效的政府权责清单制度。

（二）国内研究述评

政府权责清单作为制约与监督公共权力的新举措，是当下一个重要的公共议题。国内学者对政府权责清单制度的价值给予肯定，认为权责清单促进了简政放权，是一种新型权力监督制约机制，是现代化政府建设的一项重要探索，是全面深化改革的重要举措，符合我国经济社会发展需要。与此同时，进行绩效评价时要遵循一定的原则，要从制度本身出发，遵循相应制度评价的价值取向和原则。而关于指标体系的系列研究，能为当前政府权责清单制度实施效果评价指标体系的构建提供参考。

但作为一个发展历程较短的新兴事物，理论界和实务界对政府权责清单制度的研究力度和视阈还需进一步深化与拓展：首先，目前推行政府权责清单制度的实践远远超越了相关的理论研究，对政府权责清单制度的概念还没有科学权威的界定，缺乏严密的逻辑体系，更没有形成明确的切入角度、研究范畴和框架设计；其次，至今尚未对政府权责清单制度的改革实践做出全面、客观的跟踪评价，因而难以确切了解并详细比较各级政府及其工作部门的运行模式、发展路径以及改革成效；最后，既有的研究没有从面临的实际问题来探索其具体功能及实现途径，对推行政府权责清单制度的内在要素、实际情境、行动网络和动态过程等更为宏观的高层次体系都还没全面涉及，提出的对策和建议其针对性和可操作性有待加强。在现有研究和实践的基础上，如何保障政府权责清单制度在理想范围内健康、稳定、持续运转，建立一套科学客观的指标体系，对实际进程与效果予以科学规范的计量，从而揭示出当前存在的不足及深层次问题，进而为其制定相应的政策法规与对策建议，就显得极为迫切和必要。

总体而言，通过具体研究的梳理可以发现，当前学术界已经对政府权责清单制度有了较多的探索和广泛的研究。虽然关于这一制度实施效果评价的研究比较匮乏，但可以欣喜地看到，学术界关于政府绩效评价和权责清单制度的研究还是比较丰富的，为充分运用科学和合理的方式方法开展这一制度的评价奠定基础。因此，在借鉴已有的专业评估模型或经验做法上构建一套科学合理的评价指标体系是有必要的，可以充分了解政府权责清单制度在制度制定、制度执行、制度结果和公众满意度为核心的制度实施效果，以期对政府权责清单制度实施情况进行有效的测量。

第三节 研究内容、分析方法与技术路线

本书主要遵循“提出问题—分析问题—解决问题”的逻辑线索，通过分析具体的研究内容、方法及技术路线，并结合当前政府权责清单制度实施的现状，努力编制一套合理且有效的政府权责清单制度实施效果评价指标体系，详尽考察当前政府权责清单制度的实施现状，由此揣摩出具有可操作性的解决问题的措施途径，旨在激活政府权责清单制度的评价机制，充分发挥政府权责清单制度的综合效用。

一、研究内容

在上述逻辑线索指导下，本书主要按照“背景意义介绍—概念界定及理论基础阐述—研究对象现状分析—绩效评价指标体系构建—个案实证研究—对策建议—总结展望”的研习思路开展，主要内容如下。

第一章，绪论。主要介绍政府权责清单制度的相关环境背景、研究意义，同时对政府权责清单制度及其评价国内外已有的研究进行梳理、归纳和总结并进行评述，阐明本书的研究内容与方法，并通过技术路线图进行研究思路的呈现，最后对文章的创新点和难点进行阐述。

第二章，核心概念界定及理论基础阐述。根据以往学者研究及相关法律政策文本，对权力清单、责任清单、政府权责清单制度及政府权责清单制度实施效果评价等核心概念进行定义解析和内涵界说。同时，探寻政府权责清单制度及其实施效果评价的理论渊源，以新公共服务、有限政府、权力制约监督、政府绩效评估和公共政策评估等理论视角出发，进行相关议题的系统

研究，为推进政府权责清单制度提供前瞻性思考与理论支撑。

第三章，政府权责清单制度的改革历程与现实图景。通过对当前政府权责清单制度的外在环境与内在动因等实施背景以及发轫延展过程的梳理，初步总结了政府权责清单制度的初现端倪、试点导入和规范推广演进轨迹，并从时间、空间和内容三个维度上，总结政府权责清单制度的发展特点，对当前的实践情况进行全景式展示，为全书对政府权责清单制度的理解和把握奠定基础。

第四章，政府权责清单制度实施效果评价的客观诉愿。主要从政府权责清单制度实施效果评价的推进制度落实、总结经验不足、改善内部管理、塑造良好形象、满足公众诉求等必要性，以及面临理念、制度和技术等困境，作进一步的阐释，初步勾勒出这一制度实施效果评价指标体系构建的实践画面。

第五章，政府权责清单制度绩效评价指标体系的构建。在上述概念界定、理论基础、改革历程、现实图景、客观诉愿研究，以及相应的走访调查的基础上，构建政府权责清单制度评价指标体系。在确立指标体系构建价值取向和在相关原则指导下，重点从“制度制定—制度执行—制度结果”这一公共政策演进过程出发，结合公众满意度测评，构建一套政府权责清单制度实施效果评价的分析框架。这个过程主要在制度指标体系构建的基础上，对理论遴选的指标进行隶属度分析、相关性分析，以及信度、效度检验等实证筛选，确保所构建的指标具有较好的科学合理性，并运用层次分析法等确定各维度和绩效评价指标权重值，并进行评价权重值的计算。

第六章，A 省 B 县政府权责清单制度实施效果的实证检视。先是对上一章所构建的指标体系进行应用性细化，然后在应用性细化的基础上，对 A 省 B 县政府权责清单制度建设情况进行主客观指标的测评，计算出 A 省 B 县政府权责清单制度实施效果的综合指标值，并对县（区）级政府权责清单制度实施效果做简单分析。

第七章，政府权责清单制度实施存在问题的归因分析。主要是采用案例研究法和扎根理论研究法，对当前政府权责清单制度实施存在的问题进行归因分析，包括思想认识存在偏差、相关配套机制缺失、社会公众参与不足、制定缺乏规范性、法律法规依据缺位等内容。

第八章，推进政府权责清单制度的策略建议。主要结合政府权责清单制度实施效果评价的客观诉愿、指标体系的构建、B 县政府权责清单制度实施效果的实证检视，及政府权责清单制度实施存在问题的归因分析，从制度制定、制度执行、制度结果和公众满意度四个维度出发，探讨政府权责清单制度的推进策略。

总结与展望。主要从不同维度归纳全文所论述的内容，指出已解决的问题，点明主要论点。同时，指出研究中存在的不足，并从利用数据挖掘技术科学筛选政府权责清单制度实施效果评价指标、挑选具有不同层次的代表性样本进行调研、深度考量指标体系的适应性和扩展性等三个维度，为后续研究指明方向和提供线索。

二、分析方法

“工欲善其事，必先利其器”，这句话充分揭示了方法对科学研究的重要意义。著名行政管理学家、新中国公共管理学奠基人、中国 MPA 之父夏书章教授（2008）也曾说：“得法，事半功倍。不得法，事倍功半。有些问题解决不好或解决不了，常与方法欠佳有关”[①]。从本质上讲，研究方法的选择首先取决于研究论题本身的性质；其次，则取决于研究者对研究论题的基本认识和构想。本书在具体考察和探析政府权责清单制度理论与实际运行的发展过程

① 夏书章 . 行政管理学（第四版）[M] . 北京：高等教育出版社，2008：8.

之后，将综合运用规范研究与经验研究相结合、系统分析与比较分析相结合、理论分析与案例分析相结合等多种方法，实现研究方法上的多样性、综合性和有效性。

（一）规范研究与经验研究相结合

“规范研究偏重于抽象的价值判断和逻辑推理，更多使用定性分析和演绎的方法，它所关心的是‘应当是什么’（what should be）的价值问题；而经验研究则强调可观察到的事实根据和实证材料，更多依靠定量分析和归纳的方法，它所注重的是‘实际是什么’（what is）的事实问题”①。只有坚持规范研究与经验研究的相统一，将宏观上的价值判断与微观上的实证描绘聚集起来，使其更具有时代感和现实包容性，才能克服理论缺乏解释力的弊端，这对于全面了解客观事物的“面貌”与特征，加深对所研究问题的理解有重要意义。

在这一思想指导下，本书首先聚焦政府权责清单制度在当代中国的实践与探索，更多使用定性分析、归纳和演绎的方法进行抽象的价值判断和逻辑推理，偏重于抽象的理论研究，对政府权责清单制度及其绩效评价的概念进行阐述。一方面，梳理总结出政府权责清单制度的发轫渊源与演进轨迹等内容，多层次、多角度地对各级政府及其工作部门的权责清单制度运行情况进行全景展示，归纳出制度建设的特点，总结当前政府权责清单制度绩效评价的困境，从而提出下一步研究的突破口，为解决政府权责清单制度中存在的些许问题提供可行的基本方案。另一方面，运用经验研究方法，依靠定量分析和归纳的方法，充分利用 SPSS 软件、CiteSpace 5.7.R5 文献可视化分析软件、NVivo 11 质性分析软件、层次分析法（AHP）等，为透析当前政府权责清单制度存在的问题及解决措施提供量化依据。

① 胡伟．政府过程［M］．杭州：浙江人民出版社，1998：1-2.

（二）系统分析与比较分析相结合

就其本质而言，系统分析是一种根据客观事物所具有的系统特征，从事物的整体出发，着眼于整体与部分、整体与层次、整体与结构、整体与功能、整体与环境等的相互联系和相互作用，求得优化的整体目标的现代科学方法。而比较分析的要点，则是通过对不同事物或同一事物在不同阶段的情况等进行比较，从中找出共同点、本质或规律性的东西[①]。只有坚持系统分析与比较分析的调配，才能在发现问题、分析问题以及解决问题的过程中，做到整体性与局部性的融合，体现普遍性与特殊性的兼顾。

按照两种方法的要求，本书作者认为，政府权责清单制度不仅仅只是一种纯粹的制度设计，更是从理念、组织、制度、技术以及人员的全体系，须运用综合集成的复杂理论与现实操作路径相结合的方法，密切关注行政理念更新、政府机构定位、治理政策改进、电子政务互动和人力资源整合等内容的实现方式与政府权责清单的内在联系。此外，对政府权责清单与西方相类似的权责制度设计加以比较，特别强调行政业务及其运行方式在体制上具有不同于西方的差异性，做到借鉴与创新融合，坚持以经典为指导，但不受传统理论束缚。总体而言，指标的构建和推进策略的提出，不仅要借鉴西方有用的成果，还要联系中国当代实际，探索出一条构建具有中国特色的政府权责清单制度的建设途径。

（三）理论分析与案例分析相结合

理论分析主要是指现代科学理论进行实际问题分析的方法，在不同领域

① 陈振明 . 公共管理学：转轨时期我国政府管理的理论与实践［M］. 北京：中国人民大学出版社，1999：42-43.

有不同的理念范式和方法。比如，常说的运用马克思主义理论进行政治、经济分析，再比如运用现代西方经济学理论研究实际宏观和微观经济现象。每一种理论都有自身独特的思考方式，有理论假设、理论判断、理论推理等。但是要坚信理论常常是灰色的，实践之树常青。每一个理论都不是最完美的，只是现实世界部分客观反映。案例分析又称个案研究法，其特点是对已经发生的真实而典型的事件，通过广泛收集各种可能的资料，再以公正的观察者的态度撰写成文，以供分析研究和借鉴之用①。理论分析是案例分析的支撑点，没有理论分析的案例分析只能流于对事物的一般归纳；而案例分析是理论分析的基础，没有案例分析，理论分析便失去了依托。因此，需要坚持理论分析与案例分析的互动。

本书在行文中注重收集国内外政府权责清单、权力清单、责任清单、绩效评价等相关可供借鉴的理论文献，以“单元”的形式（包括新公共服务理论、有限政府论、政府绩效评价理论、公共政策评估理论等）进行条分缕析，做到对相关理论内容与观点有更加全面深刻的认识，为解读政府权责清单制度实践过程中的现实问题，提供一定的理论储备与学术思想。在案例分析研究方面，主要运用在政府权责清单制度提出与推进的总体情况的研究，选择了省部级、市县（区）级政府建立政府权责清单制度的实际推行情况为例，得到一般性、普遍性的制度建设运行规律和启示。同时，选取想要对政府权责清单制度建设进行尝试和探索的单位（以A省B县为选取单位），作为样本资料详尽考察政府权责清单制度在现实中的实施效果，检验指标体系的构建，挖掘政府权责清单制度实施过程中取得的经验和存在的不足，为政府权责清单制度的推进策略提供参考借鉴。

---

① 张国庆.行政管理学概论（第二版）[M].北京：北京大学出版社，2000：11.

三、技术路线

研究技术路线图遵循提出问题、分析问题和解决问题的一般思路，是在上述研究思路的基础上形成的，具体研究技术路线如图 1-4 所示。

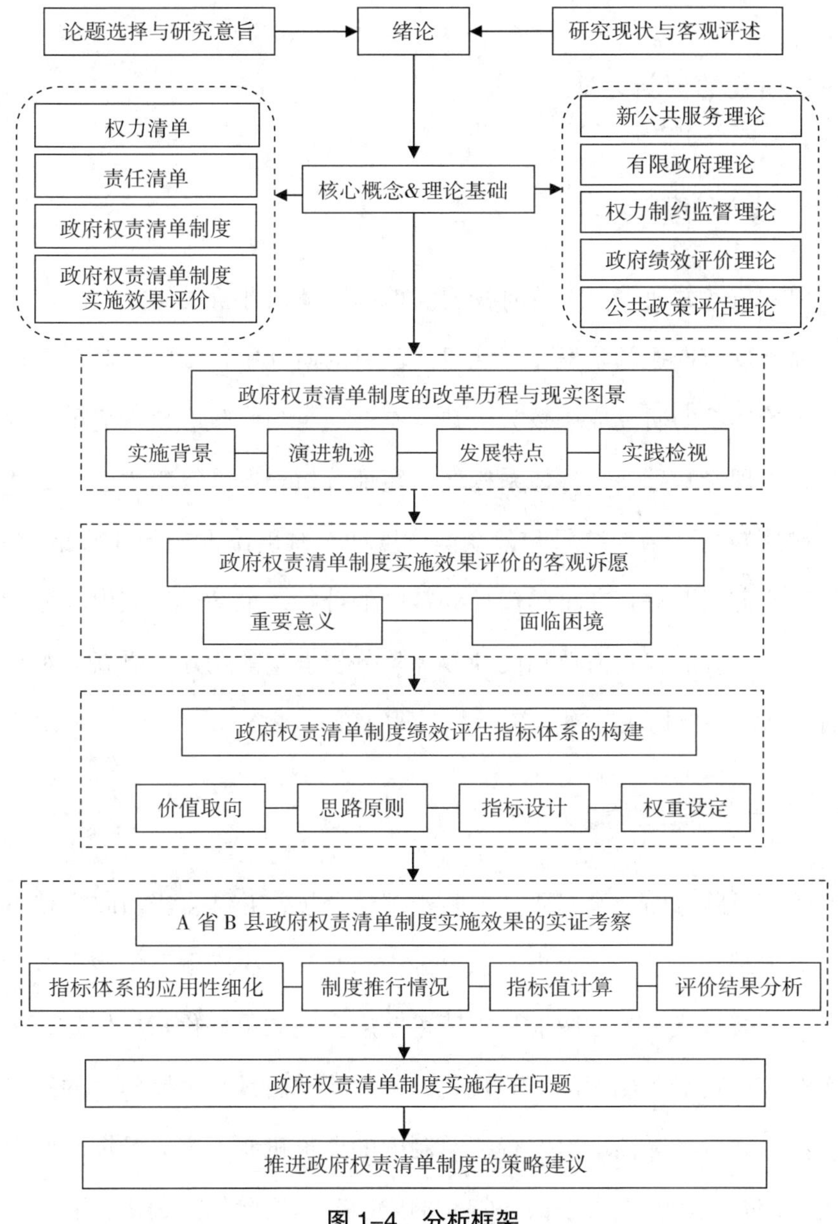

图 1-4 分析框架

第四节　研究的创新之处与难点

一、研究的创新之处

（一）切入角度创新

在切入角度方面，由于政府权责清单制度绩效评价的研究在一定层面上处于需要开发与挖掘的阶段，因此目前已有的研究中，专门针对政府权责清单制度评价体系的研究成果较为欠缺。本书立足当前政府权责清单制度的实际情形，以理论基础→指标体系构建→实证分析→发展策略为主线，从制度制定、制度执行、制度结果和公众满意度四个维度出发构建评价指标体系，并根据所研究问题进行变量的设计和数据的分析，推动其研究由零散性向系统化转变，为政府权责清单制度绩效评价分析框架的构建提供新的观点。整体而言，从小切口切入，视角新颖，有研究价值。

（二）研究思路创新

在研究思路方面，本书研究着眼于理论分析，并结合当前政府权责清单制度实施的现状，遵循“提出问题—分析问题—解决问题”的逻辑线索，努力编制一套合理且有效的政府权责清单制度实施效果评价指标体系，详尽考察当前政府权责清单制度的实施现状，由此揣摩出具有可操作性的解决问题的措施途径，旨在激活政府权责清单制度的评价机制，充分发挥政府权责清单制度的综合效用。本书在嵌入特有的中国改革经验的前提下，通过对政府权责清单制度的内涵界说、理论基础、演进轨迹、实践检视、价值意蕴、效果评价、实证研究和推进策略进行系统研究，构建一套连接理论和实践的分析框架，跨越二者之间的鸿沟，以期在政府权责清单制度实施效果评价指标体系及实际运用情境中寻求突破，从而初步形成相关理论框架，为学界下一步深入研究提供了原则性框架和理论储备并拓宽研究思路。

（三）研究方法创新

在研究方法方面，目前关于政府权责清单制度的研究角度和视域主要集中在定义剖析、意义梳理、问题检视和对策分析等定性方面，较少运用定量的方式来实施效果的研究。本书通过借鉴政府绩效评价的方法，运用隶属度分析、相关性分析和信度效度检验等方法，并结合 AHP 层次分析法等方法进行指标的修正和赋权，构建出一套科学合理的政府权责清单制度实施效果评价指标体系，为推进政府权责清单制度改革模式提供一个较为清晰的分析框架。而这样的研究相较于纯理论的研究，也更加生动形象和客观合理。

二、研究难点

一是推行政府权责清单制度，是政府改革从理念、组织、制度、技术以及人员的全程体系。本书所研究的议题牵涉面较为广泛，利益关系非常微妙，对外部变量相当敏感，使得难以对其进行精确的描述和分析。目前推进的政府权责清单制度其逻辑起点大多是一种自上而下的政府强制制度变迁，这种困境的制约力量将会逐渐显现出来，从而使边际收益不断递减。如何形成改革共识、克服改革阻力是本书研究的第一个重点难点。

二是由于与政府权责清单制度实施密切相关的主体包括了行政机关、企业和社会民众，指标包括成本、收益、效率、满意度、信息技术革新、方便性等各方面，评价的方法更是种类繁多，而且经济类指标数据比社会类指标数据精确统一，因此难以用数据和模型来深刻揭示不同绩效水平与管理模式属性之间的相关性，如何坚持事实与价值判断的统一，克服理论缺乏解释力的弊端是本书研究的第二个重点难点。

三是政府权责清单制度的实证与案例研究，可以让我们更加清晰而明确地意识到理论的宏观框架与现实的微观进程之间进一步密切弥合的重要性。如何立足当前政府权责清单制度推行的实际情形，根据所研究问题进行变量的设计，数据的分析，理论的构建，最终归纳出实务的本质属性和发展规律；以及如何选择合适的研究路径，才能克服理论设计的抽象理想化倾向，真正将具体策略落实到案例分析与现实模拟操作层面，是本书研究的第三个重点难点。

四是推行政府权责清单制度是一个稳健、循环往复、螺旋上升的实施过程，必须按照合理的程序逐步执行。同时，实施的方法与技术也是目前推进政府权责清单制度面临的一大困难。如应该选择哪些管理工具与技术实施制度推行过程的控制与结果的检测；如何进行制度推行的模拟试验以及适时纠错；如何实现信息技术与制度推行的有机衔接等，这是本书研究的第四个重点难点。

第二章　核心概念界定及理论基础阐述

政府权责清单制度本质上是一项约束和限制行政权力的制度，主要是通过权责清单的梳理和公布，明确行政权力的行使主体、行使范围、流程、不当行使所需承担的责任及追责情形等，以更好地发挥政府、市场和社会的作用。本章围绕核心概念的界定及基础理论的阐述展开。其中，在核心概念界定上，主要选取了与政府权责清单制度实施效果评价紧密相关的权力清单、责任清单、政府权责清单制度和政府权责清单制度实施效果评价等概念，对其进行界定，进一步突出研究主题。在基础理论的选择上，主要是根据所研究的对象选取了新公共服务理论、有限政府理论、权力制约监督理论、政府绩效评价理论和公共政策评估理论等进行概述，为后续研究奠定坚实的基础。

第一节　核心概念

准确把握事物的概念内涵是开展相关研究的基础。要研究政府权责清单制度的实施效果，首先需要对权力清单、责任清单、政府权责清单制度、政府权责清单制度实施效果评价等概念进行辨析。

一、权力清单

权力具有天生的扩张性。对于政府部门来说，要弄清楚其到底有多少项权力并非易事，需要耗费大量的人力物力财力，甚至政府行政机关内部都不清楚自身拥有多少项权力。在全面推进国家治理现代化和依法治国的现实背景下，需要对权力清单进行梳理，改变权力运作封闭性和模糊性的状态，使得权力的行使更加公开化和透明化。权力清单相比于责任清单等其他清单而言，是实践最早、推进最快、覆盖面最广的一项措施。在理论界，不同学者从权力清单的内容、功能、属性等提出了关于权力清单概念的见解。相关观点如表 2-1 所示。

表 2-1 权力清单的概念

定义角度	主要学者	主要观点
内容构成	赵 勇（2015）	权力清单是“目录清单”，通过对各级政府及其各个部门权力的数量、种类、运行程序、适用条件、形式边界等方面进行详细统计和全面清理，以明晰权责[1]
	莫于川（2014）	权力清单属于行政规程、办事指南、行政程序手册，相当于行政单方公布出来的具有双向指导与规范作用的“红头文件”[2]
功能体现	任 进（2014）	权力清单类似于办事指南、行政准则，将行政权以“清单”的方式予以明细和公开，厘清政府权力边界的同时也方便公众监督，防止权力的越位、缺位和错位[3]
	程文浩（2014）	权力清单就是要让“职权配置更优化；职权边界更清晰；职权运行更公开；职权监管更到位”[4]
法律属性	杜玥昀（2017）	权力清单是行政规范性文件，并提出权力清单的“三性”——公开性、严格性及可诉性[5]
	杜 敏（2016）	权力清单应该表述为行政权力清单，因为当前从公布出来的权力清单来看，其公布的全部是行政权力，而不包括立法权、司法权等[6]
	王春业（2014）	权力清单本质上是对行政法律法规的细化和整合[7]

注：

[1] 赵勇，马佳铮．大城市推行权力清单制度的路径选择——以上海市 Y 区为例［J］．上海行政学院学报，2015，16（2）：12-19.

[2] 莫于川.莫于川：推行权力清单，不等于“依清单行政”[J].中国司法，2014（6）：4.

[3] 任进.推行政府及部门权力清单制度[J].行政管理改革，2014（12）：48-53.

[4] 程文浩.国家治理过程的“可视化”如何实现——权力清单制度的内涵、意义和推进策略[J].人民论坛·学术前沿，2014（9）：90-95.

[5] 杜玥昀.权力清单制度的定位与调适[J].南京政治学院学报，2017，33（3）：90-93.

[6] 杜敏.推行行政权力清单制度的法理反思与制度完善[J].江西社会科学，2016，36（5）：160-166.

[7] 王春业.论地方行政权力清单制度及其法制化[J].政法论丛，2014（6）：26-33.

显然，要对权力清单的内涵进行完整细致地表述，必然要弄清楚这几个问题：何谓权力与行政权力？谁来制定权力清单？权力清单按照怎样的逻辑运行？权力清单的法律定位是什么？本书将在接下来的行文中逐一探讨这些问题。

（一）权力与行政权力

正确把握行政权力的概念及内涵，必须先明确权力的含义。马克斯·韦伯（1921）将权力定义为，“一个人或一些人在社会行为中，甚至不顾参与该行为的其他人的反抗而实现自己意志的能力”①。斯蒂芬·P.罗宾斯（1997）认为，“权力是一个人（A）用以影响另外一个人（B）的能力，这种影响促使B做在其他情况下不可能做到的事情”②。总体而言，权力是一种为协调不同利益关系的强制性制约力量，是主体基于对特定资源的支配，并依照某种原则分配利益，维护社会秩序。通过这种强制性力量，可以促使人们遵循基本利益关系和服从利益分配。

---

① [德]马克思·韦伯.经济与社会（上）[M].林荣远，译.北京：商务印书馆，1997：81-82.

② [美]斯蒂芬·P.罗宾斯.组织行为学[M].孙健敏，王震，李原，译.北京：中国人民大学出版社，2016：325.

进一步，权力可以归纳为“能力说”“关系说”“控制说”等几种类型[①②]。具言之，一是“能力说”，即“权力”是指一个行为者影响其他行为者的态度和行为的能力。西方所描述的权力基本意思就是能力。如英文的权力即“power”，这一词源于法语中的pouvoir，而这一法语词又是从拉丁语中的potere——意为“能够”引申而来。二是“关系说”，即从权力主客体之间的关系出发探讨权力现象，认为“权力”是一个人或许多人的行为使另一个人或其他许多人的行为发生改变的一种关系。如汉斯·摩根索（1993）将权力定义为，“人对其他人的思想和行动的控制，所谓政治权力指的是公共权威持有者的相互控制关系以及他们与全体人民之间的关系”[③]。三是“控制说”，权力是在“个人或团体的双方或多方之间发生利益冲突或价值冲突的形势下，执行强制性的控制”[④]，是“一个人所具有并施加于人的控制力”[⑤]。

与权力相关的研究多如牛毛。本书进一步将权力限制为狭义上的行政权力。这一概念见于洛克（1690）《政府论》中的权力划分方式，其将国家权力划分为立法权、行政权和外交权三个部分[⑥]。孟德斯鸠（1748）则在洛克的基础上建立了经典的三权分立学说，认为政治自由是通过三权的分野而得以保障的，主张将国家公权力分为立法权、司法权和行政权[⑦]。国内学者也纷纷提出了自己的看法，张国庆（1990）指出行政权力是政治权力的一种，是指国家行政机关为有效执行国家意志，依靠特定的强制性手段，并依据宪法原则

---

① 王爱冬 . 政治权力论［M］. 石家庄：河北大学出版社，2003：6-8.

② 冯志峰 . 马克思主义权力观的生成逻辑及其实践路径［J］. 湖北行政学院学报，2011（1）：25-29.

③ ［美］汉斯·摩根索 . 国家间的政治——为权力与和平而斗争［M］. 杨岐鸣，王燕生，赵归，等，译 . 北京：商务印书馆，1993：30.

④ 王爱冬 . 政治权力论［M］. 石家庄：河北大学出版社，2003：6-8.

⑤ 郝贵生，李俊赴 . 群众史观与“领导权力”的本质［J］. 理论探讨，2007（2）：152-157.

⑥ ［英］洛克 . 政府论（下篇）［M］. 叶启芳，瞿菊农，译 . 北京：商务印书馆，2007：91-93.

⑦ ［法］孟德斯鸠 . 论法的精神（上册）［M］. 张雁深，译 . 北京：商务印书馆，1995：155-156.

对全社会进行管理的一种能力[①]。罗豪才（1999）认为，行政权力是国家行政机关执行法律规范、实施行政管理活动的权力[②]。

权力的来源则是权力赖以产生的根源，也是赋予权力正当性、合理性的前提条件。从行政权力的来源看，主要有神授君权学说、契约学说和马克思主义的工具学说（2004）[③]。其中，神授君权学说认为行政权力由神或上帝授予，具有天然合理性，行使行政权本质上是执行神的意志。契约学说主张政府是人民缔结契约、转让权力的结果，行政管理者的权力由人民赋予，是人民权利的具体执行者。马克思主义的工具学说则强调行政权力是一个特定历史范畴的概念，既不是天然存在的，也不是简单的神授或民授的结果，而是人民在社会历史发展进程中，经过长期且复杂的阶级斗争过程产生的。

结合不同学者的观点和历史唯物主义有关权力来源的分析，本书认为行政权力作为国家公共权力的重要组成部分，是国家有关行政机关管理社会公共事务所享有的合法资格和相应的约束力与强制力，由社会共同需要产生，旨在维持良好的社会公共秩序、维护和实现公共利益。这一定义涵盖了四个方面的内容：一是行政权力的主体必须是国家行政机关及其工作人员；二是行政权力的目标在于通过贯彻执行国家法律、法令和政策来维持良好的社会公共秩序、维护和实现公共利益；三是行政权力的客体具有普遍性，是以整个社会为对象的；四是行政权力对行政客体具有强制力和约束力。进一步，将行政权力划分为行政决策权、行政执行权、行政监督权、行政司法权和其他行政权五大类。其中，决策权是最关键的行政权力，决定了行政活动的基本战略与方向；行政执行权涉及法律、公共政策、政府决策的实施，以及公

① 张国庆．行政管理学概论（第二版）［M］．北京：北京大学出版社，2000：102-106.

② 罗豪才．行政法学（新编本）［M］．北京：中国政法大学出版社，1996：3-6.

③ 胡承槐．关于国家权力来源的三种政治哲学的比较分析［J］．浙江社会科学，2004（6）：116-125.

共秩序、市场秩序和社会秩序的维护，是与行政相对人联系最密切的权力；行政监督权是政府内部监督部门对政府其他部门的监督权力，是一种内向型权力；行政司法权是行政机关依照行政司法程序解决行政争议和其他特定纠纷的一种权力，包括行政裁决权和行政调解权；其他行政权是为各级政府部门对特定的公民、法人和其他组织作出其他行政行为而设置的权力。

行政权力是国家权力的重要组成部分，与民众生活、社会发展有着密切的关系，具有强制性、合法性、公共性、扩张性、有限性等特征。而没有制约的权力，必然会损害社会公共利益。除了权力自身的原因之外，掌权者也会导致权力滥用和权力腐败的发生。首先，在对“人”本性的看法上，存在着两种截然不同的观点。一是“人性本恶”的看法，认为“人生而有罪”，必须要有制度和法律的约束；二是“人性本善”的看法，即人的本质是好的、向善的，但是如果不加约束，任其自由发展，人是有可能做坏事的。虽然两种看法不同，但是都认为需要对人进行约束和监督。其次，掌权者手中握有影响他人利益和分配资源的权力，权力是实现利益的手段。出于自私自利的本性，掌权者极有可能利用手中权力，做出有利于自己或身边人而不利于社会的决策，甚至将权力等同于商品明码标价，“出售”给寻租者以获取巨额利润。

综上所述，缺乏有效制约和监督的权力容易被滥用，从而导致权力的腐败和权力的异化，进而危害社会公共利益，阻滞人类社会的发展和进步。因此，必须要对权力加以限制和监督，健全和完善权力的制约监督机制，避免行政权力的无限扩张，将权力关进制度的笼子，确保权力行使符合公共意志和愿望。

（二）权力清单的制定主体

综合各地实践情况，发现权力清单的制定主体主要为各级政府，各级政府制定清单后交由审改办、法改办审核，并召开专家听证会，在结合审改办、法改办及各个专家意见的基础上进行修改。理论上看，若各级政府能够完全按照相关法律、法规，认真负责地梳理并公开自身权力，从而实现行政权力的规范运行，无疑是非常有意义的。但是，权力清单规制的对象本就是政府及其职能部门，这种让政府制定自己的权力清单的安排，遭到了诸多学者的质疑。因为在这样的安排下，政府相当于既是“运动员”也是“裁判员”，存在确权主体权威性不足的问题。依据公共选择理论，公共决策的过程实际上也是利益交换的过程。对于政府官员而言，其和公众一样，具有追求自身利益最大化的目标诉求。换言之，在没有权力的制约监督下，政府决策可能更多地考虑自身利益而非公共利益。

在权力清单制定推行过程中，经常会出现这样的现象：部分行政机关出于自身利益的考虑，将一些无关紧要或是无利可图的行政审批项目下放，而把某些项目的“生杀大权”，或是“硬货”牢牢攥在手中，以创造寻租空间，谋求非法收益。同时，依照权责统一的原则，权力越大，责任也就越大，行政机关往往会将一些权责不对等的行政权力下放，以尽可能少地承担责任。此外，在现实中，各级行政机关所拥有的权力纷繁复杂，而且各级政府的能力也存在一定的差异性，要对权力清单进行全面、清晰、完全正确的梳理是非常困难的。在这种情况下，一方面，可能造成某项法定的行政权力未列入政府的权力清单之中，由于行政机关受限于权力清单的未列明而不能作为，最终导致公共利益受损的现象；另一方面，行政机关出于某种私利或其他目的，将法律未授权的行政权力纳入到权力清单之中，不仅会使公众丧失对政府的信任，而且行政机关在行使该权力时，其行为本身就造成了行政违法。从法理上分析，如果要达到或者实现控制行政权力的理想价值，权力清单由相应的控权主体制定似乎显得更加妥当①。同时，秦德君（2014）提出充分发挥各方面专家的第三方作用，还可以呼吁公众的积极参与，进而提高权力清单的科学性和民主性，避免权力清单陷入权力自我认定、自我裁量的法理怪圈②。

（三）权力清单的运行逻辑

通过对各地政府推行权力清单实践的总结可知，权力清单的制定主要遵循“清权、减权、确权、晒权、制权”等步骤。

一是清权。这是制定权力清单的首要环节，也是最基础、最繁杂的环节。所谓“清权”，就是依照法律法规全面梳理政府及其职能部门的行政职权，包括职权种类、行使程序及法律依据，将没有法律授权的、不符合经济社会发展需求以及不利于提高行政效率的职权予以消除。以杭州市富阳区为例，作为2015年浙江省权力清单制度改革的“全省样本”，富阳区按照“于法有据”“贴近群众、社会关注、确保运转”的原则，将行政权力分为“原始权力、常用权力、非常用权力”三类。在对政府各工作部门现有行政权力进行了全盘梳理后，发现原始权力7800多项，其中，常用行政权力2500项和非常用行政权力5300项。在梳理的基础上，按照科学厘权清权的要求，依据法律规定、上级研究决定或经过科学考量，最终将常用行政权力减少到1474项，削减幅度约达41%，非常用行政权力减少到3351项，削减幅度达37%

① 关保英．权力清单的行政法价值研究［J］．江汉论坛，2015（1）：114-121.

② 秦德君．“权力清单”上的误区［J］．决策，2014（7）：13.

左右[①]。

二是减权。按照简政放权的理念，将那些重复交叉的权力、需要交由基层承担或社会组织管理、需要优化运行流程的权力予以整合、下放。首先，将实需要保留且存在重复交叉、多头管理的职权予以整合，减少“扯皮推诿”，强化相关责任；其次，将直接面向基层、由基层管理更为方便快捷的职权，直接下放到基层；再次，类似于职业资格认定、行业规范标准制定、成果能力评价等职权事项，本着公平公正的原则，直接交由社会组织，以最大化地发挥社会组织在这些领域的优势，为社会组织的发展壮大提供广阔的空间；最后，本着便民、高效、快捷的原则，将内容相似、流程烦琐的行政职权予以流程优化或再造，制定权力运行流程图，明确每个环节的受理机构、受理要求及时限等，以便民众对行政事务的办理流程有一个更加直观的了解，切实履行“便民高效”的原则，提高行政效率、方便群众办事。

三是确权。确权是建立权力清单的关键。在政府“清权”，即全面梳理政府所享有的各种权利的基础上，依据简政放权的原则，根据科学合理的标准，确定政府应享有的权利，将政府行政权力和内容汇总形成目录，并以清单的形式列出。地方各级政府及其工作部门经过审核确认的行政职权（保密事项除外），要基于清单的形式，确定各项职权的名称、依据、行使主体等，尽可能地明晰各个政府部门的权力，防止行政权力的恣意妄为。

四是晒权。明确权力清单之后，就需要向社会公布清单，让公众了解、知晓政府及其部门拥有哪些权力，就是晒权力家底。晒权不仅仅是保障公众知情权的关键举措，而且有助于实现权力的规范化运行。通过晒权，政府及其部门严格按照清单所列范围行使权力、履行职责，防止权力清单形式化、文本化。同时，要主动接受公众监督，做到权力公开、政务公开，基于政府

① 廖晓明，张爽. 杭州市富阳区推行权力清单制度的路径及启示［J］. 领导科学，2015（23）：14-16.

网站等新型电子政务平台，让人民群众及社会组织及时参与政府及其工作部门执行权力清单的过程、程序及结果，让权力在阳光下运行，进而避免权力的肆意妄为。

五是制权。制权是权力清单有效运行的重要保障。通过建立权力清单实施的事中、事后监管制度，对各级政府及其公务人员的行政活动进行全面监督，检查行政活动是否超越了权力清单的权限范围，是否积极履行规定的职责等等。通过全面监督，促使政府依法行政、切实履行法定责任，进而提高行政效能。此外，还需要建立动态调整机制。在权力清单执行一定的周期后，结合全面深化改革及经济社会发展需要，根据现实情况，基于上级部门部署、工作人员反馈、专家意见、群众建议、社会反响，对权力清单的条目、实施主体、程序、监督方式等进行合理的调整，实施权力清单动态管理，使权力清单更加科学化，增强权力清单的针对性。

经过动态调整阶段，权力清单运行可以进入新一轮的“清权—减权—确权—晒权—制权”，进而形成科学闭合模式，最大化释放市场活力、激发社会创造力。

（四）权力清单的法律定性

当前，学者对权力清单的法律定性主要有三种：政府信息公开说、行政规范性文件说和行政规则说。

一是政府信息公开说。学者从权力清单的内容出发，发现各地发布的权力清单基本上涵盖了事项名称、权力主体、权力依据、救济途径等要素，所以将其定性为政府主动公开信息的一种途径。申海平（2015）认为，行政机关发布权力清单的行为类型，在一定程度上可决定权力清单的法律性质[①]。他

① 申海平 . 权力清单的定位不能僭越法律［J］. 学术界，2015（1）：126-134.

将各地发布的权力清单进行归纳，发现当前发布的基本上包括行政权力的基本信息和权力运行流程两个部分，而这两个部分与《政府信息公开条例》的第 9 条、第 10 条规定相契合。

二是行政规范性文件说。权力清单具有信息公开的作用，但是从权力清单公示行政权力的特征、行为方面分析发现，其定位不应局限于此。权力清单不仅包括行政权力信息的梳理和公示，还涉及行政权力的变更和权力运行规范的增减。多数学者认为，无论是从权力清单的内容，还是从编制行为出发，将其定性为行政规范性文件具有一定的说服力。首先，从制定主体来看，权力清单的编制主体包括国务院及其直属机构、地方各级人民政府、各级政府的工作部门，制定主体范围广且具有多元性；其次，权力清单的制定和实施等环节的标准相对比较宽松，不像规章条例等法律文件，制定程序必须包含立项、起草、审查、决定、公布、备案等法定环节，缺少任意法定环节则无效。权力清单的制定和实施，与行政规范性文件的制定非常相似，基于其可诉性、公开性等特征，可将其定性为行政规范性文件。

三是行政规则说。部分学者认为，权力清单的内涵与外延同我国行政规范性文件已有的含义并不相符，从权力清单的具体内容、承载的功能来看，将其定性为行政规则更符合实际①。行政规则这一说法由德国最先提出，主要是指上级行政机关向下级行政机关，或是领导对下属工作人员发布的一般——抽象命令②。行政规则和行政规范性文件两者既有联系又有区别。虽然行政规范性文件和行政规则都是行政机关基于法定职权所制定和发布的抽象性规定，但二者具有一定的区别："规范性文件对行政相对人具有法律约束的

① 喻少如 . 权力清单制度中的公众参与研究——兼论权力清单之制度定位［J］. 南京社会科学，2016（1）：100-106.

② ［德］哈特穆特・毛雷尔 . 行政法学总论［M］. 高家伟，译 . 北京：法律出版社，2000：591.

效果，同时基于行政公开原则和公民的知情权，规范性文件必须正式公布才能生效。而行政规则由于其直接的约束对象是下级机关和所属公务人员，并没有公布这一程序要求”[①]。与此同时，行政规则的制定无须法律授权，其制定依据并非法律授权而是基于行政系统内部的层级指挥权，主要是为了约束行政系统内部人员，对行政相对人不产生直接的外部约束力。此外，权力清单的建立主要是为了回应简政放权、转变政府职能、推动法治政府和服务政府建设的需要而为之，属于行政系统的自我约束和自我革命。因此，权力清单可以被视为一种自制性的行政规则。

综上所述，清单是关于权力可视化的形式载体，能够起到消除政府寻租腐败的作用，使政府的权力在阳光下运行。通过对权力清单的制定主体、运行逻辑、法律定性等分析，可以发现权力清单是指各级人民政府及其职能部门法定职责，对其掌握的权力进行职能定位、管理权限和操作流程等进行梳理，规范行政权力运行的一系列程序与内容，并以“清单”的形式向社会公布，将行政权力及其运作的流程置于社会的监督下，提高政府依法行政能力。换言之，权力清单实际上就是为了加大权力的公开透明力度，由政府及其职能部门依照一定的分类标准，通过严格规范的法律途径将其所拥有的行政职权加以梳理统计，形成权力可视化、具有法律约束力的行政规范性文件，通过公开行政部门权力行使过程，主动接受社会公众监督，真正做到“法无授权不可为”，推动法治政府的建设。

① 胡建峰．论行政规则在司法审查中的地位［J］．行政法学研究，2004（1）：84-90.

二、责任清单

责任政府的建设是依法治国及依法行政的必然选择，呼唤着责任清单的产生。同时，忘记或放弃责任，政府及其工作人员就会恣意妄为。因此，从权责相伴、权责匹配、权责一致和权责相符等维度看，只有构建与权力清单制度相匹配的责任清单制度，才能真正确保权力执行的效果。2005 年，为贯彻落实《全面依法行政实施纲要》，国务院办公厅发布了《国务院办公厅关于推行行政执法责任制的若干意见》，指出国务院各部门和地方政府就行政执法责任制的建立，全面依法梳理执法依据、分解执法职权、明确执法责任，这是责任清单的早期探索。随着权力清单制度的广泛推行，仅建立权力清单是不够的，必须制定配套的责任清单，通过划分政府职责、制定责任追究的情形，来促使各级政府部门正确行使权力。2015 年 3 月，中共中央办公厅、国务院办公厅印发《关于推行地方各级政府工作部门权力清单制度的指导意见》（以下简称《意见》）要求，“地方各级政府在建立权力清单的同时，要按照权责一致的原则，逐一厘清与行政职权相对应的责任事项，建立责任清单，明确责任主体，健全问责机制”[①]。在该《意见》的指导下，各地方政府的权责清单建设逐渐提上日程，尤其是安徽省首创责任清单，为责任清单的发展积累了丰富的经验。仅 2015 年上半年，就有浙江、安徽、广西、江苏、福建、湖北武汉、河北石家庄等 10 多个省、市公布了政府部门责任清单。

同权力清单一样，学者也从不同角度提出了自己的见解。刘启川（2018）认为，责任清单是功能主义建构模式的一种实现形式，服务于民众需要并且

① 中共中央办公厅、国务院办公厅印发《关于推行地方各级政府工作部门权力清单制度的指导意见》[EB/OL].（2015-03-24）[2023-03-10].http：//www.gov.cn/fuwu/2015-03/24/ content_2837962.htm.

督促政府积极作为，在根本上致力于社会公共福祉[①]。同时，他从法学的角度分析，认为责任清单存在依附型、一体型、独立型三种外部形态，对责任清单的内部进行了构造，并提出应以独立型模式作为衔接“三定”规定的理想模式[②]。赵勇（2016）则通过对行政责任概念的区分，将责任清单分为独立型工作职责和联单型责任追究两种模式[③]。同样，本书主要从行政责任、责任清单建立目的、具体内容、功能作用等方面来全面把握政府责任清单的内涵。

（一）行政责任

责任既是公共治理的重要变量，也是影响行政组织有效运行的关键因素[④]。公共行政的公共性使得公共行政管理问题归根到底都是责任性问题[⑤]。从行政责任的概念开始对政府责任清单进行全面分析是极为必要的。正如库珀（1982）所言，“在公共行政和私人行政部门的所有词汇中，责任一词是最重要的”[⑥]。为更好地理解行政责任的内涵，首先需要对“责任”有正确的认识。在不同场景中，“责任”一词有不一样的含义。

在古代汉语中，只有“责”字，而无“责任”一词。据《辞海》《辞源》摘引，“责”字至少包括六种含义：（1）求，索取；（2）诘斥，非难，谴责；（3）要求，督促；（4）处罚，处理，责罚，加刑；（5）义务，责任，负责；

① 刘启川 . 责任清单编制规则的法治逻辑［J］. 中国法学，2018（5）：102-121.

② 刘启川 . 独立型责任清单的构造与实践基于 31 个省级政府部门责任清单实践的观察［J］. 中外法学，2018，30（2）：440-454.

③ 赵勇 . 省级政府责任清单的两种模式及其启示［J］. 天津行政学院学报，2016，18（6）：3-9.

④ 韩志明，李春生 . 责任是如何建构起来的——以 S 市河长制及其实施为例［J］. 理论探讨，2021（1）：137-145.

⑤ 于文轩，林荣全 . 责任性与避责：公共行政学研究的大问题［J］. 甘肃行政学院学报，2021（1）：4-13.

⑥ ［美］特里 · L. 库珀 . 行政伦理学——实现行政责任的途径［M］. 张秀琴，译 . 北京：中国人民大学出版社，2010：76.

（6）（通假字）债[①]。当前我们常用的“责任”一词，除了保留了古代“责”字的部分意思，还有更加丰富的含义。“责任”的基本含义有：一是偏向于伦理范畴的，将责任等同于义务，即某人因其职位或身份而应做之事，“如果一个人本可以采取另外的行动却没有采取，那他就是有责任的，他因此就会受到别人的赞扬或责备，抑或应该受到惩罚[②]”，如“岗位责任”；二是主体做不好分内应做之事，而应承担的过失，如“侵权责任”“赔偿责任”等。

英语中的“责任”有 responsibility 和 accountability 两种表述，前者主要是对工作职责的描述，而后者则指对没做好分内之事而应该承担的过失，更偏向汉语中的“问责”。库珀（1982）在《行政伦理学——实现行政责任的途径》一书中，将“责任”分为主观责任和客观责任[③]。其中，主观责任是行为主体认为自己“应当”从事某件事的意向，是我们对自己责任的情感和信念，它植根于我们自己对忠诚的信念、良知和身份的认同；而客观责任是由于行为主体担任某个角色、职位所必须承受的，由外部组织、个人等要求的行为主体承担的义务和责任。综合中英文有关责任的定义，政府责任清单中的责任也应当包括上述方面内容，即需要清楚描述工作职责，明晰责任主体、追责情形和程序等。然而，本书的政府责任清单中所涉及的“责任”，更多的是一种“行政责任”，所以在定义责任清单之前，有必要对行政责任的内涵及外延进行明确清晰的界定。

当前，不同学者对行政责任的概念内涵进行了框定。关保英（2007）综合了行政法学界各学者的观点，总结出三种有关行政责任的定义：一是认为

① 张文显．法哲学范畴研究［M］．北京：中国政法大学出版社，2001：118.

② ［英］戴维·米勒，韦农·波格丹诺．布莱克维尔政治学百科全书［M］．邓正来，译．北京：中国政法大学出版社，2002：701.

③ ［美］特里·L. 库珀．行政伦理学——实现行政责任的途径［M］．张秀琴，译．北京：中国人民大学出版社，2010：76.

行政责任是行政机关在完成行政管理活动时，应当承担的行政职责；二是认为行政责任与刑事责任、民事责任相并列，应当是行政相对人对行政违法行为承担的责任形式；三是认为行政责任是行政主体对其没有很好履行法定职责或者构成行政违法以后，应当承担的行政上的法律责任[①]。张创新和韩志明（2004）从行政法学的角度总结出了“行政职责论”者、“平衡论”者、“控权论”者和“管理论”者四种有关行政责任的观点，并且从责任主体、责任性质、责任履行方面对行政法学和行政学两种不同行政责任的概念进行了比较分析[②]。库珀（2010）在分析客观责任和主观责任的基础上，提出了行政责任的概念。他认为，完整的行政责任内涵应该包括三个方面：行政责任是公共组织结构中的上下级关系决定的责任；行政责任要求公务员对民选官员负责；行政责任要求公务员洞察、理解和权衡公民的喜好、要求及利益，以促进公共利益和公共福利[③]。要实现行政责任，必须满足责任依据之预设、究责事实之存在、实施主体之能动等基本要素或前提条件[④]。

从行政责任的范围来看，行政责任有广义和狭义之分。广义的行政责任不仅包括行政主体依法应履行其职责的义务，还包括消极履责或履责不当的不利后果；而狭义的行政责任仅指行政主体违法履责的所承担的否定性的法律后果[⑤]。本书主要从广义的角度来理解行政责任。通常，行政责任的内容至少涉及三个方面：政治责任、法律责任和道德责任。其中，政治责任是指行

---

① 关保英．论行政责任的法律基础［J］．社会科学家，2007（3）：9-15.

② 张创新，韩志明．行政责任概念的比较分析［J］．行政与法（吉林省行政学院学报），2004（9）：24-26.

③ ［美］特里·L. 库珀．行政伦理学——实现行政责任的途径［M］．张秀琴，译．北京：中国人民大学出版社，2010：76.

④ 刘志坚，宋晓玲．论行政责任实现的构成要件［J］．兰州大学学报（社会科学版），2013，41（1）：132-137.

⑤ 汪浩．中国政府责任建设研究［D］．上海：复旦大学，2014.

政机关及其工作人员因违背政治角色和政治义务所承担的政治上的否定性后果；法律责任是指法律规定的作为组织的公共行政主体或组织中相对独立的机构、部门以整体的形象承担的责任；道德责任由于缺乏外在强制机制，主要依靠行政主体的内在道德意识、外在伦理规范和社会舆论而较难实现[①]。

综上所述，政府责任清单中的“责任”，应有两方面的含义：应尽之责、后果之责。其一，应尽之责，这是政府的首要责任。按照权责统一的要求，政府及其职能部门享有一定的行政权力，就必须承担起与职权相对应的行政职责，这是对行政主体的义务性要求。这种义务性要求，主要是指政府为维护和实现公共利益、推动社会进步和发展而应该做的事情。它意味着，政府不仅要做正确的事情，即做对公众和社会有利的事情，让社会变得更加美好；同时也意味着政府需要正确地做事，也就是要按照预先制定的规则做事，不做法律法规所禁止的事情[②]。责任清单上的“责任事项”“部门职责”就是政府的一种应尽之责。以江苏省财政厅发布的权责清单为例，有关会计师事务所及其分支机构设立审批项目的责任事项包括：受理阶段责任、审核阶段责任、决定阶段责任、送达阶段责任、事后监管责任和其他法律法规规章等六种，这些属于政府的应尽之责。其二，后果之责，是指行政主体未履行或者不正当履行职责而必须要承担的不利后果，即行政法律责任。例如，某些公务员的“懒政”“不作为”“以权谋私”等行为都没有正确履责，必将承担相应的后果。责任清单中的“追责情形”就是一种后果之责，是一种消极的行政责任。上海市公安局发布的权责清单中，项目名称“关于出入境事项的申请审批的权力规定”，其中，追责情形包括“擅自增设行政审批程序或审批条件的”“向他人或组织泄露因审批申请材料而知悉的公民个人信息的”“实施

---

① 陶学荣．公共行政管理学导论［M］．北京：清华大学出版社，2005：210.

② 张成福．责任政府论［J］．中国人民大学学报，2000（2）：75-82.

行政审批过程中擅自收费、不按照法定项目和标准收费的”等25种，这些都属于行政法律责任的范畴。

（二）责任清单建立目的

弄清为什么要建立责任清单这一问题，有助于全面理解责任清单。权力是一把“双刃剑”，一方面，暴力的存在和权力的构成是使政府不断处于困境的根源，而二者又是我们对安全与秩序需求的必然产物，暴力与权力不可或缺，否则就不会有政府，国家的一些基本目标也无法实现[①]；另一方面，暴力和权力的存在对个人自由、安全、社会公平和秩序构成了威胁。如何正确地厘清公权和私欲之间的关系、合理分配社会资源、有效地用好权力，应是权力使用中首要考虑的问题。而责任清单作为权力清单的补充配套措施，在权力以“清单”方式梳理并公开展示后，通过明确的奖惩措施，对领导者形成有力的外部约束，让其在权力行使过程中时刻关注对权力制度的遵守情况，避免产生违法行为以及由此所造成的严重后果。责任是权力的孪生物，权力与责任不可分割，责任清单与权力清单也是紧密相连的。仅有权力清单没有责任清单，对政府部门来说是不完整的，不利于限制和约束权力，不利于保障权力的正当行使；而仅有责任清单没有权力清单，对政府部门来说是不公平的，不利于政府有效管理社会事务，不利于政府提高公共服务、公共产品的质量和水平。

（三）责任清单的具体内容

目前，尽管各地对责任清单的分类标准不一致，使其呈现出来的清单在

① ［英］莱斯利·里普森．政治学的重大问题：政治学导论［M］．刘晓，译．北京：华夏出版社，2001：63.

项目数量、模块结构上有些许差异，但基本上包括三个部分的内容：责任事项、责任边界、追责情形。其一，责任事项，主要包含了部门职责、具体工作事项、责任主体等。在制定政府责任清单时，必须要依据已有权力清单，尽可能地披露政府的责任范围，力求涵盖所有的责任主体，细化责任事项，真正做到“权责统一”“权责对等”。其二，责任边界，列明相关部门的具体责任范围、主要依据等。从社会治理主体的维度看，政府责任存在三个边界：政府的事权边界，即政府管理与社会自治、市场自由的边界；政府的行政边界，即政府作为行政机关，与党的机关、立法机关、司法机关以及社团组织之间的职责界限；政府的层级边界，即中央政府与地方政府之间、地方各级政府之间、政府各部门之间的责任边界[①]。为了尽可能地把行政主体的责任纳入清单之中，在梳理政府责任的依据时，应适当扩大梳理依据的范围，除了法律法规、部门规章之外，还可以将政府的规范性文件及政府部门的“三定”规定等，纳入梳理范围之中。其三，追责情形，包括各地方政府、职能部门、工作人员未履责或是履责不当的具体情形。在责任清单制度制定过程中，务必防止政府部门借机把无法律依据的权力揽进来，把法定职责推出去[②]。

（四）责任清单的功能作用

责任清单的功能主要通过责任与权力、责任与义务、责任与服务三对关系来体现。首先，从责任与权力的关系来看，责任清单的建立有利于“权责统一”原则的实现。习近平总书记在第十八届中央纪律检查委员会第三次全

① 陈向芳．论责任清单制度的价值及其建构路径——基于政策文本的实证分析［J］．福建农林大学学报（哲学社会科学版），2015，18（6）：78-83.

② 陈向芳，邓薇．行政权力清单制度评析及完善——以制度价值为研究视角［J］．广东行政学院学报，2015，27（3）：9-15.

体会议上提到，“有权就有责，权责要对等”[①]。行政主体权力越大，责任也就越大。责任清单列明了政府各部门的责任事项、相关部门间的责任边界，以减少权责不明的“灰色地带”。同时，对政府责任的消极履行情形及后果做出明确规定，以促使政府正确行使权力。权力清单和责任清单之间是相互对应、相互支撑的关系，权力清单是责任清单建立的前提和基础，责任清单是权力清单得以顺利实施的重要保障。其次，从责任与义务的关系来看，责任清单的构建有利于改善行政主体的履责动机，从客观约束的“必须做”向主观意愿下的“应该做”转变。政府依法行使权力，为人民提供满意的服务，这既是政府的责任，同时也是必须履行的义务。而责任清单除了明晰政府部门的职责、具体工作事项之外，还会涉及相应的追责情形、事后监管机制等。通过有效的监督来促使行政人员将自身责任当作义务去承担，不断深化自身道德意识。最后，从责任与服务的关系来看，责任清单的建立有利于强化行政主体的责任意识，进而提高服务质量。行政主体的责任在于正确行使人民所赋予的权力、做好自己的本职工作，以及为公众提供满意的公共产品和公共服务。通过责任清单的建立，行政主体在提供公共产品时能够充分重视公众的需求，听取公众的意见，改进服务质量和工作方式，进而提升公众满意度。

通过以上分析，可将责任清单定义为按照权责一致的理念，各级政府采取清单目录的方式，将本级政府部门及其工作人员必须履行的哪些职责进行明确，并以清单的方式进行列举，确认出各级政府部门的职责边界。在这里，需要明确的是，责任清单既包含与权力清单相配套的一部分，同时又包括政府部门应该积极承担的公共责任。责任清单的确立，能够明确政府责任，明晰政府部门的职责边界，将政府责任转化为具有可操作性的具体规范，并健

① 中国政府网．习近平在十八届中央纪委三次全会上发表重要讲话［EB/OL］．（2014-01-14）［2023-03-10］．http：//www.gov.cn/guowuyuan/2014-01/14/content_2591052.htm.

全了问责机制，一定程度上弥补了责任条目的短缺，为建设责任政府提供了有力抓手。

三、政府权责清单制度

政府权责清单制度是实现“把权力关进制度的笼子”“法无授权不可为”和“法定职责必须为”的重要制度设计，有利于加快法治政府、创新政府、廉洁政府和服务政府的建设。因此，必须充分发挥权责清单制度在深化简政放权、推进政府职能转变、推进政府治理体系和治理能力现代化中的基础性制度效用。目前，政府权责清单制度目前尚未形成一个明确定义，其相关表述也只是见诸若干文件和学者论文，并未在法律上权威界定。对政府权责清单制度的概念进行清晰而明确的界定，是对其开展科学研究的重要基础。本书主要从政府权力与责任的关系、政府权责清单制度的内涵与外延、特征与功能，对政府权责清单制度进行阐述。

（一）政府权力与责任的关系

权力与责任是政府权责清单制度的基础，其就像是一枚硬币的两面，是一个不可分割的整体。两者既对立又统一，权力是责任的保障，责任是权力的目的，二者缺其一都会背离原定政策目标。换言之，权力行使者必然是责任承担者。具言之，权力与责任的关系表现在以下两个方面。

一是相互依赖。从前文的文献回顾可知，责任是权力的孪生物，是权力的当然结果和必要补充，权责具有同一性[①②]。在现实的政治实践中，权力与责任之间的相互依赖也得到很好地体现。以浙江省公布的权力清单和责任清

① ［法］法约尔．工业管理与一般管理［M］．周安华，译．北京：北京社会科学出版社，1982：24.

② ［美］伦纳德·怀特．行政学概论［M］．刘世传，译．北京：商务印书馆，1947：74.

单为例，其将行政主体依法实施的对公民、法人和其他组织权利义务产生直接影响的行政职权列入权力清单，而非直接影响的行政职权列入了责任清单。权力清单和责任清单所列事项，都是政府各部门必须履行的法定职责，这既是权力，也是责任。可见，权力与责任互为前提，行政权力的行使与行政责任的履行是紧密联系在一起的。一方面，有权必有责。权力主体拥有及行使权力，就必然要负责任，法律在赋予行政主体权力时，也会规定其必须承担的责任，而且责任的多少与权力大小是相适应的；另一方面，有责必有权。权力是责任履行的基础，有责无权，相关责任就很难落到实处。权力的赋予为责任承担的范围及程度提供了参考依据，如果说有责无权，那么权力行使的效果就无法得到保障。同样，权责应该相当。责大权小会使行政主体因缺少履行其职责的媒介及动力，而导致公共服务及公共产品的供给缺乏效率，最终损害公共利益；而责小权大容易造成权力行使的随意性，导致行政权力的滥用，这也是常见的权责失衡的乱象之一。

二是相互制约。权力与责任不仅相互依赖，也相互制约。一方面，权力的大小限定了责任的大小。职位越高，拥有的权力越大，那么行政主体所承担的责任也就越大；另一方面，责任会约束权力的行使。行政主体如果没有做好本职工作，违法违规滥用权力，存在不作为甚至是乱作为的现象，那么就要承担一定的政治责任，接受行政处分甚至是停职、撤职的后果。而且对那些权力行使僭越了法律的行为，还需要接受法律的制裁。当然，违背责任的惩罚力度也应当与权力的滥用程度相适应，这样才能既服众，又能起到威慑的效果。如果说惩罚力度与权力滥用程度不相符，那么很可能导致惩罚力度过大，使行政主体产生“不做就不会错”的心理，缺少信仰和担当，导致行政效率的低下；也有可能因为惩罚力度过小而失去惩罚的作用，造成权力滥用的无所畏惧。

显然，权责统一是政府正确行使其职权，有效履行其职责的重要保证。有权必有责，有责必有权，任何行政行为都必须同时处于权力与责任状态之中，这是公共行政的基本逻辑。此外，权责一致是公共行政权力必须遵循的重要法则，其基本要求是行政权力和行政责任的大小相当，确保权责对等和平衡。在落实权责一致原则时，需要使权力授予和责任承担明确、具体。因为权力具有天然的扩张性，所以必须明晰行政权力边界，降低模糊性和不确定性。责任追究也应当落实到个人，避免因集体决策的失误导致责任模糊而无人担责，出现“集体失语”或“法不责众”的现象。总的来说，权责统一、权责一致是政府权责清单制度制定和优化必须要遵循的法则，也是政府权责清单制度实施效果评价应重点关注的方面。

（二）政府权责清单制度的内涵与外延

政府权责清单制度作为政府用权、履职、尽责的一套系统性的规则体系，不仅具有刻画行政系统权责运行尺标的制度刚性，还具有支持行政系统尽责履职以适应治理情境动态变化性、回应公共议题繁复多元性的制度韧性[①]。从各地发布的相关文件来看，政府权责清单制度的内容包括发布权力清单和责任清单、建立动态调整机制以及接受社会监督等。

对政府权责清单制度这一概念进行清晰界定，是对其进行科学研究的前提。首先，需要明确何谓“制度”。“制度”至少包括三种基本内涵：一是稳定的行为方式和结构状态；二是共识和规范；三是必须遵守的规则[②]。制度无处不在，是人们共同遵守的办事规程或行为准则，是人类适应环境的结果，

---

① 白向龙，刘桂芝.政府权责清单制度韧性建设的逻辑论析［J］.地方治理研究，2022（3）：15-27.

② CRAWFORD S E S，OSTROM E. A grammar of institutions［J］. *American Political Science Review*，1995，89（3）：582-600.

随环境的变化而变化[①]。已有研究对政府权责清单制度构成要素的探讨，观点也不大相同。权责清单制度是中国政府职责体系构建过程中的一项创新性制度安排，由五级政府的权责清单构成[②]。政府权责清单制度是有关如何“清单式”地列举政府所拥有的行政权力和相应行政责任、如何勾连行政权力和行政责任以使权责一致、如何动态更新并保障清单发挥实效等的一系列行动准则和操作性规定，是在简政放权和转变政府职能基础上，政府部门对其所行使的面向法人、公民和其他组织的职权和职责全面梳理，按照职权法定、权责一致的原则，进行清理和规范、依法审核确认，将权责事项名称、类型、设定依据、运行流程以及追责情形等内容，以清单方式明确并依法公开的一系列制度安排[③④]。加强政府权责清单制度建设，目标是完善现代政府权责清单治理，使权力运行公开为民、法治规范、清单明晰、制度有效[⑤]。

从具体内涵来看，权责清单制度是政府及其工作部门通过对自身掌握的公共权力数量种类、运行环节、适用依据、行使边界等进行梳理整合，对政府及其工作部门所承担的责任进行明确，以目录清单的形式，依托政府的门户网站或政务平台等媒介，将政府权力事项和责任事项公之于众，强化权力监督边界和政府公共服务理念，主动接受外界监督，以防止行政不作为、乱作为、多头管理、监管缺位、权力寻租等现象的出现，形成权责分明、分工合理、高效运转、权责统一的一种重要制度。

在概念外延层面，可以从狭义和广义两个方面来理解。一般认为，狭义

① 石建社 . 制度内涵与制度变迁［J］. 山西财经大学学报，1998（2）：19-22.

② 朱光磊，赵志远 . 政府职责体系视角下的权责清单制度构建逻辑［J］. 南开学报（哲学社会科学版），2020（3）：1-9.

③ 任进 . 关于政府权责清单、负面清单制度若干问题［J］. 团结，2016（3）：8-12.

④ 唐亚林，刘伟 . 政府权责清单制度：建构现代政府的中国方案［J］. 学术界，2016（12）：32-44.

⑤ 李军鹏 . 新时代现代政府权责清单制度建设研究［J］. 行政论坛，2020，27（3）：41-46.

的政府权责清单制度包含权力清单和责任清单两个部分，其所列事项都是政府各部门必须履行的法定职责，既是权力，也是责任。其在部门“三定”规定的基础上，试图划清政府、市场和社会之间的权力边界，具有阳光透明、分工合理、权责一致、依法制权和全面具体等特点。而广义的权责清单制度除了包含“权力清单”“责任清单”，还应该包括“公共服务事项清单”“行政审批中介服务清单”“监管事项清单”等与权力清单制度相关，且对构成具有全面性、系统性、有效性的权责清单制度必不可少的一系列的清单制度。例如，为确保政府权责清单制度的时效性、权威性和准确性，必须健全权责清单的动态管理机制。由政府工作部门适时地评价行政权力的运行情况，同时依据法律法规立改废释情况、经济社会发展和全面深化改革的需要、机构和职能调整情况提出调整权责清单的申请，按程序审核确认后进行调整，并在门户网站、本地区法制监督网站、办事大厅等场所向社会公布。此外，为确保政府权力的有限性，要将政府手中所掌握的“行政计划”“行政契约”“行政指导”等行政权力均纳入到广义的“政府权责清单制度”中[①]。

（三）政府权责清单制度的特征

明晰政府权责清单制度的特点，有助于更好地理解政府权责清单制度这一核心概念。通过对已有文献回顾和现实实践总结，政府权责清单制度总体上具有合法性、明确性、公开性、改革性、广泛性五大特征。

一是合法性。政府权责清单的制定和执行过程都有着严格的程序规范，是对现有法律（主要是行政法规）梳理得到的，其中，所罗列出来的每项权力都有着明确的法律依据。比如，《宪法》第二十七条规定，一切国家机关实行精简的原则，实行工作责任制。《国家赔偿法》《行政处罚法》《行政复议

① 吴自博.中国地方政府权力清单制度构建的问题研究［D］.济南：山东大学，2017.

法》等上千部法律法规给予政府权责清单制度以支撑，故政府权责清单制度具有合法性，该合法性是源于对法律内容的汇总和包涵。同时，权力和责任的种类、数量、行使范围等权责事项的过程、权责清单的实施以及在实施过程中对权责清单的各项调整、内容的优化改进，都是以现有的法律法规为基础，必须在法律的框架下进行。经过梳理后的政府权责清单，成了政府依法行政的重要依据，有助于政府真正做到“法无授权不可为”，且便于民众监督，防止政府行为越位、缺位和错位。

二是明确性。当前，各地发布的政府权责清单基本上都明确界定了各项行政权力的基本信息和权力的运行流程、部门责任，以及监督方式等要素，以此规范行政权力的运行机制，并为行政相对人提供监督途径和维权方式。政府权责清单制度的明确性，主要体现在以下三个方面：（1）主体的明确性，政府权责清单制度编制主体、实施主体必须是各级政府行政部门，其他社会、组织、个人不能成为该制度运行的主体。（2）依据的明确性，政府权责清单制度中权力梳理、行使的依据和责任承担、追责情形的依据都是明确的，必须按照某法律法规的条款进行设定。（3）行为的明确性，政府权责清单制度规定了行政主体哪些行为必须为、哪些行为不可为，以清单的方式明确了行政权力的界限，可有效地防止公权力的随意使用，避免出现政府部门乱作为的现象，从而营造良好的市场环境和社会环境。

三是公开性。政府权责清单建立的目的主要是为了实现权力的公开透明和责任的清晰承担，让权力在阳光下运行。政府权责清单制度的公开化，是实现透明政府的重要举措之一。政府权责清单制度不是“锁在保险柜里的秘密文件”，而是“晒在阳光下的公开文件”。因此，公开性可以作为政府权责清单的基本属性。政府权责清单的出现，揭开了权力的神秘面纱，它以“权力目录”的形式向民众公开各政府部门所拥有的权限，使行政机关的权力运行过程能够公之于众，让公众对政府所掌握的权力和所应承担的责任可以一目了然，提升了政府的公信力。同时，政府权责清单制度为公民有序地实现政治活动提供制度保障，不仅提升了社会动员的效率，还强化了社会对政府工作的监督。此外，公开性让制度运行更加科学，让市场环境更加公平，让行政相对人的权益更能得到保障。根据权力和责任的公开性，能够有效防止政府部门出现滥作为和不作为的现象。

四是改革性。改革实践中总结出的经验，能为政府权责清单制度的构建提供借鉴、吸收与采纳。政府权责清单制度已经逐渐成为简政放权的新方式，该制度最重要的作用就是厘清了政府的内外部之间权力与责任的关系。其中，外部关系主要是指政府与市场、政府与社会之间的关系，而内部关系则是政府内部各个职能部门之间的关系[①]。此外，政府权责清单作为一项全新的举措，不只是加强对权力的监督和制约，而且在厘清权力范围的同时，通过责任清单的建立，使得政府的责任更加明确，促使政府及工作人员积极履责，解决政府办事拖拉或者不作为等问题。政府权责清单制度作为国家治理体系中的一项制度创新，着力用实、用活、用好清单制度，不断规范行政权力运行，创新审批机制，优化审批服务，打造惠民、高效、便捷的行政服务平台，无疑是对中国特色社会主义制度的完善与发展，激发市场活力，为科学发展和跨越发展创造最优软环境[②]。

五是广泛性。政府权责清单制度具有广泛性，主要体现在三个方面：参与的广泛性、内容的广泛性和作用的广泛性。其一，参与的广泛性，所有能够行使公共权力的政府机关、社会管理组织、法律法规授权组织以及部分个

① 沈瞿和．清单制度法理分析及法治要点［J］．国家行政学院学报，2016（4）：82-86.

② 中共中央文献研究室．中共中央、国务院关于地方政府职能转变和机构改革的意见［C］//十八大以来重要文献选编（上册）．北京：中央文献出版社，2014：344.

人（如党政一把手）都有机会参与到权责清单制度中来。其二，政府权责清单内容具有广泛性，与行政权力行使和行政责任承担相关的要素都需纳入政府权责清单之中，只有涉及国家秘密的权力可以排除在外。同时，从制定清单的依据来看，范围也非常广泛，包括宪法、法律、行政法规、规章以及政府部门提供的规范性文件。其三，政府权责清单的作用也具有广泛性，当政府权责清单制度对外公布实施时，对政府的行政管理、服务以及行政执法各个领域都将产生一定程度的约束力。

（四）政府权责清单制度的功能

政府权责清单制度试图解决政府行政权力与责任不对称问题，旨在优化政府治理体系、提升政府治理效能，主要通过反馈、巩固和调配三个核心机制，发挥其制度性功能[①②]。总体而言，当前的政府权责清单制度建设具有促进简政放权、促进阳光行政、提高行政效能等作用。

一是厘清政府职权，促进简政放权。作为全面深化改革的“先手棋”和实现政府职能转变的“当头炮”，简政放权取得了一定的效果，但仍有很大的完善空间。作为政府实现简政放权的重要工具，通过权力清单、责任清单的建立，有效地解决过去行政审批事项“上放下设”“一放就乱，一乱就收”的问题[③]。政府权责清单制度将行政权力进行全面的清理，厘清政府与社会的权力边界，剔除不适应经济社会发展、过度干预市场的权力，并且以权力目录的方式列出，政府行使的行政权力不得超过清单所列举的范围。此外，将不

① 王辉，张继容．政府权责清单制度的历史变迁与完善策略［J］．改革，2022（1）：129-139.

② 赵志远．政府职责体系构建中的权责清单制度：结构、过程与机制［J］．政治学研究，2021（5）：89-98.

③ 汝绪华，汪怀君．政府权力清单制度：内涵、结构与功能［J］．海南大学学报（人文社会科学版），2017，35（2）：58-65.

同部门行使的权力进行分类归总，明确行使主体，有效避免一事多头管理或者上下级、同级之间互相推诿扯皮的现象。

二是公开权力运行流程，促进阳光行政。封闭运行为权力遮盖了一层神秘的面纱，这也是导致权力腐败和权力异化的重要原因。全面实施政府权责清单制度，梳理和公开权力运行流程，让公众明晰政府权力的行使边界，既能随时监督政府行为，有效避免权力腐败；同时又能使公众办事有据可依，逐渐实现政府权力运行的规范化、程序化、透明化。权力清单制的制度性、规范性和科学性有助于形成公职人员主观上不敢腐、客观上不能腐和微观上不易腐的监督机制，对权力运行构成刚性监督的高压态势[①]。此外，政府权责清单制度还能有效促进行政主体责任的有效落实，让责任贯穿在权力行使的各个环节，对各级别的行政机关在职能行使、责任承担等方面的法定化有一定帮助，从而更加具体地明确主体法定职责，使主体责任落实到部门或者个人，防止政府部门以及工作人员出现不作为或者是乱作为的现象。

三是降低制度交易成本，提高行政效能。我国经济的症结主要是制度交易成本过高。行政权力的扩张性、双重性，使得权力易偏离正常轨道。如若不加以限制，容易造成权力腐败、权力滥用或寻租等权力异化行为，会产生权力的越位、错位和缺位问题，出现政府不作为、乱作为、胡作为等乱象，进而导致市场机制无法充分发挥作用，政府行政效能低下，增加制度交易成本。而政府权责清单制度的提出，通过梳理权力事项、公布权力目录，简化了办事程序，让民众办事有章可循。该制度既确定了权力运行的外部边界，厘清了政府与市场的关系，有利于激发市场活力；同时也明晰界定了政府各部门的权责分工，能够在明晰划分具体的权责基础上变传统的“针对部门讲

① 廖业扬，李丽萍. 论权力清单制的监督功能［J］. 领导科学，2015（11）：31-33.

责任”为“针对具体行政权力讲责任”[①]。行政人员必须在限定的职责范围内行事，减少部门间推诿扯皮的现象发生。此外，通过权责清单的公开，公众和政府对清单的规定事项达成一致，减少了摩擦和纠纷的发生，有利于降低制度交易成本，提高政府行政效能。

四、政府权责清单制度实施效果评价

自 2009 年我国开始在江苏睢宁县、四川成都市武侯区和河北成安县三地实行“县委权力公开透明运行”试点，政府权责清单制度在时间上、空间上和内容上得到不断完善。特别是浙江、广东、江苏、上海等地，属于政府权责清单制度实施较早的地区，而且这些地区经济发展速度快、社会化管理水平高，形成了较多的可复制可推广的经验。基于实践情况，罗亚苍（2015）认为，已经形成了浙江模式（部门清单汇总）、江苏模式（改进的部门清单汇总）、安徽模式（总清单+部门清单）等具有典型示范意义的推进模式[②]。因而，政府权责清单制度实施效果评价已成为制度实施后的题中之义。这是因为开展制度实施效果评价，能够提供经验参考和进行制度纠偏，推动政府权责清单制度做深、做实。为此，本书主要从这一核心概念的具体内涵与实施程序进行阐述，为后文的研究打好基础。

（一）政府权责清单制度实施效果评价的具体内涵

“评价”一词，在中西方语义中存在一定的差异。中国文化中的“评价”，由最初的主体的单向语言议论，发展为强调主客体的双向价值关系。如《世

---

① 梁远．让权责清单在落地运用中结出制度硕果［J］．中国行政管理，2018（8）：13-17.

② 罗亚苍．权力清单制度的理论与实践——张力、本质、局限及其克服［J］．中国行政管理，2015（6）：29-33.

说新语·品藻》中提道，“论者评之，以为乔虽高韵，而检不匝”[①]。这里的“评”是指依照一定的准则来评定、议论。此外，传统意义上的“评”还有评语之义。如《后汉书·许劭传》中，“好共覈论乡党人物，每月辄更其品题，故汝南俗有‘月旦评’焉”[②]。以上的界定，表明我国传统意义上的“评价”以主体的单向语言议论为主，具有很强的主观色彩，评价结果很大程度上取决于评价主体的能力、自身价值观等，存在着仁者见仁、智者见智的问题。现代意义上的“评价”可以简单地理解为“评估价值”，它更加强调主客体之间的价值相互关系，评价结果不仅与事物价值相联系，而且还会受到评价主体的主观制约。西方文化中的“评价”可以用 evaluation 或 appraisal 来表示，其中，evaluation 是指运用专业的方法或技术对正在施行或已经施行的政策做出评定，突出强调“评价”在现实生活中的实践作用。从有关评价的定义中，可发现“评价”在于说明评价对象的作用、价值。同时“评价”还具有一定的反思功能，可为下一步行动提供参考。其中，外文中的“评价”侧重定量研究、重视数据的运用，而中文更强调定性方面，在于说明事物的“好、坏”，“良、善”等。这启示我们，为了改进“评价”的效果，必须改进评价方法，加强定性与定量研究的统合。

政府权责清单制度可以视为公共政策的一项具体制度。因此，对政府权责清单制度实施效果评价的概念阐述，可以从政策实施效果评价入手。任何公共政策的实施都必定会产生一定的效果。何植民（2014）认为，政策实施效果指政策目标的实现程度及政策功能的发挥程度，表现为政策对客体状态的影响程度，影响越大，政策目标实现程度越高，政策效果也越明显，其实

① 王旭莹.《世说新语》人物品藻的客观性探析［J］. 今古文创，2021（37）：16-17.

② 孙立涛. 东汉末年汝南“月旦评”的生成及其评价问题［J］. 北京社会科学，2017（8）：8-16.

施效果可以分为直接效果、附带效果和非预期效果三种[①]。从政策实施效果评价的重点来看，也有三种代表性的观点：第一种是将评价重点放在政策方案或计划上，强调事前分析，并根据结果决定是否出台相关政策和方案；第二种是以政策实施过程作为评价重点，强调全局分析；第三种是侧重政策目标、问题解决及社会影响程度等[②]。本书侧重对政府权责清单制度实施效果进行全过程评价，涵盖制度制定、制度执行、制度结果三个阶段。基于已有研究，本书认为政府权责清单制度实施效果评价，就是指采用一种或几种评价方式，对这一制度的实施效果进行详细的分析和测量，反映其运行的实际效果，旨在及时调整和改进制度，以期提升行政效能、改善服务质量、提高公众满意度。

（二）政府权责清单制度实施效果评价的实施程序

政府权责清单制度评价指标体系是根据评价目标和内容的相关要求，基于一定逻辑和相关维度构建的一组关键指标，反映政府权责清单制度实践的成效与问题[③]。与一般的制度评价无异，政府权责清单制度实施效果评价也包含一系列的环节，主要包括：确定评价目标、制订评价计划、构建指标体系、组织实施评价、评价结果运用、反馈与改进。其中，指标体系的构建是制度绩效评价的关键，所选指标类型及指标权重决定着最终评价结果的科学程度，进而影响领导者决策判断、决定制度的发展方向和政府工作的科学程度。

整个制度指标体系构建过程可以分为两个步骤：首先需要明确指标构建的理论体系，确定各项绩效考核指标并将其量化；其次是应用具体的指标体

① 何植民．农村低保政策实施效果评价与分析［J］．行政论坛，2014，21（1）：37-41.

② 严强．治理现代化与政策分析——走向本土建构的政治学［M］．南京：南京大学出版社，2019：132.

③ 魏远明．我国政府权力清单制度绩效评价指标体系构建及应用研究［D］．福州：福州大学，2016.

系遴选方法对指标进行筛选，从而确立初选指标和核心指标[①]。除了重视指标体系的构建之外，还可以借鉴国外有益实践及经验，综合运用多种评价方法，以提高评价的科学性、有效性和针对性。如日本的内部评估与外部评估相结合、美国的定量评估与定性评估相结合、韩国的专家评估与民众参与相结合等[②]。因此，政府权责清单制度实施效果评价可以定义为在确立评价价值取向和目标的基础上，根据一定的逻辑和原则构建相应的评价指标，并按照原先制定的评价方案对制度实施效果进行跟踪，最后通过不断地反馈和运用结果来促进这一制度长效发展的过程。

第二节　理论基础

作为一种具有“应急性”和“自我革命性”特征的自上而下的强制性制度变迁，政府权责清单制度从试点到正式推广，虽然各级政府、各部门都在实践中取得了一定的成果，但由于缺乏较为规整的理论原则指导和尚未形成牢靠的动力保障机制，在制定、执行和监督过程中也存在一些问题。具体来看：在制度制定层面，存在着“形式化”“作秀”等问题，而忽视清单作为简政放权的内在实质。在制度执行层面，受纵向结构机制和横向结构机制两方面影响，制度实施缺乏内在动力，使得各层级各自为政，各部门缺乏协调。同时，部门间推诿责任、争夺利益，存在权责划分不清晰、职能交叉、服务理念不到位等问题。在制度监督层面，政府权责清单在制定时往往忽视权力的边界与监督，缺乏自由裁量的规范和纠错机制建设，监督的多元性只局限

① 杨存，高羽，陈功，等. 公共政策评价核心指标体系构建的理论及方法［J］. 中国卫生经济，2011，30（8）：28-30.

② 姚刚. 国外公共政策绩效评估研究与借鉴［J］. 深圳大学学报（人文社会科学版），2008（4）：80-85.

于政府的自我监督，监督方式不健全和约束机制不完善。因此，如何探寻相应的理论原则进行关联指导，对推行政府权责清单制度的内在要素、实际情境、行动网络和动态过程等更为微观的层次体系上明确其改革的路线图和实现方式，已经成为当前政府及其工作部门持续完善政府权责清单制度实施的客观诉愿。本书尝试从新公共服务理论、有限政府理论、权力制约监督理论、政府绩效评价理论和公共政策评估理论出发，找寻政府权责清单制度绩效评价依据、方法及优化路径，为后续研究提供理论支撑。

一、新公共服务理论

新公共服务理论是以登哈特夫妇为代表的一批公共管理者们在对新公共管理进行反思和批判的基础上建立的，指的是关于公共行政在以公民为中心的治理系统中所扮演的角色的一套理念[①]。2000 年，登哈特夫妇发表了《新公共服务：服务而不是掌舵》，文中反思到“当我们急于掌舵时，我们是否正在淡忘谁拥有这条船？”[②]。在新公共管理理论盛行的时代，这一观点提醒了人们对民主价值、公民利益的关注和回应。通过对传统公共行政、新公共管理和新公共服务的对比，登哈特夫妇提出了新公共服务的七条基本原则：政府的职能是服务，而不是掌舵；公共利益是目标而非副产品；在思想上要有战略性，在行动上要具有民主性；为公民服务，而不是为顾客服务；责任并不简单；重视人，而不只是重视生产率；公民权和公共服务比企业家精神更重要[③]。

在新公共服务理论中，公共服务的尊严与价值以及民主、公民权和公共

---

① 周晓丽 . 新公共管理：反思、批判与超越——兼评新公共服务理论［J］. 公共管理报，2005（1）：43-48.

② 罗伯特 · B. 登哈特，珍妮特 · V. 登哈特，刘俊生，等 . 新公共服务——服务，而非掌舵［J］. 中国行政管理，2002（10）：38-44.

③ 丁煌 . 西方行政学说史（第二版）［M］. 武汉：武汉大学出版社，2004：409-413.

利益的价值观是新公共服务理论的核心和实质[①]。该理论对公共行政的理念和价值进行了重塑，认为公共管理者在开展相应的活动时，不仅要在具体实践的过程中提供更加优质的服务，更要从思想源头上认识到为社会提供公共服务是公共管理者应该担负的责任。与新公共管理相比，新公共服务的创新之处体现在政府要以追求公共利益为目标，要更加主动地提供服务，并且承认责任的重要性以及重视公民权等。

显然，新公共服务的核心理念更加契合现代公民社会的构建和公共管理的实践，因此也引发了诸多学者的关注和讨论。虽然有部分学者持批判态度，认为该理论在实践中缺乏实质性与行动性，没有构成公共管理的一种范式转变，不能指导当前行政改革，是新瓶装旧酒。但从国外的研究历程来看，经过 20 年的发展完善，新公共服务逐渐超越新公共管理，并日益成为公共行政领域中的一种主导范式。研究重点由最初的概念界定，区分与传统公共服务的不同，逐步转向新公共服务体系的完善，突出核心价值取向[②]。在重新回顾新公共服务时提出，“新公共服务除了对学术文献有影响外，越来越多的证据表明新公共服务所提出的价值观和规范在实践中不断地被加以运用”[③]。其中，关于对新公共服务理论的理念和价值进行较好实践的有佛罗里达州桔子镇推行的“把公民放在首位”项目[④]、“9・11”恐怖袭击后的“倾听城市——重建

① ［美］罗伯特・B. 登哈特，珍妮特・V. 登哈特 . 新公共服务——服务，而不是掌舵［M］. 丁煌，译 . 北京：中国人民大学出版社，2004：16.

② 韩兆柱，翟文康 .“新公共服务”研究综述［J］. 燕山大学学报（哲学社会科学版），2017，18（2）：24-34.

③ DENHARDT J V，DENHARDT R B. The new public service revisited［J］. *Public Administration Review*，2015，75（5）：664-672.

④ CHAPIN L W，DENHARDT R B. Putting “citizens first!” in orange county，Florida［J］. *National Civic Review*，1995，84（3）：210-217.

纽约”[①]、澳大利亚政府（2007）公共服务体系建设[②]等。可以说，当前各国政府或多或少都在践行新公共服务理论的理念和价值，为新公共服务理论实践积累了许多素材和经验。作为一种指导政府改革的管理理念和规范模型，新公共服务理论在一定程度上为解决政府权责清单制度实施所存在的有关难题提供了一个可以契入的视角。新公共服务理论恪守多元博弈的价值取向，把公共利益的民主价值、公民权和服务重新看作是公共管理的规范性基础和卓越价值观[③]。这启示着我们既可以运用新公共服务理论中的“责任意识、服务理念、公民精神”等内容实质作为当下进一步健全与完善政府权责清单制度的推进机理，解决政府权责清单制度实施过程中在民主、服务和公民权等维度上存在的问题，又可以用来作为绩效评价的衡量标准，并通过民主的回归、服务的加强和公民权的重视，确保政府权责清单制度的稳步推进，更好地发挥该制度在深化行政体制改革中应有的作用。具体而言：

一是公共利益的价值目标。公共利益与私人利益的概念相对立，若单纯从字面意思来看，可以理解为是“公共的利益”。其中，“利益”是指某种特定客体对主体的有用性，即客体能够满足主体需要的程度。而“公共”用于修饰“利益”，限定了受益对象的范围和利益的性质。因而，公共利益可以理解为：能够满足社会全体或大多数成员需要，体现其共同意志，具有公共性、非竞争性、非营利性等特征的利益。新公共服务理论肯定了公共利益在政府工作的中心地位，认为谋求公共利益是政府存在的合法性基础，但新公共服务所指的公共利益不是像传统公共行政那样在政治上的简单界定，简单由法

① 李德国．走向实践的新公共服务：行动指南与前沿探索［J］．国家行政学院学报，2013（3）：103-108.

② 佚名．澳大利亚政府完善公共服务体系的经验及启示［J］．中国经贸导刊，2007（12）：42-43.

③ ［美］罗伯特·B. 登哈特，珍妮特·V. 登哈特．新公共服务——服务，而不是掌舵［M］．丁煌，译．北京：中国人民大学出版社，2004：11.

律做出表述；也不像新公共管理所描述的是个人利益的集合，而是共商共同价值观的结果，最大程度上尊重和体现了“民意”[①]。此外，政府不仅要确保公共利益居于主导地位，还要确保解决方案本身和提出解决方案的过程都符合公正、公平、公开和民主等准则。我们应当把市民视为有意义的、具有理性精神的贡献者和合作伙伴，而不仅仅是政策的接受者[②]。因此，加强与民众对话和协商非常必要。政府应为民众创造便捷的沟通渠道和自由的对话环境，让公众“能表达”“愿表达”。针对某一公共问题，公民能够和政府进行真诚的、无拘无束的对话，通过对话共商社会发展方向、表达共同价值观念，并形成共同的公共利益观念及解决方案。新公共服务对公共利益的重视显然和政府权责清单制度建立的初衷相契合。“让人民监督权力，将权力关入透明的制度之笼，让权力在阳光下运行”是规范权力运行和加强权力监督制约的手段和最终目标。

二是责任的重要性。既不同于传统公共行政认为的行政官员只需对政治领袖负责，也不像新公共管理所强调的“通过自我利益的汇集会产生令诸多公民（顾客）满意的结构”。新公共服务强调“复合责任”，认为责任并不是单一的。公务员不应当仅关注市场，他们也应该关注宪法和法令，关注社会价值观、政治行为准则、职业标准和公民利益。同时，还特别突出强调公民参与对公共责任保障的意义和作用，将公民参与作为公共责任落实的基础。正如有学者指出，“服务型政府”必须有一套健全的、行之有效的责任机制，确保政府责任尤其是服务责任得以保障和落实[③]。“有权必有责，权责须统一”是政府权责清单制度建立和完善的重要原则。责任清单厘清了与行政职权相

① 侯玉兰．新公共服务理论与建设服务型政府［J］．国家行政学院学报，2005（4）：31-34.

② 李德国．走向实践的新公共服务：行动指南与前沿探索［J］．国家行政学院学报，2013（3）：103-108.

③ 李松林．论新公共服务理论对我国建设服务型政府的启示［J］．理论月刊，2010（2）：88-90.

对应的责任事项，体现权力与责任的动态平衡，并将行政主体的“应尽之责”和“后果责任”以清单的方式予以公开，让公民参与监督活动，对政府部门及其工作人员的权力行使过程形成了直接的、具体的外部约束和责任考量。因此，新公共服务所强调的责任意识，既有助于政府权责清单的构建，也有利于行政管理者形成“权责统一”的观念，真正做到“有权必有责，有责要担当，失责必追究”。

三是服务而不是掌舵。建立在组织人本主义理论基础上的新公共服务认为，政府的主要工作在于服务而非掌舵，而且对人的重视应当超过对生产率的重视程度。在新的社会现实下，单靠政府既无力在复杂的环境中解决所有的公共问题，也无法仅仅通过管制或命令来指挥公众行动。由此，新公共服务提出，将公民置于整个治理体系的中心位置，并且通过政府与私人的或非营利的团体和组织协同行动，寻求社区所面临问题的解决方案。政府应对社会和民众的利益需求做出积极的、及时的和负责的回应，不是简单地说行或不行，而是要在平等对话、建立共识的基础上共同推动目标的实现，这就要求政府工作人员需要转变自己的角色定位，不仅仅只扮演服务提供者的角色，还需要扮演调解、协调甚至裁决的角色。此外，还应推动政府职能转变，强化政府的社会管理职能和公共服务职能，由“全能型政府”向“有限型政府”转变，推动政府治理能力现代化。政府权责清单制度的推行，明晰了政府权力边界，理顺了政府与市场关系，有利于改善政府对微观经济干预过多的现象，规范政府权力运行，让行政主体“法无授权不可为”，让市场主体“法无禁止即可为”，为行政审批事项精简与服务增效提供依据，释放改革红利。总体而言，新公共服务理论中的服务理念是优化行政服务的内在要求，体现了管理与服务的统一，将服务理念贯彻到政府权责清单制度的构建上，让服务意识内化于政府工作人员的思维和行动中，不仅有助于提升政府的服务质量，为民众提供更多优质的公共产品及公共服务，还能最大限度地防止政府权力的越位、缺位和错位，进而推动服务型政府的建设。

四是重视公民权和人的价值。政府工作人员不仅要回应公民需求，更要致力于建设政府与公民之间、公民与公民之间的信任与合作关系。新公共服务理论认为，新公共管理理论提出的具有企业家精神的行政管理者虽然有一定的创新性和创造性，但是会逐渐导致其目标狭隘化，即一味地追求效率最大化、满足“顾客”需求，而忽视公众需求，存在着机会主义倾向和不负责行为，尤其在利用公众资金方面。因而，新公共服务理论提到，能够为社会做出有益贡献的政府工作人员比企业家在做决定方面更加谨慎，因为他们将公共资金看作自己的财产，并且负有为公民服务的职责，而不只是关注利润和效率。行政官员不是政府的所有者，公民才是，公共资金也应当由全体公民所有。因而，新公共服务理论特别强调行政过程中公民的参与，认为政府工作人员需要同公民协同工作，应该鼓励公民积极参与政策的制定和执行过程，并为公民参与开辟新的途径。此外，还要创建良好的沟通渠道，加强与公众的交流，倾听公民声音，积极回应公众需求。若公民能够积极参与政策的制定，既有利于提高公民的参与意识和公共精神，更有针对性地满足公民的需要，进而改进公共政策的质量，便于政策的执行。同时，这也有助于增加政府工作的透明度，让政府更好地履行其法定职责，进而提升政府的公信力，提高民众对政府的支持度。总体而言，政府权责清单制度中的“清单”二字非常关键，就在于公开，使社会公众及组织在权力监督中追责问询有依据，真正实现更为有力的权力监督。新公共服务理论中重视公民权和人的价值，能够在政府权责清单制度推进过程中，确保公民权利的落实与行使，克服因自上而下的强制性制度变迁所造成公民参与度不高、参与意愿不强等问题。

二、有限政府理论

亚里士多德有关“最好的政府是法律统治的政府”的观点①，可以说是有限政府最早的思想基础。而近代古典自由主义的政治思想的出现，提倡对个人自由和私有财产的保护，强调减少政府干预，更是为有限政府论提供了重要的理论支撑。对“有限”的概念有一个明晰的把握，是更好地理解有限政府理论的基础。曾国平和郭峰（2004）从政府作为主客体两方面对“有限”内涵进行详细论述，认为政府作为主体时的“有限”体现在职能、权力、规模、责任四个方面，而当政府作为客体时，其“有限”内涵指的是被监督制约或限制②。有关“有限政府”的内涵，不同学者从不同层面进行了有价值的探讨。陈国权（2002）认为，有限政府指在规模、职能、权力和行为方式都受到法律明确规定和社会有效制约的政府③。纪程（2004）从宏观层面进行探讨，认为有限政府是在职能范围上被严格限定在公共领域，在运行上实行透明行政、在权责关系上自律、权力受到制约的法治政府④。颜海林和张秀（2010）指出，有限政府指在政治权力 、政府职能和政府规模等方面受到宪法和法律限制的政府，其职能特征包括服务性、责任性和法治性等⑤。虽然关于“有限政府”的理解不尽相同，但大多都涉及以下几个方面：其一，有限政府具有广义和狭义之分。广义的有限政府囊括了立法机关、司法机关、行政机关在内的整个国家权力系统，而狭义的有限政府仅指国家行政机关。本书主要探讨狭义的有限政府，所讨论的权力主要是行政权力。其二，有限政府与

---

① ［古希腊］亚里士多德 . 政治学［M］. 吴寿彭，译 . 北京：商务印书馆，1983：163.

② 曾国平，郭峰 . 论“有限政府”的“有限”内涵［J］. 武汉理工大学学报（社会科学版）,2004(2)：217-219.

③ 陈国权 . 论法治与有限政府［J］. 浙江大学学报（人文社会科学版），2002（2）：6-11.

④ 纪程 . 论当代我国“有限政府”的建构［J］. 学术论坛，2004（3）：36-38.

⑤ 颜海林，张秀 . 论有限政府的基本特质［J］. 湖南大学学报（社会科学版），2010，24（1）：54-56.

无限政府、全能政府相对立，指权力、职能、规模等都有一定限度的政府，且严格限定在公共领域。有限政府强调尊重市场发展的客观规律，政府需要弥补市场机制的缺陷，管那些市场管不了、管不好的事情。换言之，政府必须将权力限制在合理的范围内，既可以维持良好的社会秩序，又能充分发挥市场的创造力和活力。其三，有限政府的运作方式是法治。从某种角度上看，"宪政"就是"限政"，也就是宪法和法律严格制约和限制政府权力。只有通过法律和分权制衡的手段，在宪法和法律上明确政府权力行使边界，并且将行政权力进行纵向和横向的分立，使其相互制约和监督，才能够防止政府权力的专横和滥用，进而保障人民的财产权、生命权等基本权利和自由。

之所以要对政府权力进行限制和监督，主要原因在于任何权力主体都有权力扩张的倾向，政府也不例外。正如洛克（1689）在其著作《政府论》中提到，政府是"必要的恶"，明确提出"有限政府"的概念，强调以基本人权来为政府行为设置"底线"，以法治和人民的"革命"权来抗击政府强权[①]。限制政府权力具有其必要性，道格拉斯·C. 诺斯（1981）从经济学的角度出发，论证了"国家悖论"的存在，指出国家的存在是经济增长的关键，然而国家又是人为经济衰退的根源[②]。该理论的提出进一步论证了政府是"必要的恶"的观点。一方面，如果没有政府，人类社会就可能面临市场失灵、社会秩序混乱和公共事业衰败等风险；另一方面，政府可能出于自身利益的考虑，有限理性的限制等等，其行为常常不能带来好的效果，甚至会造成更坏的结果。

显然，从字面意义上理解，有限政府与无限政府相对立，政府并不是万能的，但这也不意味着政府是"弱政府"或"无能政府"。有限政府论的重点在于，将政府权力限制在可以保证政府治理能力的范围内。有限政府的特征

① ［英］洛克．政府论（下篇）［M］．叶启芳，瞿菊农，译．北京：商务印书馆，2007：91-93.

② 唐龙．道格拉斯·C. 诺思的国家理论述评［J］．山西财经大学学报，2005（4）：26-29.

主要表现为政府规模、政府权力和政府责任有限三个方面。其中，政府规模有限是指政府规模应限定在合理范围内，需根据政府财政情况、政府机构数量和政府人员数量决定；政府权力有限是指通过法治和分权来限制政府的专制权力和绝对权力，杜绝权力越位；政府责任有限是指政府不再涉足那些公民能够自我解决的、市场竞争机制能够自我调节的、行业组织或者中介机构能够自我调整的事项，政府职能应主要集中在公共领域。

简政放权，转变政府职能，以激发市场活力是我国当下法治政府建设的首要任务，而推行权力清单制度与行政审批制度改革则是推动政府职能转变的两个重要抓手[①]。回到政府权责清单制度这一议题中，其建立的目的在于：通过对政府权责清单的梳理和公开，不仅有助于实现各级政府的职能权限的合理配置，确保人民所授予的行政权力符合社会发展需求；还能明确权力运行边界，规范权力行使者的自由裁量空间，倒逼行政主体依法行使权力，最终实现对权力的控制。显然，政府权责清单的建立目标与有限政府论的核心要义基本契合。

一方面，就权力的来源而言，有限政府论强调政府权力因人民的授予而具备先天合法性[②]。而作为“代理者”的政府，其行政权力必将受到人民的制约和监督。换言之，政府权力不是无限的，而应具备边界性。有限政府的核心问题在于权力均衡，对政府权力的制衡成为有限政府的重要原则，而权力制衡可通过权力的合理配置来实现。在权力配置过程中，要使人民所授予的行政权力能够协调不同层级政府的职能、满足相应社会需求。因此，政府权责清单制度在推行过程中，应依照法律全面梳理各项权力事项，明确权力事

---

① 李克强．在全国深化简政放权放管结合优化服务改革电视电话会议上的讲话［N］．人民日报，2017-06-30（2）．

② 赵谦，何佳杰．地方政府权力清单制度的“困境摆脱”［J］．重庆社会科学，2017（4）：18-25.

项的实施主体及实施范围，最大限度地规范行政主体的自由裁量空间。

另一方面，有限政府理论既强调从源头上赋予政府有限权力以控制权力，将政府的行为严格限定在公共生活领域即涉及社会每个成员利益的公共事务及其管理上，不肆意侵犯仅涉及私人的、私人能够自主处理的领域①。同时，还要求作为公共权力的代表者的政府，更多地关注人民基本生活需求与合法利益诉求，有效地行驶其基本职能，真正做到为民行权。有限政府的本质在于实现公共利益的最优化，因此它必须是一个以社会、企业和公众的合理、合法需求为行为的出发点，以这些需求的满足为行为的归宿点，注重与社会、企业和公众的对话，注重充分满足公众需求的回应型政府②。在政府权力行使过程中，除确保权力运行合法外，应当以满足公众、社会及市场的需求为目标，充分保障行政相对人的基本权益、合法诉求及必要自治空间。因而，在政府权责清单制度的梳理过程中，可以将某些事项交由市场和社会主体进行，既能减少政府对微观事务的管理，激发市场活力、减轻政府工作负担，也能为公众提供更优质的服务，进而提升公众满意度。

三、权力制约监督理论

权力具有建设和破坏两面性。权力既可以实现国家的长治久安，促进社会的发展，但权力也倾向于腐败，绝对的权力倾向于绝对的腐败③。控制权力，对权力进行制约和监督，能够防止公共权力的滥用和腐败现象的蔓延，是实现依法治国的关键环节。从概念上看，权力制约与监督是指对权力的限制和约束、监察和督促。具言之，就是权力所有者运用民主与法治的手段，通过

① 黎炳盛. 有限政府的有效性与合法性［J］. 云南行政学院学报，2000（5）：40-43.

② 沈荣华，周义程. 善治理论与我国政府改革的有限性导向［J］. 理论探讨，2003（5）：5-8.

③ 阿克顿. 自由与权力［M］. 侯健，范亚峰，译. 北京：商务印书馆，2001：56.

各种有效途径对权力行使者所形成的限制和约束、所进行的监察和督促[1]。虽然权力监督与制约都有控制、约束权力的作用，但是两者间既有联系又有区别，二者不能混为一谈。

权力制约和监督的区别主要表现在以下几个方面：第一，前提条件不同。权力制约以分权为前提，体现的是权力主体间的平等地位，权力双方或多方皆为制约主体和制约客体的统一体；而监督则以授权为前提，体现的是法律地位不同的权力主体间的约束关系，制约主体和制约客体通常是分开的。第二，运行方向不同。权力制约是双向的，强调不同权力主体间的相互约束和控制；而权力监督则是单向的，主要是监督主体对监督客体的单向监察督促。第三，运行方式不同。制约主要是通过内部的相互制约，权力的规范化、制度化运行来约束掌权者的行为；而监督更多是依靠外部力量，通过权力运行机制外部主体的监察和督促来实现对掌权者的约束。第四，时效性不同。权力制约比监督的时效性更强。主要原因在于制约是在权力运行机制内部起作用，制约行为与行权行为具有同步性；而权力监督发生在权力运行机制外部，由于监督主体与监督客体之间存在着信息不对称问题，使得监督行为相对于行权行为而言，存在一定的滞后性，时效性较差。第五，依靠力量不同。权力制约依靠法律和制度的刚性约束，随意性较小；而监督主要是通过监督主体，依靠人的主观力量来约束和规制权力，因此监督主体的态度、方式、方法等都会影响规制权力的效果，随意性比较大。

从上述有关权力制约和权力监督的区别中，我们可以发现制约之于监督，具有同步性、刚性约束、整体性等优势。而监督只有在机制健全的条件下，才能够充分发挥作用。因此，仅有监督是远远不够的，必须要重视权力制约的重要性。同时，我国权力制约和监督的理论及实践发展历程，体现了国家

① 袁东生 . 我国权力制约与监督制度研究［D］. 济南：山东大学，2011.

在权力制约和监督的问题上考虑得越来越全面，相关认识也在逐步深化。其中，党的二十大报告中明确提出“健全党统一领导、全面覆盖、权威高效的监督体系，完善权力监督制约机制，以党内监督为主导，促进各类监督贯通协调，让权力在阳光下运行”[①]。

在强调权力制约的同时，不能够忽视监督的作用。权力制约要求权力双方或多方都是平等的权利主体，因此其对拥有制约资格的主体要求比较高，限定了制约主体的范围。而权力监督对主体资格没有严格限定，社会公众都可以参与，这样其实可以随时随地监督行政主体的行为，是对权力制约的一种重要补充。概言之，建立有效权力约束机制，制约和监督两者不可或缺。

权力的制约与监督根植于对人类行为的深刻反思，遵循控权逻辑，是权力的一体两面。对政府权责清单制度而言，其逻辑起点在于限制权力，其制定的出发点是为了限制夸张的行政权力和履行政府责任，因此在某种程度上可以认为这一制度的实施就是在这个过程中对权力进行约束并确保权力的规范行使[②③]。结合前文文献综述，从权力制约和监督的实现模式上看，可以将其分为以权力制约权力、以责任制约权力、以权利制约权力、以法律制约权力[④]。

首先，是权力制约权力。这一制度的核心在于分权，对权力的制约也最为直接、有效。这一模式强调，防止政府权力的腐败或滥用，必须要对它进行合理分割，然后交由不同权力主体来行使，明确各权力行使边界，并建立

① 习近平．高举中国特色社会主义伟大旗帜 为全面建设社会主义现代化国家而团结奋斗［N］．人民日报，2022-10-26（1）．

② 许丽英，吴艳春．试析政府权力清单的含义、法理属性及功能作用［J］．哈尔滨市委党校学报，2017（3）：44-47.

③ 王春业．权力清单制度及其顶层设计［J］．天津行政学院学报，2016，18（1）：59-66.

④ 陈国权．权力制约监督论［M］．杭州：浙江大学出版社，2013：9.

相互制约和监督的关系，当一种权力超过其合法的限度时，就会立即引起其他权力去制止与限制。在现实实践中，我国的权力制约和监督制度与西方国家略微有些不同，主要是通过“行政三分”的方式，即建立决策权、执行权、监督权三者相互制约和协调的权力结构和运行机制，旨在解决权力过分集中所引发的权力腐败等问题，从而使权力运行实现公平、廉洁、高效。从各地公布的权责清单来看，行政权力大多按照“9+X”的分类方式，即各地结合本地实际，将政府权力划分为行政许可、行政处罚、行政强制、行政征收、行政给付、行政检查、行政确认、行政奖励、行政裁决和其他类别等，以此限制各部门所实际拥有的权力。

其次，是责任制约权力。权责是一致的，即掌握何种权力也就意味着要承担何种责任，且这种权责的大小是密切相关的[①]。权力和责任的共生性决定了行政主体在享有权力时，也必然需要承担与权力对等的责任，有权无责、权责脱节，必将导致权力异化和权力腐败。公共权力在维护公共利益时，本身就包含着一种责任的存在，这与政府权责清单制度中的权与责不谋而合。虽然各地政府的责任清单的独立性不一致，有像安徽省将责任清单依附于权力清单之中的；有类似于浙江省，以单独表单的形式列出责任清单的；还有和广东省一样，以“一表两单”的形式同时呈现权力清单和责任清单的[②]，但政府权责清单制度基本上都包括权力制度和责任制度。显然，政府权责清单的构建，牢牢遵循了“权责统一”的原则，即权力清单和责任清单是相辅相成、不可分割的有机整体。只有通过构建与权力清单相匹配的责任清单，才能真正确保权力执行的效果；只有确保权责一致，才能真正实现对权力运用

① 孟昭武．论权力关系的一般属性及权力道德的基本特性［J］．吉首大学学报（社会科学版），2003（4）：28-34.

② 刘启川．通过责任清单实现政务公开法治化［J］．中国行政管理，2018（7）：71-78.

过程的刚性约束。在对政府权责清单制度进行评价时，要充分考虑二者的共生性，并针对权责一致存在的问题，提出相应的强化权责清单互嵌性的措施。

再次，是权利制约权力。公共权力是来自公民权利的让渡，政府与公众形成了一种契约关系，公民对公共权力拥有一种天然的监督权。以权利制约权力是现代民主政治的重要表现，各国的民主政治实践已经充分体现了它的优势及必要性，是现代权力制约中必不可少的一个机制。公民权的充分行使就是对权力的有力限制，这在实质上是公民对政府的制约，体现了国家权力对社会权力的从属性。对于政府权责清单制度而言，公民能否有效地参与到这一制度中来，是公民能否有效对政府所掌握的公共权力进行制约监督的重要前提。同时，恰当配置权利，让公民行使权利对权力进行制约和监督，能够起到限制、阻遏权力滥用的作用。

最后，是法律制约权力。法律以条文的方式对权力的授予、行使和监督进行了明确的规定，任何违法行为都必须接受相应的惩处，能够给运权主体造成强大的威慑作用。以法律制约权力，是通过对权力的刚性约束来规避权力的随意性和人格化，要求公共权力要按照程序来透明地运行，进而限制权力的恣意和专横以及政府手中过度的裁量权，这不仅是维护公民权利和实现公共利益的根本保障，也是法治社会的根本要求。法治的基本要义在于：权力的取得必须由法律设定；权力的行使不能逾越法律规定的边界；任何违背法律的行为都要受到追究；法律面前人人平等，任何组织包括政府组织及其部门、政党和个人都不能凌驾于法律或自外于法。政府权责清单制度建立和推行显然与以法律制约权力的目标一致，通过对政府权责清单的梳理，明确规定各项权力的名称、依据、实施主体、流程、责任事项、追责情形，等等，以改变粗放低效的行政管理模式，限制权力的恣意和专横以及政府手中过度的裁量权，进而促使运权主体的行为规范、权力运行的公正透明和廉洁高效。

此外，在对政府权责清单制度进行评价时，也应当关注各项权力的梳理及行使和责任的履行是否符合法律法规的要求。

四、政府绩效评价理论

作为一种新的管理工具，绩效评价及管理日益受到人们的追捧，并在公共部门管理中得到运用和推广。政府绩效评价理论强调政府部门的效率和责任，注重结果导向和对公民需求的回应，是政府管理的重要工具之一。政府绩效评价理论需要以实践为依托，党的十九大提出“建设人民满意的服务型政府”①，党的二十大报告中进一步指出“转变政府职能，优化政府职责体系和组织结构，推进机构、职能、权限、程序、责任法定化，提高行政效率和公信力”②，为政府绩效改革指明了方向。

对“绩效”“绩效评价”等相关概念的明晰和界定，是理解政府绩效评价理论的前提和基础。从字面意义上理解，“绩效”是成绩和效果的统称，一般解释为成绩、成效，含有成绩和效益的意思③。目前对绩效的概念有三种不同的观点：绩效结果观、绩效行为观和绩效综合观。其中，绩效结果观提出绩效是一种为完成某项任务而必须承担的职责和结果记录；绩效行为观认为绩效不是完成任务的结果记录，而是执行任务的活动过程；绩效综合观认为绩效应包括行为和结果两个方面，是投入和产出的综合④。绩效不等同于效率，一般可以认为“绩效”是效率和效能的总和，其中，效率指投入与产出的比

① 人民日报 . 决胜全面建成小康社会 夺取新时代中国特色社会主义伟大胜利［N］. 人民日报，2017-10-19（2）.

② 习近平 . 高举中国特色社会主义伟大旗帜 为全面建设社会主义现代化国家而团结奋斗［N］. 人民日报，2022-10-26（1）.

③ 尤晓云 . 绩效优异评估标准［M］. 北京：中国标准出版社，2002：31.

④ 夏书章 . 行政管理学［M］. 北京：高等教育出版社，2018：435-457.

率，效能则是实际成果与原定的预期目标进行比较的结果。而绩效评价可以简单理解为对绩效的评价，其主要发端于私营部门，后被引入公共部门中。但由于公共部门的产出以公共服务和公共产品为主，大多是一些“非商品性”的产出，很难像私人部门产出一样用货币价值予以量化，对政府某项制度进行绩效评价，显然更具有挑战性。

政府绩效是指政府在社会经济管理活动中的结果、效益、效能，可以分为政治绩效、经济绩效、社会绩效和文化绩效①，主要有自上而下或自下而上等评价方式。政府绩效评价主要根据一定的目标、指标，采用合适的评价方式，对管理的效率、能力、服务质量、公共责任和社会公众满意程度等方面进行的判断，对政府公共部门管理过程中投入、产出、中期成果和最终成果所反映的绩效进行全面的测量和评估②。基于评估对象的不同，可以划分为政府组织绩效、政府人员绩效和公共政策绩效评估等领域③。政府绩效评价是一个循环流动的持续性和周期性的过程，通过不断地反馈和运用结果来实现提升政府绩效的目的，重点是对政府提供公共产品和公共服务的质量和效益进行评价，主要包含内外部评价、个人绩效评价和组织绩效评价等。

对于政府权责清单制度而言，其可视为政府限权履责的一项公共政策，对政府权责清单制度进行评价，即为一项公共政策绩效评价。任何制度运行一段时间以后，都应当进行阶段性的评价与总结，以便管理者及时发现其中不适宜的措施或安排，这样才能及时调整制度偏差，延长制度运行周期。作为我们党有效制约和监督政府权力的新探索，政府权责清单制度的推行可谓是“摸着石头过河”。在此情境下，如何确保制度的制定与实施不脱离预定目

① 陈振明．公共管理学［M］．北京：中国人民大学出版社，2018：355.

② 蔡立辉．政府绩效评估的理念与方法分析［J］．中国人民大学学报，2002（5）：93-100.

③ 贠杰．中国地方政府绩效评估：研究与应用［J］．政治学研究，2015（6）：76-86.

标，是制度推行者必须要思考的问题，而制度绩效评价则为我们提供了有益的解决途径。

从评价的意义上看，对政府权责清单制度实施效果进行评价，有助于我们获得与制度相关的信息，了解制度实际运行效果、明确制度优势和缺陷，比对制度目标的实现程度，找出实际绩效和期望绩效间的差距，分析差距背后的原因，并制定切实可行的绩效改进目标以获得良好实施效果的动力机制，促使制度运行更加优化，进而有利于政府信誉和形象的提升。

从评价的方法上看，评价应该以提高绩效、明确责任、增收节支和提升公众满意度为导向，运用科学合理的评价方法和技术来检验政府权责清单制度的实施是否达到预定的目标。政府绩效评价方法是在评价过程中所采用的各种技术和方法的总称。评价方法的选择是绩效评价的重要环节，决定了绩效评价结果的准确性。目前常用的绩效评价方法可分为三大类：宏观的理性主义方法、元评估方法、目标管理法等；中观的多指标综合评价法、满意度测评法、绩效审计方法和标杆管理方法等；微观的信度效度分析方法、抽样调查法、统计显著性检验技术等。

从评价的过程上看，首先需要确定增长、公平、民主和秩序等绩效评价的价值取向①，为科学的绩效评价标准的建立提供相关的理论依据，决定了整个政府绩效评价体系的合理性和科学化程度。其次，在政府绩效评估中，还需要确定有效评估的标准②，包含评价的有效性、准确性、时效性、可控性、广泛性和评价成本等。再次，除要整体规划和确定有效的评价标准之外，最重要的便是指标体系构建。政府绩效评估指标是评估内容的具体体现，具有

① 马宝成．试论政府绩效评估的价值取向［J］．中国行政管理，2001（5）：18-20.

② HARRY P，Performance Measurement Principle and Techniques：An Overview for Local Government［J］. *Public Productivity Review*，1980（4）: 312-339.

强烈的行为导向功能，通过指标的形式明确和强化了评估客体的工作要点及努力方向[①]。政府绩效评估指标体系的构建是一个系统流程，包括政府绩效的影响因素分析、绩效评估特征分析、绩效评估目标的分解、绩效评估指标的筛选与测评、指标权重的确定等五个基本环节，可分为三个层级架构：评估维度、基本指标和具体指标[②]。绩效指标可以运用关键绩效指标（KPI）、绩效要素结构、标杆管理或是围绕专题来设计[③]。同时，也可以按照绩效管理的一般理论，对其进行评估可以从投入、过程、产出、影响四方面进行思考，也有学者将其概括为4E标准，即经济/成本标准、效益/质量标准、效率/生产力标准和公平标准[④]。

上述对政府绩效评价的相关介绍，无疑能够为政府权责清单制度的实施效果评价提供思考的方向和路径。对于政府权责清单制度而言，对其进行绩效评价既是推进这一制度良性发展的必要手段，也是这一制度获得良好的实施效果的动力机制，更是提升政府信誉和形象的重要途径。为了对政府权责清单制度的实施效果进行客观的测量和系统的分析，要依据政府绩效评价理论中所要求的，在评价中需要给定计划时间表、形成控制系统、设置评价指标和构建指标体系。绩效评价指标体系的构建是整个绩效管理过程中最重要的环节，指标体系的有效性、合理性直接关系最终评价结果的科学性。在构建政府权责清单制度绩效评价指标体系时，需要牢牢贯彻新公共服务理论所倡导的“民主、责任和服务”理念，通过合理的制度安排，加强政府权责清

① 楚德江．我国地方政府绩效评估指标体系研究现状与前瞻［J］．学术界，2008（1）：40-48.

② 倪星．地方政府绩效评估指标的设计与筛选［J］．武汉大学学报（哲学社会科学版），2007（2）：157-164.

③ 卓越．政府绩效评估指标设计的类型和方法［J］．中国行政管理，2007（2）：25-28.

④ ［美］威廉·邓恩．公共政策分析导论［M］．谢明，杜子芳，付燕，译．北京：中国人民大学出版社，2002：437.

单制度绩效评价指标体系设计中的公众参与程度，并将公众满意度纳入评价维度中，强化公众评价的主体地位。虽然指标体系的构建较难摆脱主观判断的片面性，但是能够解决政府权责清单制度评价过程中效果难以量化的问题。因此，本书将以政府绩效评价理论为重要基础，结合政府权责清单制度的现实实践，运用政府绩效评价理论，进行政府权责清单制度的绩效评价，以构造出一套具有理论依据又方便现实操作的评价指标体系。

五、公共政策评估理论

科学完整的公共政策过程离不开政策评估与政策监控[①]。根据公共政策的概念界定，可以得出公共政策评估的性质是指依据一定的标准和程序，对政策过程的效果、效益、效率和公众回应加以判定，并由此决定政策变迁的过程。广义上看，公共政策评估是确定一种价值的分析过程；狭义上看，却是在调查一项进行中的计划，就其实际成就与预期成就的差异加以衡量。邓恩（2002）认为，“政策评估是要利用相关的信息来解决特定环境和背景下的所产生的公共问题，而关键信息的形成是需要通过质疑、询问、辩论等方法来推动的”[②]。陈振明（2003）则指出，“政策评估是一种政治行为，通过采用某种标准及程序对某一政策进行的评判，而评判的对象主要是该政策的效果、效率和价值，然后根据判断结果决定是否需要进行政策调整或制定新政策”[③]。公共政策评估作为政策运行过程的重要环节，在实际的政策过程中发挥着有效信息获取、检验政策结果、重新配置政策工具和资源、管理科学化和民主

① ［美］卡尔·帕顿，大卫·沙维奇.政策分析和规划的初步方法［M］.孙兰芝，胡启生，译.北京：华夏出版社，2001：185.

② ［美］威廉·邓恩.公共政策分析导论［M］.谢明，杜子芳，付燕，译.北京：中国人民大学出版社，2002：447.

③ 陈振明.公共政策分析［M］.北京：人民大学出版社，2003：266.

化等特点。具言之，加强公共政策评估，有助于检验政策的有效性、可行性，了解政策目标的实现程度，进而为政策继续、政策调整或政策终结提供参考依据；有助于政府判断公共政策的价值，决定各类资源的分配顺序及比例，让有限资源创造出尽可能大的利用价值；有助于总结经验教训，提高决策的科学化、民主化水平；有助于公共政策制定和执行人员起到间接监督的作用，以强化相关人员的责任感、使命感，促使他们科学构建和有效执行公共政策。

政策评估是一个非常复杂的过程，科学合理的政策评估会预先设立一套完整评估指标体系，不仅能为政府制度运行的绩效提供明确的标准，同时在一定程度上会加强公共部门，特别是政府工作人员的责任感，促使行政主体朝着既定的目标努力，尽可能地实现甚至是超越设定的标准，因此公共政策评估标准也是评估时需要着重思考的问题。标准是衡量事物的准则，确定评估标准，是公共政策评估工作顺利进行的前提和必然要求。目前，学界尚未形成对公共政策评估标准的一致性认识，主要原因在于学者对研究对象的界定还存在较大的分歧，争论的焦点在于是将政策结果还是政策方案作为评估对象。其中，威廉·邓恩（2002）认为，应当将效果、效率、充足性、公平性、回应性、适宜性六大特性作为政策评估标准[①]。英国学者杰弗里·维克斯（2004）认为，有效的公共政策应当具备以下功能：优化自我保持功能、保持动态平衡的功能、优化功能性绩效的功能、增长功能[②]。张润泽（2010）认为，公共政策评估标准体系中应当包含以下标准："形式、事实和价值"，并从这三个维度出发，分别探讨了公共政策的形式合法性、公共政策结果的有效性以

① ［美］威廉·邓恩．公共政策分析导论［M］．谢明，杜子芳，付燕，译．北京：中国人民大学出版社，2002：450.

② ［英］杰弗里·维克斯．判断的艺术：政策制定研究［M］．陈恢钦，徐家良，张闯，译．北京：中国青年出版社，2004：131-132.

及公共政策价值的合理性[①]。张国庆（1997）提出了两个公共政策评估的标准：一个是对单元评估的次要标准；另一个是政策评估的首要标准，即建立在次要标准基础之上的，对政策整体评估的标准[②]。虽然有关公共政策评估标准的类型比较多，但综合分析已有研究观点，可以发现这些标准的作用及功能大致相同。

显然，很难找到一套科学且具有普遍适用性的政策评估标准。只能根据评估对象的特征、评估重点、现有评估技术等选取较为满意的评价标准。因此，在对政府权责清单制度进行评估之前，对指标体系的构建，以及每个具体评估指标的设计都应遵循一定的原则，使政策评估能朝着评估结果客观公正、促进资源有效配置和提高政府绩效的方向发展。已有研究也从不同的标准出发，将公共政策评估划分了不同类型：基于政策评估组织的活动形式，分为正式评估与非正式评估；基于政策评估机构所处的地位，可分为内部评估与外部评估；基于政策评估对象的数量，分为单一政策评估与复合政策评估[③]。从评估的阶段来看，公共政策评估还可分为预评估、过程评估和结果评估。其中，预评估是在政策执行前的一项评估，是对政策可行性、优缺点、有效性和影响等的评估。过程评估是对政策运行过程所进行的评估，其价值在于能够根据政策执行的实际效果，做出是否进行政策调整的决定。结果评估是在政策执行结束之后，对该政策所取得的结果的评估，包括政策产出的评估和政策影响评估。标准建立后，公共政策评估指标体系构建上应重点兼顾主观和客观指标、定性和定量指标、个性和共性指标、当期与未来指标，

① 张润泽．形式、事实和价值：公共政策评估标准的三个维度［J］．湖南社会科学，2010（3）：31-34.

② 张国庆．现代公共政策学导论［M］．北京：北京大学出版社，1997：194-196.

③ 刘明然．推进我国公共政策评估的思考［D］．长沙：湖南大学，2006.

并用逐级等权法、主客观赋权法等方法为指标合理赋权[①]。

对于政府权责清单制度来说，作为公共政策的一项具体的制度，对其进行评估关系着这一制度制定和执行过程以及调整过程中的功能发挥，需要遵循公共政策评估理论的相关步骤和要求。对政府权责清单制度进行评估是制度运行中必不可少的环节，有利于对制度实施后的效果、效益、效率以及公众回应性进行科学合理的研判，从而为制度的优化设计提供思考的方向和前进的步伐。同时，评估不在证明，而在改进政策过程，政策评估的工作就是发现并修正政策的误差[②]，以提高政策的有效性、可行性，提高政府决策的科学化、民主化水平。

结合前文的分析，本书根据公共政策绩效评估所处阶段，从预评估、过程评估和结果评估三个阶段入手，而公共政策本身就是一个周期性的过程，公共政策评估应包含对政策的整个周期进行评估。根据政策评估是对政策全过程评估的原则，可以把政府权责清单制度的评估划分为三个阶段，即制度制定、制度实施、制度结果。同时，公共政策评估是一个技术属性和价值属性兼备和混合的过程，既是为了测量目标的实现程度，也需要在评估中了解利益相关者的诉求和意见[③]。此外，新公共服务理论对公民权和公共利益的重视，加之一切权力属于人民，公共政策的制定必须以人民的需要和公共利益的实现为出发点，也启示我们：政府权责清单制度最直接的受众群体——公众，其对这一制度的满意度是一个不可或缺的衡量标准，是评估政府权责清单制度时需要重点关注的一个环节。

综上所述，本书主要的基础理论主要包括了新公共服务理论，有限政府

---

① 应晓妮，吴有红，徐文舸，等．政策评估方法选择和指标体系构建［J］．宏观经济管理，2021（4）：40-47.

② 朱志宏．公共政策［M］．中国台北：三民书局，1995：299.

③ 鄞益奋．公共政策评估：理性主义和建构主义的耦合［J］．中国行政管理，2019（11）：92-96.

理论、权力制约监督理论、政府绩效评价理论，公共政策评估理论等，如表2-2所示。进一步，笔者在相关理论的内涵及特征，对本书研究议题的启示的阐述过程中，将政府权责清单制度的评价分为制度制定、制度执行、制度结果和公众满意度四个部分，后续有关政府权责清单制度指标的构建分析，主要围绕这四个部分展开。

表2-2　相关理论对本书研究议题的启示

理论名称	内涵及特征	对本书研究议题的启示
新公共服务理论	新公共服务理论肯定了公共利益在政府工作的中心地位，公共利益应当作为政府工作的主要价值目标和行政管理者的职责所在及行动指南，公共行政的核心问题就在于确保行政管理者能够代表并且回应民众利益	政府权责清单制度“让人民监督权力，将权力关入透明的制度之笼，让权力在阳光下运行”，是规范权力运行和加强权力监督制约的手段和最终目标
	公共服务强调“复合责任”，认为责任并不是单一的。政府工作人员不应当只关注市场，也应该关注宪法和法令，关注社会价值观、政治行为准则、职业标准和公民利益。强调公民参与对公共责任保障的意义和作用，将公民参与作为公共责任落实的基础	“有权必有责，权责须统一”是政府权责清单制度建立和完善的重要原则。建立有效的责任机制，确保政府责任尤其是服务责任得以保障和落实。责任清单将行政主体的“应尽之责”和“后果责任”以清单的方式予以公开，让公民参与监督活动，对政府部门及其工作人员的权力行使过程形成了直接的外部约束和责任考量
	新公共服务认为，政府的主要工作在于服务而非掌舵，要求政府工作人员不仅只扮演服务提供者的角色，他们将越来越多地扮演调解、协调甚至裁决的角色。同时，也需要强化政府的社会管理职能和公共服务职能	将服务理念贯彻到政府权责清单制度的构建上，让服务意识内化于政府工作人员的思维和行动中，不仅有助于提升政府的服务质量，为民众提供更多优质的公共产品及公共服务，还能最大限度防止政府权力的越位、缺位和错位，进而推动服务型政府的建设
	新公共服务理论认为，能够为社会做出有益贡献的政府工作人员比企业家在做决定方面更加谨慎。行政官员不是政府的所有者，公民才是，公共资金也应当由全体公民所有，强调行政过程中公民的参与，认为政府工作人员需要同公民协同工作	阳光行政是政府权力清单制度的最大特点；这个制度安排的关键就在“清单”二字，就在公开；“阳光”是最好的反腐剂，使社会公众及组织在权力监督中追责问询有依据，真正实现更为有力的权力监督

（续表）

理论名称	内涵及特征	对本书研究议题的启示
有限政府理论	就权力的来源而言，有限政府论强调政府权力因人民的授予而具备先天合法性，而作为“代理者”的政府，其行政权力必将受到人民的制约和监督。换言之，政府权力不是无限的，而应具备有限行权边界	政府权责清单制度在推行过程中，应依照法律全面梳理各项权力事项，明确权力事项的实施主体及实施范围，最大限度地规范行政主体的自由裁量空间
	在政府权力行使过程中，除确保权力运行合法外，应当以满足公众、社会及市场的需求为目标，充分保障行政相对人的基本权益、合法诉求及必要自治空间	在政府权责清单制度的梳理过程中，可以将某些能由公民、市场等主体完成的事项交由社会主体进行。尤其是在涉及公共物品和服务供给问题时，公民作为公共物品和服务的“消费者”，最了解自身的公共需要
权力制约监督理论	以权力制约权力：通过分权，将国家权力交由不同权力主体来行使，明确各权力行使边界，以此建立相互制约和监督的关系	在实践中，我国主要是通过建立决策权、执行权、监督权三者相互制约和协调的权力结构和运行机制，使权力运行实现公平、廉洁、高效
	以权利制约权力：人民拥有主权，国家主权来自人民的让渡，政府代表人民行使权力。因此，人民对国家有天然的监督权	在构建政府权责清单制度时，应当给予公民相应的监督权利，让公民作为重要外部监督主体参与其中，必定能对权力腐败、异化起到一定的限制作用
	以法律制约权力：通过对权力的刚性约束来规避权力的随意性和人格化，法律以条文的方式对权力的授予、行使和监督都进行了明确的规定，任何违法行为都必须接受相应的惩处，能够给运权主体造成强大的威慑作用	政府权责清单制度建立和推行与以法律制约权力的目标一致，通过对政府权责清单的梳理，促使权力按照程序来透明地运行。此外，在对政府权责清单制度进行评价时，也应当关注各项权力的梳理及行使和责任的履行是否符合法律法规的要求
	以责任制约权力：根据权责一致、权责相当的原则科学配置权力，并建立相应的责任追究机制，明确规定任何行政主体都需要对行使权力的后果负责，以确保权力在正常轨道上运行	政府权责清单制度必须遵循“权责一致”的原则构建。此外，对该原则进行评价时，权力清单和责任清单的一致性、互嵌性也可作为重要的评价内容之一

（续表）

理论名称	内涵及特征	对本书研究议题的启示
政府绩效评价理论	基于评价对象的不同，政府绩效评价可以划分为政府组织绩效、政府人员绩效和公共政策绩效评价等领域	政府权责清单可以视为政府限权履责的一项公共政策，对政府权责清单制度进行评价即为一项公共政策绩效评价
	绩效评价方法可分为三大类：宏观的理性主义方法、元评估方法、目标管理法等；中观的多指标综合评价法、满意度测评法、绩效审计方法和标杆管理方法等；微观的信度效度分析方法、抽样调查法、统计显著性检验技术等	本书拟运用层次分析法（AHP）构建政府权责清单制度实施效果的评价指标体系。同时，运用德尔菲法对指标进行赋值，进而构造出一套既具有理论依据又方便现实操作的评价指标体系
	绩效评价的价值取向是评价的基础，能为科学的绩效评价标准的建立提供相关的理论依据，决定了整个政府绩效评价体系的合理性和科学化程度	政府权责清单制度的最终目的是维护与实现公共利益，所以，将公共利益作为政府权责清单制度绩效评价指标体系构建的价值取向最为合理
公共政策评估理论	公共政策绩效评估根据所处阶段可分为预评估、过程评估和结果评估三种类型	公共政策本身就是一个周期性的过程，公共政策评估应包含对政策的整个周期进行评估。因而，政府权责清单制度的评估也可以划分为三个阶段：制度制定、制度执行及制度结果
	在公共政策评估主体的研究中，公众需要被纳入公共政策的评估主体中	公众对政府权责清单制度三个阶段的满意度是一个不可或缺的衡量标准，也是评估政府权责清单制度时需要重点关注的一个环节

第三章　政府权责清单制度的改革历程与现实图景

政府权责清单制度在当今公共议题讨论中日渐兴盛，其制度建构慢慢走向成熟并取得显著的成效。在前文的基础上，通过对这一制度的实施背景、演进轨迹、发展特点、实践检视进行梳理，有利于对这一制度进行总体把握，既能为进一步理解政府权责清单制度的发轫渊源及延展过程奠定基础，也能为思考如何进行科学评价以及推进这一制度提供实践参照。

第一节　政府权责清单制度的实施背景

推行政府权责清单制度，是国家治理体系和治理能力现代化的重要举措。要想对这一制度有更清晰的认识，首先需要对其实施背景有一个全面的理解。本章首先基于相关政策文本对政府权责清单的外在环境和内在动因等实施背景进行分析，为政府权责清单制度的演变轨迹和实践检视探讨提供一定基础。

一、构建政府权责清单制度的外在环境

政府权责清单制度是基于政府发展和改革提出的新举措，其出台的外在环境根植于发展的现实需要，既基于权力合法性的制度性基础，又立足于推

进“放管服”改革进程的需要，也来源于“新常态”背景下建设现代政府的现实性需求，更起因于中国治理能力现代化和中国治理实践深化的切实要求。

（一）政府权责清单的制度性基础

权力合法性是行政权力清单改革的基石。2013年，《中共中央关于全面深化改革若干重大问题的决定》中就明确要求地方各级政府及其工作部门建立并推广政府权力清单制度，依照法律法规公开政务权力的运行流程①。2014年，《中共中央关于全面推进依法治国若干重大问题的决定》中也指出要坚持把信息公开为常态、不公开为例外作为准则，以此推进决策—执行—管理—服务—结果的全公开②。2015年3月，《关于推行地方各级政府工作部门权力清单制度的指导意见》中指出，以建立权力清单和相应责任清单制度的方式来进一步明确地方各级政府工作部门职责权限，并加快形成权力边界清晰、权责对等一致的政府职能体系和科学有效的权力监督和制约机制③。这三份从中央层面下发政策文件，为政府权责清单制度的构建提供了合法性依据，同时也为政府权责清单制度的未来建设目标指明了方向，奠定了推行政府权责清单的制度性基础。与此同时，2015年3月，新修改的《中华人民共和国立法法》第八十二条指出，省、自治区、直辖市和设区的市、自治州的人民政府，可以根据法律、行政法规和本省、自治区、直辖市的地方性法规，制定规章④，也为政府权责清单制度改革提供了法律依据。总体而言，政府权责清单制度的产生源于行政权力与行政责任之间的脱节，但相关法律

① 中共中央．中共中央关于全面深化改革若干重大问题的决定［N］．人民日报，2013-11-16（1）．

② 中共中央．中共中央关于全面推进依法治国若干重大问题的决定［N］．人民日报，2014-10-29（1）．

③ 中共中央办公厅，国务院办公厅．中办国办印发《关于推行地方各级政府工作部门权力清单制度的指导意见》［N］．人民日报，2015-03-25（1）．

④ 中华人民共和国立法法［N］．人民日报，2015-03-19（1）．

法规和政策文件的出台能够为解决这种脱节提供制度保障，构成政府权责清单的制度性基础。

（二）推进“放管服”改革进程的需要

党的十八大以来，党中央、国务院着眼于推进国家治理能力现代化，加快转变政府职能，实行“放管服”改革（简政放权、放管结合、优化服务）。作为政府深化改革的“先手棋”，“放管服”改革通过转变政府职能范围、重组部门结构和完善制度建设，进一步带动政府提供公共服务行为的变革。在2014年度政府工作报告中，制定权力清单、负面清单和责任清单被正式提出[①]，明确了“放管服”改革实践的方向。政府权责清单通过清权、确权、亮权提供了各层级各领域权责的“数据库”，由易到难分期分批提出改革事项并对照清单分门别类地进行盘点分析，实现了将工作成果向政府职能精细化管理、绩效管理、机构改革等领域拓展的目标，充分发挥了“放管服”改革的综合效应。如，在推进“放管服”改革中，北京市2017年就对市、区两级政府部门权力事项进行缩减调整，制定了市、区两级统一的政府权力清单[②]。同时，北京市继续加大清理中介服务事项，清理和减少企业和群众办事中的各类非必须证明材料，完成了各级政府面向法人和个人的公共服务事项制定工作，对激活市场活力，便利群众生活发挥了重大作用。总体而言，“放管服”改革作为近年来政府持续推进的一项重点工作，其对政府权责的重新调整和规范，能够直接推动政府权责清单制度的发展及完善。

---

① 李克强．政府工作报告［N］．人民日报，2014-03-15（1）．

② 北京市人民政府办公厅．北京市人民政府办公厅关于印发《北京市进一步深化简政放权放管结合优化服务改革重点任务分工方案》的通知［J］．北京市人民政府公报，2017（37）：24-37.

（三）建设现代政府的现实性需求

随着经济“新常态”的深化，要求与之相适应的是行政“新常态”。李克强总理2014年12月在国务院常务会议上强调，“中国经济向中高端迈进，打造中国升级版，必须转变政府职能，建设现代政府”[①]。构建现代政府已经在世界范围内成为一种普遍的追求，其一大特征便是由法律规定的固定的、正式的权限范围，也就是强调政府的职权范围必须以法律为规范，不能超越法律界限。现代政府所蕴含的权责法定化、精简化、对等化、公开化等特征，已经成为政府、市场和社会的共同价值追求。近年来，政府部门在实践中从简政放权、依法行政和政府信息公开三个方面对建设现代政府做出了巨大努力，并取得了显著成效。其中，“政府信息公开”具有稳固简政放权与“依法行政”所取得的政策成果的功能作用，因而根据政府权责清单制定要求，各级政府部门要向社会公众全面公开政府职能、法律依据、实施主体、职责权限、管理流程、监督方式等事项，进一步实现政府信息公开的深化。政府权责清单制度是随着“简政放权”“依法行政”和“政府信息公开”的发展和不断深化所形成的制度性产物。反之，政府权责清单制度又能够促进简政放权、依法行政和政府信息公开。这三者统一于建构现代政府的实践，带来了政府权责清单制度的入场，能够列明政府部门所行使的面向法人、公民和其他组织的职权和职责，并依法公开，极大地提高了政府主体为社会提供公共服务的效率等。

（四）治理能力现代化的切实要求

如何通过制度建设充分调动特色社会主义制度的治理优势和治理效能是国家治理的一个长期命题，政府权责清单制度建设就是回应这个命题以呈现

---

① 人民日报．李克强主持召开国务院常务会议［N］．人民日报，2014-12-13（1）．

中国智慧的一大举措。党的十九届四中全会《中共中央关于坚持和完善中国特色社会主义制度、推进国家治理体系和治理能力现代化若干重大问题的决定》明确提出要坚持和完善中国特色社会主义行政体制，实行政府权责清单制度，构建职责明确、依法行政的政府治理体系，建设人民满意的服务型政府[①]。推进国家治理体系和治理能力现代化的核心是坚持和完善中国特色社会主义制度，政府权责清单制度自上而下涉及国家治理现代化的各个层面。一方面，政府权责清单制度遵循社会主义市场经济发展规律，进一步划清政府与社会的界限，完善国家治理体系，使国家治理能力更加制度规范、民主科学；另一方面，政府权责清单制度以法律法规为基础，将政府权力公开明确，能够更好地杜绝公众权利被政府权力侵蚀，有助于形成稳定良好的政治秩序。在推进和完善政府权责清单制度这一过程中，有助于国家治理的目标更加明确和治理手段更加多元，社会、市场和政府的多方关系也更加融洽。总体而言，作为国家治理体系和治理能力现代化的一个关键突破点，政府权责清单制度的完善体现了中国治理实践的深化。

二、推进政府权责清单制度的内在动因

推进政府权责清单制度建设的动因是多维的，既有建设创新型政府、法治政府、廉洁政府和服务型政府的必然性，又有对国家治理体系和治理能力现代化制度性回应、顺应社会主义市场经济需要、助推政府转型的创新探索和实现人民当家作主的必要性，更有制度自身具备的正当性、强制性和保障性的可行性。

① 人民日报．中共中央关于坚持和完善中国特色社会主义制度 推进国家治理体系和治理能力现代化若干重大问题的决定［N］．人民日报，2019-11-06（1）．

（一）推进政府权责清单制度的必然性层面

首先，推行政府权责清单制度是建设创新型政府的必然。政府创新不仅直接关系行政效率和执政能力，也从根本上关系经济发展、政治民主和社会稳定[①]。创新型政府作为政府管理现代化的发展趋势，指的是公共权力部门为提高行政效率和增进公共利益而进行的创造性改革[②]。全面推进创新型政府建设，是实现政府职能转变的必经历程，有利于深化行政体制的改革工作。同时，也是实现国家治理体系和治理能力现代化的必然要求。创新型政府的核心工作之一就包括要实现政府职能全方位转变，该放的权力一个不留，该管的事情一个不少。政府权责清单制度的设立正中要义，通过充分还权于社会，能够激发各类市场主体在参与市场活动中的创造活力，提高促进经济增长的内生动力，充分发挥市场在资源配置中起到的决定性作用。总体而言，政府权责清单制度的确立能切实转变政府职能，有效解决政府职能缺位或越位的问题，并为政府职能部门减负，让政府把工作重点转到为市场经济发展创造公平发展环境上来。

其次，推行政府权责清单制度是建设法治型政府的必然。党的十八届四中全会通过的《中共中央关于全面推进依法治国若干重大问题的决定》指出，加快建设职能科学、权责法定、执法严明、公开公正、廉洁高效、守法诚信的法治政府[③]。其中，推行政府权责清单制度是建设法治政府、依法执政的重要措施，也是依法治权、提升国家治理能力现代化、加快社会治理创新的重要内容。一方面，政府权力清单制度要求法无授权不可为，使每一项权力和

---

① 俞可平．大力建设创新型政府［J］．探索与争鸣，2013（5）：47-49.

② 何良．创新型政府建设中的体制改革研究——以南京市为例［J］．中共南京市委党校学报，2018（2）：76-80.

③ 人民日报．中共中央关于全面推进依法治国若干重大问题的决定［N］．人民日报，2014-10-29（1）.

责任的设定都必须做到有法可依，弥补了权力运行漏洞；另一方面，政府责任清单制度的核心要义是法定职责必须为，要求政府把该负的责任负起来，将该管的管住管好。总体而言，政府权责清单制度编制依法依规，将政府权责事项面向全社会公开，把除政府主体以外的力量引入到改造和完善行政权责体系中来，符合全面依法治国和建设法治政府的要求。

再次，推行政府权责清单制度是建设廉洁型政府的必然。全面从严治党、党风廉政建设和反腐败是廉洁政府建设的关键，而构建不敢腐、不能腐、不想腐的制度机制则是廉洁政府建设的核心[①]。党的十八届六中全会通过的《关于新形势下党内政治生活的若干准则》提出，要实行权力清单制度，公开权力运行过程和结果，健全不当用权问责机制，把权力关进制度笼子，让权力在阳光下运行[②]。政府权责清单制度让行政权力、行政责任公之于众，权责事项、设定依据、运行流程、追责情形、问责依据等一目了然，无所遁形，既维护了公民的知情权、监督权等权利，又营造了行政权力施行者不敢腐、不能腐的良好风气。总体而言，推行政府权责清单制度，能够使政府部门在行使行政权力时，依法有据、程序规范、公开透明，强化了对行政权力运行的监督制约，消除了权力设租寻租空间，堵住了腐败滋生的漏洞，是建设廉洁政府的必经之路。

最后，推行政府权责清单制度是建设服务型政府的必然。简政放权、放管结合，建设服务型政府是党的十八大以来中国新一轮行政体制改革的最强音，也是从中央到省、市再到最基层都在积极探索的最重要改革命题。党的二十大报告中进一步指出，要“深化简政放权、放管结合、优化服务改革”[③]。

① 崔浩，桑建泉．责任清单制度的建构理念与责任关系［J］．行政管理改革，2015（6）：61-64.

② 人民日报．关于新形势下党内政治生活的若干准则［N］．人民日报，2016-11-03（5）．

③ 习近平．高举中国特色社会主义伟大旗帜 为全面建设社会主义现代化国家而团结奋斗［N］．人民日报，2022-10-26（1）．

政府权责清单制度是一项着力强调便民性和服务性的制度，它的一大目标在于最大限度地简化了清单内容和形式，梳理出企业民众最关心也是联系最紧密的行政职权事项，编制出企业民众简明易懂的事项办理流程和服务指南，真正做到让企业和民众在办理事项时能够既看得懂又用得上，让企业和民众享受到政府权责清单制度带来的办事便利。同时，编制简明权力运行流程图和办事服务指南，既可以让各级各部门行使行政权力有章可循、有据可依，也可以让群众看得懂、记得住、用得好，是政府履行职能的“承诺书”和社会公众办事的“说明书”，很好地提升了政府行政服务效能。总体而言，通过清权、确权、晒权、制权等一系列举措，实现了清单之外无权力，能够有效遏制政府部门的不作为、乱作为，也能切实增强群众对政府的信任感和满意度，推进服务型政府的建设。

（二）推进政府权责清单制度的必要性层面

首先，构建政府权责清单制度是对国家治理体系和治理能力现代化的制度性回应。面对新时代新任务提出的新要求，党和国家机构设置和职能配置同统筹推进“五位一体”总体布局、协调推进“四个全面”战略布局的要求还不完全适应，同实现国家治理体系和治理能力现代化的要求还不完全适应[①]。针对一系列问题，党的十九届四中全会通过的《中共中央关于坚持和完善中国特色社会主义制度推进国家治理体系和治理能力现代化若干重大问题的决定》中提出要把推进政府权责清单制度作为构建职责明确的政府治理体系的重要推手，加快建设人民满意的服务型政府步伐[②]。政府权责清单制度是

① 人民日报．中共中央关于深化党和国家机构改革的决定［N］．人民日报，2018-03-05（1）．

② 人民日报．中共中央关于坚持和完善中国特色社会主义制度 推进国家治理体系和治理能力现代化若干重大问题的决定［N］．人民日报，2019-11-06（1）．

把制度优势更好转化为国家治理效能以推进国家治理体系和治理能力现代化的重要举措，是贯彻落实全面依法治国的战略部署，彰显了国家制度和国家治理体系的显著优势。政府权责清单制度涉及国家治理的方方面面，逐步完善政府权责清单制度的过程也是国家治理体系和治理能力现代化不断深化的过程。总体而言，政府权责清单制度致力于厘清政府权力和责任，将政府权力和责任明确化、规范化，更好地保障公众权利，助力稳定良性政治秩序的形成。

其次，推行政府权责清单制度是顺应社会主义市场经济的需要。在新时期的经济发展大环境中，权力对市场的干预越多，市场的活力就越弱。特别是种类繁多、程序冗长的行政审批权，已经成为经济社会发展的制约因素。政府权责清单制度是实施行政体制改革的重要手段之一，是行政权力行使的基础，其事项构成、设定依据、行使层级与运行发展状况直接决定着行政管理效能的高低，也决定着市场经济发展的好坏。相反，权责事项模糊、权责关系混乱、部门间职能交叉，会造成行政管理资源浪费，效能低下，从而影响市场经济良性发展。按照国务院《推进简政放权放管结合职能转变工作电视电话会议》提出的五个“再砍掉一批”决议（再砍掉一批审批事项；再砍掉一批审批中介事项；再砍掉一批审批过程中的繁文缛节；再砍掉一批企业登记注册和办事的关卡；再砍掉一批不合法不合规不合理的收费），最大限度地精简了审批事项，从根本上理顺政市关系与政社关系，凡是市场主体能够自主决定、自担风险的事项，政府减少干预，只起到维护秩序、提供公共服务的作用①。同时，政府权责清单制度中的负面清单管理模式，在运行方式上推动了社会主义经济的市场化与法治化，有助于社会主义经济机制的完善，

① 李克强．简政放权 放管结合 优化服务 深化行政体制改革 切实转变政府职能［N］．人民日报，2015-05-15（2）．

通过法治建设推动法治经济发展。

再次，政府权责清单制度是助推当前政府转型的创新探索。当前，政府的行政权力总体边界不清，行政权力过度集中在政府手中，各级政府掌握着种类繁多且数量庞大的行政权力。政府不是万能的，也不该是万能的，权力过度集中将导致政府的“负重前行”，同时整个社会发展也会被缚住手脚，缺乏活力，这就需要实行政府权责清单制度，厘清政府和市场、政府和社会关系。因此，厘清政市、政社关系，明确政府内各部门和层级之间的职责边界，以制度形式划定政府行政权力的行使范围成了当前政府转型的首要任务。政府权责清单制度对行政权力活动范围予以规定，让每个权力岗位职责范围对行政人员和公众而言都一目了然，行政权力是否存在缺位或越位公众都能一清二楚，有助于公众更好地发挥对行政权力行使的监督制约作用。当前，对政府与社会的权力边界究竟如何划分莫衷一是，但政府权责清单制度的推行无疑是明晰政府权责边界，促进政府由“全能型政府”向“有限型政府”转变的创新实践。

最后，开展政府权责清单制度是实现人民当家作主的积极举措。公共权力源于人民用于人民，理应还政于民。政府权责清单制度摸清了权力的“家底”，除事关国家机密的行政权力外，其余行政权力的行使均在强制公开之列。同时，政府及其工作人员应该如何行使权力也都有严格规定，使得权力暴露在阳光之下，权力运行也越来越透明。政府权责清单让人民群众有机会了解政府权力运行的实际情况与法律法规规定的实际差距，以及政府权责不对等、责任落实不到位的情况。政府主动公开权力清单和责任清单，推行政府权责清单制度，打破了“民可使由之，不可使知之”的陈旧观念，为公民知情权、参与权、表达权、监督权等民主权力行使，提供了一条合法便捷路径。尤其是在保障公民监督权上，政府权责清单制度把政府的所思所想、一举一动，都放在了“阳光”底下，政府行使权力过程中一旦出现不正当行为都在公众眼皮底下，对行政权力起到了强大的约束作用。总体而言，政府权责清单制度严格限制了政府部门和公务人员行使自身权力的自由度，压实了政府部门和公务人员必须肩负的责任，既能对行政权力行使者起到警戒约束作用，打破权力的垄断，也能让权力行使者明白有权必有责，行使权力必须负起责任，真正做到权为民所用，实现人民当家作主。

（三）推进政府权责清单制度的可行性层面

首先，政府权责清单制度的可行性建立在其自身具备的制度正当性和有效实施的基础上。科学合理是制度可实施性的根本依据，政府权责清单制度进行科学的清权、减权、确权、晒权、制权，“权力清理”不仅在总体上遵照“清理依据”，而且针对各项行政权力和政务服务事项的清理标准，也是依据现行法律法规和规章的规定进行[①]，符合国家治理体系和治理能力现代化的目标。同时，制度的实施可切实做到法无授权不可为、法定职责必须为，防止法外设权和权力寻租。换言之，政府权责清单制度明确了哪些可以做和哪些不能做，规定了每项权力的实施路径，即明确了实施的具体执行程序和标准。例如，在执行行政处罚权的过程中，对适用简易程序、适用一般程序等内容进行明确，把法律原则性条款的内容转化为可实施的程序规定。

其次，政府权责清单制度的可行性体现在它对政府部门工作人员的强制性，使制度的执行者对制度有认同、可遵守、能执行，保证了制度实施的效果。判断一个制度能否得到有效实施，除了该制度本身应当具备正当性和合理性以外，还要求执行者是否因为畏惧惩罚（即强制）或可获得收益（即自

① 宋国涛．行政自我规制的行动图景——湖北省省级行政权力清理活动述评［J］．湖北社会科学，2013（8）：62-66.

愿）而遵守制度规则。近年来，各地各部门着力建立健全权力运行监督体系，通过党内监督、司法监督、政务公开等一系列举措，确保严格执法落到实处。就目前实施情况来看，政府权责清单制度是获得执行者认同和遵守的，且具备较高的执行程度。同时，政府权责清单制度也明确规定了违反权力行使，要负什么样的责任，一定程度上确保了权责一致性。

最后，相配套的监督机制、动态调整机制为政府权责清单制度的可行性提供重要保障。制度的可行性必须借助与之相配套的机制进行有效运转，政府权责清单制度有赖于监督机制、动态调整机制等制度内含的机制的有效保障。这些机制与政府权责清单制度同时并存、互相依存、协同互补。如果缺失了这些相配套的实施机制，不仅政府权责清单制度有效实施的目标会落空，而且政府权责清单制度本身的正当性也将会受到质疑和挑战。目前，全国各地省级、市级政府都出台了相应的政府权责清单管理办法，虽然各地略有不同，但总体上相关管理办法都内含了统一监督和动态管理机制，能够实现政府权责清单制度的自我更新和长久运行。

第二节　政府权责清单制度的演进轨迹

作为实现制约与监督公共权力的新举措，政府权责清单制度的推行是一个螺旋式上升的过程。基于相关政策文本和各地政府的具体实践，对政府权责清单制度的演进轨迹进行详细梳理和分析，有利于了解这一制度发展的脉络，把握该制度演进历程，并丰富政府权责清单制度的相关研究。总体而言，政府权责清单制度的演进轨迹总体上经历了初现端倪（2000—2008 年）、试点导入（2009—2014 年）和规范推广（2015 年至今）三个阶段。

一、初现端倪阶段（2000—2008年）

政府权责清单制度初探阶段主要发端于2000年前后国内启动的对行政机关具体行政行为全面规范的工作，政府权责清单制度初现端倪。随后，地方关于权力清单的探索先于对责任清单的探索。2004年，河北省外经贸厅原副厅长李友灿收受贿赂高达4744万多元所暴露出的政府行政权力异化严重的问题，推动了权力公开透明运行机制探索。2005年2月，河北省委、省政府批转了省纪委、省监察厅《关于开展推进行政权力公开透明运行试点工作的意见》，决定先在邯郸市政府、省商务厅、省国土资源厅进行试点，开始了通过制定权力清单的形式来防止权力腐败的探索实践[①]。随后不久，国内首份市长"权力清单"在邯郸出台，邯郸成为全国第一个公开政府行政权力的城市。邯郸市在纪委监察局专门下设行政权力公开透明运行办公室，用纪律手段来推动行政权力清理工作。经过层层审核，一个包括384项行政许可权、420项非行政许可权、521项行政处罚权、25项征税权、184项行政事业性收费权的权力清单浮出水面，每一项权力的使用流程图也随之公布，接受全社会的监督。同时，邯郸市政府把市长权限定为93项并将之汇总编成了目录，对全社会公开，这也是我国第一个市长"权力清单"[②]。同年，国务院办公厅印发了《关于推行行政执法责任制的若干意见》，各地方、各部门据此制定、修改、废止了一批职责交叉以及与上位法相抵触的执法依据，被群众誉为厘清行政权力的"权力清单"[③]。2006年，海南省海口市政府下发《关于印发海口市行政执法依

---

① 中国政府网.河北深入推进行政权力公开透明运行试点工作［EB/OL］.（2005-08-22）［2023-03-10］.http：//www.gov.cn/zfjs/2005-08/22/content_25313.htm.

② 徐彬.国内首份市长"权力清单"［N］.南方周末，2005-08-25（A4）.

③ 国务院办公厅.国务院办公厅关于推行行政执法责任制的若干意见［J］.中华人民共和国国务院公报，2005（24）：14-17.

据梳理实施工作方案的通知》，正式启动行政执法主体的清理确认和依据梳理工作，第一次把海口市行政执法的“家底”查明白[①]。通过对全市具有行政执法主体资格的部门（包括法律法规授权的组织，以下简称行政执法部门）具体实施的现行有效的法律、法规和规章及规范性文件进行梳理分类，明确行政执法主体资格，确认各类执法行为的合法性。海口市将梳理后的行政执法依据和执法职责汇编，它不是简单的行政执法部门的执法依据汇总，也不是法律法规的简装本或者摘录，而是行政执法机关的执法权力“会计账簿”，是行政执法机关“权责明确”的体现。总体而言，继邯郸之后，全国各地开始对公布“权力清单”进行探索，北京、四川、浙江等地相继启动了晒权力清单工作，助推了政府权责清单制度的建设。

二、试点导入阶段（2009—2014 年）

地方基层公权力“祛魅”的试验进程，悄然从行政权力的自我革命走向党委权力的自律自省，标志着权力改革开始触及核心领域[②]。2009 年，江苏省徐州市睢宁县、河北省邯郸市成安县、四川省成都市武侯区等三地开展“县委权力公开透明运行”试点。其中，睢宁县采取“一述双评三监督”的方式，对失职干部进行问责，对县委权力进行监督，在问责制度建立、审批事项缩减、用人制度调整、限权制度改革、县委权力下放过程中逐步实现了“权力清单”的形成[③]；成安县实行“通透式办公”以便利群众上访，在干部选任和

① 央视国际 . 启动行政执法依据梳理 海口打造“权力清单”［EB/OL］.（2006-08-29）［2023-03-10］. http：//news.cctv.com/law/20060829/101425.shtml.

② 四川省人民政府 .“权力清单”指引行政审批制度改革 有效管住“政府的手”字号［EB/OL］.（2014-04-04）［2023-03-10］. https：//www.sc.gov.cn/10462/10778/12802/12867/2014/4/4/10297775.shtml.

③ 杨敏 . 江苏睢宁试点县委权力公开透明［J］. 法治与社会，2010（12）：50-53.

管理上推出民意否决制，对职权进行清理和划分，交出了全国第一张县委书记权力清单[①]；成都市武侯区确权勘界，厘清权限规范程序，通过公告栏、媒体、互联网等多种形式公开权力，在干部选任上“一把手”主动“削权”，促进县委权力公开透明运行[②]。此次由中纪委、中组部主导的县委权力公开运行试点工作，旨在去除权力的神秘感、封闭性，通过梳理权力事项，公布“权力清单”，把权力运行的真实情况向党员群众交代清楚。基于睢宁、成安和武侯的试点情况，为了进一步规范县委权力运行，中纪委、中组部决定把“县委权力公开透明运行”试点工作在全国范围内全面展开。

2010 年 11 月，中纪委、中组部印发了《关于开展县委权力公开透明运行试点工作的意见》（以下简称《意见》），并发出通知，要求各省、自治区、直辖市结合实际认真贯彻执行[③]。《意见》进一步指出，县委权力公开透明运行，是规范权力行使、强化权力监督、从源头上防治腐败的重要举措，对发展党内民主、推进党务公开，在县一级建立健全决策权、执行权、监督权既相互制约又相互协调的权力结构和运行机制，具有重要意义。

同年，一些政府机构尝试在政府官方网站上公开行政“权力清单”，利用博客、微博来拓宽信息公开渠道，创新政府信息公开方式和方法。随着各地试点对政府权责清单制度的探索，政府权责清单制度开始从试点到扩散，并上升为党和国家的重点关注事项。党的十八届三中全会通过的《中共中央关于全面深化改革若干重大问题的决定》提出，要强化权力运行制约和监督体

① 新浪新闻中心 . 河北成安试点县委书记权力清单调查［EB/OL］.（2010-10-30）［2023-03-13］. http：//news.sina.com.cn/c/sd/2010-10-30/210121384637.shtml.

② 中新网 . 成都试点县委权力公开“一把手”主动“削权”［EB/OL］.（2011-10-11）［2023-03-13］. https：//www.chinanews.com.cn/fz/2011/10-11/3380941.shtml.

③ 中共中央纪委 . 中纪委、中组部发文开展县委权力公开透明运行试点工作［J］. 共产党员，2010（23）：36.

系，形成科学有效的权力制约和协调机制，推行地方各级政府及其工作部门权力清单制度，依法公开权力运行流程。[①]党的十八届四中全会通过的《中共中央关于全面推进依法治国若干重大问题的决定》中明确要求，实行政府权力清单制度，坚决消除权力寻租空间[②]。两次全会对建立政府权力清单制度的提法，表明了高层对权力清单制度的重视，对推进权力清单制度的建立有积极的引导作用。

政府行政权力取之于民，用之于民，政府权责清单制度的探索最终目的除了对权力进行制约，还有就是方便群众，解决群众的困难。在中央层面，截至 2014 年 2 月 20 日，国务院除议事协调机构外，75 个组成部门晒出权力清单，有 47 个部门公开了所保留行政审批项目，占总数的 62.7%，仅保留了 1031 项行政审批事项[③]。通过清单向社会公开，接受群众监督，让权力在阳光下运行，实现了政府权责清单对防止权力腐败的有益创新。在地方层面，多个省、市、县（区）也相继制定并公布权力清单。2013 年，北京市西城区政府在推进行政体制改革方面也试行了权力清单，摸清了全区 68 个部门的 5000 多项行政职权，实现了政府行政部门的全覆盖，有力地推动了政府改革[④]。湖南省株洲县编印的《中共湖南省株洲县委工作制度》新鲜出炉，将县委主要工作职责、议事决策等规则“装进了制度的笼子里”[⑤]。2014 年，四川省成都市行政体制改革中，不仅公布了市政府部门的行政权力清单，还向社会公布了区（市）、县、镇（街道）的权力清单，实现政府层面行政权力清单全覆

① 人民日报 . 中共中央关于全面深化改革若干重大问题的决定［N］. 人民日报，2013-11-16（1）.

② 人民日报 . 中共中央关于全面推进依法治国若干重大问题的决定［N］. 人民日报,2014-10-29（1）.

③ 陈坤，仲帅 . 权力清单制度对简政放权的价值［J］. 行政论坛，2014，21（6）：23-26.

④ 柳霞 . 权力清单制度：将权力关入透明的制度之笼［N］. 光明日报，2014-01-17（11）.

⑤ 湖南频道 . 晒出权力清单降低腐败风险 株洲县加强制度建设［EB/OL］.（2013-11-18）［2023-03-10］. https：//hn.rednet.cn/c/2013/11/18/3200898.htm.

盖[①]。青岛市编委办全面启动推行“权力清单”和“服务清单”制度建设工作，将行政“权力清单”“服务清单”制度与政府职能转变和机构改革同步分类推进[②]。浙江省丽水市把权力清单的梳理融入到“智慧政务”的建设中，为了在“智慧政务”平台的规划和设计中，实现让民众一目了然、少跑路、一站式办理等功能，对各机构、各部门的权力清单进行梳理，取消不合理和不必要的权力设置，将必要的行政权力下放至区县、街道等方便百姓咨询、办理的一线部门[③]。宁海率先在全国推行村级权力清单制度，并经多次梳理后出台了《宁海县村级权力清单 36 条》，涵盖 19 项村级公共权力事项和 17 项便民服务事项，基本实现村干部小微权力内容全覆盖[④]。

总体而言，2009—2014 年的权力清单制度建设较之 2000—2008 年，由于有了中央政策文本的支持和指导，以及地方试点经验的借鉴，各地方政府对政府权责清单功能、内涵的界定有了更深入的了解，在建设推广政府权责清单制度时既有顶层设计又有基层创新，在政策指导和实践经验方面都更有底气。这一阶段的权力公开不仅是将权力清单停留在公示上，而是真正落实到让群众少跑路甚至不跑路也能办事的实践上，进一步推动权力的有效运行，真正做到权为民所用。当然，各地对政府权责清单的内涵理解和侧重各有不同，对政府权责清单功能、内涵的界定的理解存在不足和差异，但这些推行

---

① 成都市政府网．“权力清单”指引行政审批制度改革 有效管住“政府的手”字号［EB/OL］．（2014-04-04）［2023-03-10］.https：//www.sc.gov.cn/10462/10778/12802/12867/2014/4/4/10297775.shtml.

② 华夏经纬网．青岛“权力清单”年底亮相“服务清单”同步推出［EB/OL］.（2014-10-14）［2023-03-10］.http：//www.huaxia.com/sd-tw/jrsd/qlsk/2014/10/4105868.html.

③ 中国机构编制网．浙江省丽水市“四融合”抓实机构改革“后半篇文章”［EB/OL］.（2020-09-28）［2023-03-10］.http：//www.scopsr.gov.cn/shgg/jjxz/202009/t20200928_377081.html.

④ 新华网．浙江宁海发布“36 条”县地方标准规范 推动全国农村综合改革标准化试点建设［EB/OL］.（2020-04-25）［2023-03-10］.http：//www.zj.xinhuanet.com/2020-04/25/c_1125903680.htm.

政府权责清单制度所获取的成功经验具有重要的借鉴意义。

三、规范推广阶段（2015 年至今）

由试点到扩散再到全面推广，是制度发展的一个基本路径。政府权责清单制度在经历了防止权力腐败、推进简政放权、提供便民服务等探索后，开始从试点到扩散并走向全国推广，完整的政府权责清单制度在中央和地方政府的实践中逐渐成型，逐步系统化、制度化。对政府权责清单制度的推广阶段的阐释，有助于进一步熟悉和把握该制度的发展历程和动向，为进一步推进政府权责清单制度实施效果评价奠定坚实可靠的基础。

（一）中央层面政府权责清单制度建设

2015 年是政府权责清单制度得以规范发展的关键一年。2015 年的政府工作报告指出，要加大简政放权、放管结合改革力度，深化商事制度改革，进一步简化注册资本登记，逐步实现“三证合一”，清理规范中介服务，制定市场准入负面清单，公布省级政府权力清单、责任清单，切实做到法无授权不可为、法定职责必须为[①]。在“十二五”规划的收官之年，李克强总理对权力清单制度做出这样的强调，无疑为“十三五”规划全面铺开政府权力清单制度奠定了良好的基础。另外，《国务院部门权力和责任清单编制试点方案》（2015）确定在国家发展改革委、民政部、司法部、文化部、海关总署、税务总局、证监会开展试点，为全面推进国务院部门权力和责任清单编制工作探索经验[②]。基于中央的系统谋划与顶层设计，我国诸多地方在推行权力清单

① 李克强. 政府工作报告［N］. 人民日报，2015-03-17（1）.

② 中国政府网. 国务院办公厅关于印发国务院部门权力和责任清单编制试点方案的通知［EB/OL］.（2016-01-05）［2023-03-10］.http：//www.gov.cn/zhengce/content/2016-01/05/content_10554.htm.

和相应责任清单方面进行了有益探索，取得了积极成效。为了全面推进这项工作，《关于推行地方各级政府工作部门权力清单制度的指导意见》（2015）从基本要求、主要任务、组织实施三个方面对全面推行政府权力清单制度进行了宏观部署，为政府权责清单制度推行提供了充分的立法依据和强大的政策支持，对于今后相当长一段时间内如何推进权力清单制度建设有重大的指导意义[①]。《关于全面推进政务公开工作的意见》（2016）要求“全面推行权力清单、责任清单、负面清单公开工作，建立健全清单动态调整公开机制”[②]。在《2016年推进简政放权放管结合优化服务改革工作要点》中也明确要求“全面公布地方各级政府部门权力清单和责任清单”[③]。2016年以来，一些地方着手推进权力清单和责任清单“两单”融合，编制政府部门权责清单。但是，由于对政府权责清单的制度定位尚未完全明确，加上国家层面对政府权责清单制度也未做统一性规定，各地在探索过程中有较大的自由空间，因此各地也都形成了带有各自鲜明特色的清单模式。

党的十九大报告（2017）中指出，转变政府职能，深化简政放权，创新监管方式，增强政府公信力和执行力，建设人民满意的服务型政府[④]。为进一步推进“放管服”改革和地方政府继续开展权力清单动态调整工作提出了方向性指导，各地根据政府机构调整和部门权力的变化，定期修改完善已经公布的政府权责清单并及时公示。这种常规化动态的政府权责清单修补方式，能够及时发现并完善政府权责清单运行过程出现的问题。如，贵州省黔南州

① 赵兵．中办国办印发《关于推行地方各级政府工作部门权力清单制度的指导意见》［N］．人民日报，2015-03-25（1）．

② 人民日报．关于全面推进政务公开工作的意见［N］．人民日报，2016-02-18（6）．

③ 中国政府网．国务院关于印发2016年推进简政放权 放管结合优化服务改革工作要点的通知［EB/OL］．（2016-05-24）［2023-03-10］.http：//www.gov.cn/zhengce/content/2016-05/24/content_5076241.htm.

④ 人民日报．决胜全面建成小康社会 夺取新时代中国特色社会主义伟大胜利［N］．人民日报，2017-10-19（2）．

就出台了《政府工作部门权力清单和责任清单动态管理办法》(以下简称《动态管理办法》),对何种情形下政府权责清单需要进行调整,以及调整所需的程序和相应责任都在《动态管理办法》中一一说明[①]。中央编办、法制办《关于深入推进和完善地方各级政府工作部门权责清单制度的指导意见》指出,要全面实现权责清单两单融合,不断完善权责清单动态管理机制[②]。《中共中央关于深化党和国家机构改革的决定》不仅强调了要推动权责清单与"三定"规定有机结合,同样也强调了要不断完善权责清单动态管理机制[③]。《中共中央　国务院关于实施乡村振兴战略的意见》把视角放在了"小微"权力,提出要推行村级小微权力清单制度,加大基层小微权力腐败惩处力度[④]。《中共中央　国务院关于支持深圳建设中国特色社会主义先行示范区的意见》指出要深化"放管服"改革,全面推行权力清单、责任清单、负面清单制度[⑤]。在这一阶段,政府权责清单制度的推广逐渐成熟,也与"放管服"改革联系愈加紧密。一方面,政府权责清单制度根据"放管服"改革的要求不断自我完善,强化动态管理;另一方面,政府权责清单制度更加深入,不仅仅是注重面的推广,也开始将政府权责清单落实到村镇一级的小微权力。国务院办公厅在《2020年政务公开工作要点的通知》(以下简称《通知》)中强调要以权责

① 黔南州人民政府门户网站.黔南州人民政府办公室关于印发黔南州政府工作部门权力清单和责任清单动态管理办法(试行)的通知[EB/OL].(2017-05-18)[2023-03-10].http://www.qiannan.gov.cn/zwgk/zfxxgk_0854/fdzdgknr_06542/gfxwj_03654/qnfbf_06584/202001/t20200115_43122739.html.

② 长顺县人民政府网.中央编办、法制办关于深入推进和完善地方各级政府工作部门权责清单制度的指导意见[EB/OL].(2018-04-10)[2023-03-10].http://www.gzcsx.gov.cn/zwgk/xxgkml/zdlyxx/qzqd/qddzqk/201807/t20180703_6434107.html.

③ 中国政府网.中共中央关于深化党和国家机构改革的决定[EB/OL].(2018-03-04)[2023-03-10].http://www.gov.cn/xinwen/2018-03/04/content_5270704.htm.

④ 人民日报.中共中央国务院关于实施乡村振兴战略的意见[N].人民日报,2018-02-05(1).

⑤ 人民日报.中共中央国务院关于支持深圳建设中国特色社会主义先行示范区的意见[N].人民日报,2019-08-19(1).

清单为依托，加强权力配置信息公开[①]。通过对照法律法规规章，全面梳理本机关依法行使的行政权力和依法承担的公共服务职责，更新完善政府权责清单并按要求公开。《通知》再一次强调了政府权责清单制度必须按照权责一致原则来对政务权力予以规制；同时，也把政府权责清单制度作为各级地方政府政务公开工作的重点来突出，表明了国家对政府权责清单制度推进的重大决心。《中华人民共和国国民经济和社会发展第十四个五年规划和 2035 年远景目标纲要》（2021）指出，深化简政放权、放管结合、优化服务改革，全面实行政府权责清单制度，持续优化市场化、法治化、国际化营商环境。从相关政策文本中可以看出，中央层面上对政府权责清单的建设朝着完善规范的方向前进，如表 3-1 所示。

表 3-1　政府权责清单制度相关政策文本概览（党的十八届三中全会以来）

年份	发布机构	文件名称	主要内容
2013	中共中央	《中共中央关于全面深化改革若干重大问题的决定》	推行地方各级政府及其工作部门权力清单制度，依法公开权力运行流程
2014	中共中央	《中国共产党第十八届中央委员会第四次全体会议公报》	推行政府权力清单制度，坚决消除权力设租寻租空间
2014	国务院	《国务院关于深化行政审批制度改革加快政府职能转变工作情况的报告》	在审批目录清单的基础上，逐步向权力清单和负面清单管理模式迈进
2015	中办、国办	《关于推行地方各级政府工作部门权力清单制度的指导意见》	将地方各级政府工作部门行使的各项行政职权及其依据、行使主体、运行流程、对应的责任等，以清单形式明确列示出来
2015	中共中央、国务院	《法治政府建设实施纲要（2015—2020）》	省级政府 2015 年底前、市县两级政府 2016 年底前基本完成政府工作部门、依法承担行政职能的事业单位权力清单的公布工作
2015	国务院办公厅	《国务院部门权力和责任清单编制试点方案》	通过开展试点，为全面推进国务院部门权力和责任清单编制工作探索经验
2015	国务院	《促进大数据发展行动纲要》	借助大数据实现政府负面清单、权力清单和责任清单的透明化管理

① 中国政府网 . 国务院办公厅关于印发 2020 年政务公开工作要点的通知［EB/OL］.（2020-07-03）［2023-03-10］.http：//www.gov.cn/zhengce/content/2020-07/03/content_5523911.htm.

（续表）

年份	发布机构	文件名称	主要内容
2016	国务院	《国务院关于加强政务诚信建设的指导意见》	要按照权力和责任清单制度要求，切实做到依法决策、依法执行和依法监督
2016	中办、国办	《关于全面推进政务公开工作的意见》	全面推行权力清单、责任清单、负面清单公开工作，建立健全清单动态调整公开机制
2016	国务院	《2016 年推进简政放权放管结合优化服务改革工作要点》	全面公布地方各级政府部门权力清单和责任清单
2016	国务院	《国务院关于“六五”普法决议执行情况的报告》	各部门行业结合实际，开展法治机关建设、执法案卷评查等活动，推行权力清单和责任清单制度
2017	中共中央	《决胜全面建成小康社会夺取新时代中国特色社会主义伟大胜利》	加强对权力运行的制约和监督，把权力关进制度的笼子
2017	国务院	《“十三五”市场监管规划》	要运用法治思维和法治方式履行市场监管职责，全面实施清单管理制度，通过权力清单明确法无授权不可为，通过责任清单明确法定职责必须为，通过负面清单明确法无禁止即可为
2018	中共中央	《中共中央关于深化党和国家机构改革的决定》	全面推行政府部门权责清单制度，实现权责清单同“三定”规定有机衔接，规范和约束履职行为，让权力在阳光下运行
2018	中央编办、国务院法制办	《关于深入推进和完善地方各级政府工作部门权责清单制度的指导意见》	推进权责清单标准化规范化建设；全面实现权责清单两单融合；完善权责清单动态管理机制；发挥权责清单制度的基础性制度效用；强化权责清单制度的便民性；推动权责清单与“三定”规定有机结合；落实权责清单执行情况监督问责
2018	中共中央、国务院	《中共中央　国务院关于实施乡村振兴战略的意见》	推行村镇一级小微权力清单制度，加大基层小微权力腐败惩处力度
2019	中共中央、国务院	《中共中央　国务院关于支持深圳建设中国特色社会主义先行示范区的意见》	深化“放管服”改革，全面推行权力清单、责任清单、负面清单制度
2020	国务院办公厅	《国务院办公厅关于印发 2020 年政务公开工作要点的通知》	以权责清单为依托，加强权力配置信息公开。要对照法律法规规章，全面梳理本机关依法行使的行政权力和依法承担的公共服务职责，更新完善权责清单并按要求公开。地方各级政府信息公开工作主管部门要按权限督促行政机关依法公开工作职能、机构设置等信息，在此基础上组织编写本级政府行政机关机构职能目录并向社会公开，全面展现政府机构权力配置情况

（续表）

年份	发布机构	文件名称	主要内容
2021	中共中央	《中华人民共和国国民经济和社会发展第十四个五年规划和2035年远景目标纲要》	深化简政放权、放管结合、优化服务改革，全面实行政府权责清单制度，持续优化市场化、法治化、国际化营商环境。实施全国统一的市场准入负面清单制度，破除清单之外隐性准入壁垒，以服务业为重点进一步放宽准入限制
2021	国务院办公厅	《2021年政务公开工作要点》	全面落实“全国一张清单”管理模式，主动公开全国统一的市场准入负面清单并根据调整情况做好更新发布，切实做到平等准入、开放有序

资料来源：根据相关政策文本整理。

同时，通过2014—2022年政府工作报告中均出现了“权责清单”等相关概念的表述可知，政府权责清单制度经历了从权力清单建立到公布省级政府权责清单再到全面公布政府权责清单和全面实行清单管理制度等逐步深入的发展过程，政府权责清单制度已经成为当前政府的工作重点任务之一，如表3-2所示。

表3-2　2014—2022年政府工作报告有关“权责清单”的表述

年份	工作报告中关于“权责清单”的表述
2014	确需设置的行政审批事项，要建立权力清单制度，一律向社会公开
2015	公布省级政府权力清单、责任清单，切实做到法无授权不可为、法定职责必须为
2016	全面公布地方政府权力和责任清单
2017	推进政务公开，省级政府部门权力和责任清单全面公布；全面实行清单管理制度，制定国务院部门权力和责任清单
2018	省、市、县政府部门制定公布权责清单
2019	要进一步缩减市场准入负面清单，推动“非禁即入”普遍落实；加快收费清单“一张网”建设
2020	大幅缩减外资准入负面清单，出台跨境服务贸易负面清单
2021	纵深推进“放管服”改革，加快营造市场化、法治化、国际化营商环境；将行政许可事项全部纳入清单管理

（续表）

年份	工作报告中关于“权责清单”的表述
2022	全面实行行政许可事项清单管理；创新发展服务贸易、数字贸易，推进实施跨境服务贸易负面清单；深入实施外资准入负面清单，落实好外资企业国民待遇

资料来源：2014—2022年政府工作报告，作者自制。

（二）省部级层面政府权责清单制度建设

自政府权责清单制度实施以来，各级政府和部门在实践中高度重视，积极响应号召，汲取理论和民意，不断探索，积累了丰富的经验。自2015年以来，国务院部门按照简政放权、放管结合、优化服务和转变政府职能要求，以清单形式列明行政权责及其依据、行使主体、运行流程等，推进行政权责依法公开，强化行政权力监督和制约，对国务院各个部门开展权责清单编制。同时，省级行政区作为一级行政主体具有其特殊性，在权责清单制度的顶层设计与推行实践过程中，对上需要执行国务院有关权责清单制度的指导意见，对下需要监督和指导基层政府的权责清单制度建设。截至2017年5月，全国31个省份已全部公布省级部门权责清单，29个省份公布了责任清单；已有57个国务院部门公布了权力清单；自贸试验区的负面清单已从2013年的193项减至目前的122项，“清单管理”模式不断完善，各省纷纷亮出“家底”，把权力装进制度笼子[①]。随着时间的推移，东中西部省级和国务院部门在权责清单制度建设上逐渐完善，涌现出一些较佳的案例。

江苏省的政府权责清单清理大体经历了集中审核、三上三下、合法审查、征求意见、专家咨询等主要环节，主要按照清权、减权、制权、晒权四个阶段分步推进。2014年底，经过清理，江苏省政府各部门共有行政权力事项

① 张洋．权责有单可查 政府照单履职［N］．人民日报，2017-05-18（6）．

5647 项（不含地震局 21 项、气象局 78 项及保密事项），其中，省属权力 1375 项，属地管理权力 4272 项，省属权力中，常用权力 947 项，3 年以上未行使的权力 428 项[①]。2015 年，江苏省办公厅印发了《江苏省行政权力事项清单管理办法的通知》[②]，加强权力清单应用监督管理，推动部门全面正确履职尽责。江苏省各部门所有事项均进行公示，为方便社会监督，在“江苏机构编制网”上设置了在线意见提交功能。在党的十九届三中全会后，江苏省委编办结合党政机构改革和有关法律法规规章修改情况，组织省各有关部门对 2017 年 1 月公布的省、市、县“三级四同”权力清单进行了全面梳理，对行政权力清单中的 2843 项权力事项进行了调整，省各有关部门梳理形成了新的“三级四同”权力清单[③]。总体而言，江苏省政府权责清单制度随着时间的推进不断得到完善并逐渐规范化。

安徽省级行政权力、责任清单制度建设的根本思路为，将转变政府职能作为发展的核心内容，政府要利用好市场在资源配置中发挥出更大的作用，坚持依法治理，全面对权责进行清理并且实现规范化处理，将所有的行政权力均纳入政府权责清单中。截至 2015 年 6 月，安徽省 16 个市、105 个县、1251 个乡镇政府和 252 个街道办事处权责清单全面公布，在全国率先实现省、市、县、乡四级政府“两单”全覆盖[④]。为加强清单管理和执行，安徽省政府权责清单建立和运行后，还出台了《安徽省政府权责运行监督管理办法》

① 江苏省人民政府网 . 省政府关于印发江苏省政府各部门行政权力事项清单的通知［EB/OL］.（2014-12-26）［2023-03-10］.http：//www.jiangsu.gov.cn/art/2014/12/26/art_46143_2542873.html.

② 省政府办公厅关于印发江苏省行政权力事项清单管理办法的通知［J］. 江苏省人民政府公报，2016（1）：26-28.

③ 江苏机构编制网 . 江苏省行政权力清单［EB/OL］.（2021-01-19）［2023-03-10］.http：//www.jssbb.gov.cn/dlzt/jssxzqlqd/202101/t20210119_7948.html.

④ 中国政府网 . 安徽省：政府归位 市场发力 群众受益［EB/OL］.（2015-07-09）［2023-03-10］.http：//www.gov.cn/xinwen/2015-07/09/content_2894426.htm.

(2015),构建了政府权力运行监管的总体制度框架,明确了对行政权力的监管、任务、措施以及责任追究等内容。同时,安徽省注重对政府权责清单制度的动态管理,依据法律法规规章"立改废释"、国务院取消调整事项、机构改革调整变动、对接"互联网+政务服务"工作要求,对政府权责清单进行动态调整[①]。改革以来,安徽省级政府权责清单的权力事项由建立公布之初的 5405 项减少至 1712 项[②]。截至 2019 年 12 月,其权力事项更是降低至 1343 项,为全国最少,精简率达到 75.15%[③]。2021 年 11 月 3 日,安徽省政府公布了《安徽省省级政府权责清单及省级公共服务清单省级行政权力中介服务清单目录(2021 年本)》,明确了各省直部门权责事项,进一步厘清了部门职责权限和权责边界[④]。

四川省通过全面梳理十大类行政权力(行政审批、行政处罚、行政强制、行政征收、行政给付、行政裁决、行政确认、行政奖励、行政检查及其他行政权力),剔除无法可依的权力事项、统一各市县权力数量,在 2015 年底四川省本级行政权力事项从清理优化前的 7194 项减少到 5248 项,减少了 1946 项,精简率达 27.1%[⑤]。其中行政许可 281 项,行政处罚最多 3879 项,行政裁决最少 5 项。在改革的过程中,四川省注重电子政府构建,实现三级行政权

① 袁维海,沈荣华,姚玫玫.打造权责清单升级版的改革探索——基于对安徽省推行权责清单制度的调研[J].中国行政管理,2018(8):18-20.

② 滁州网.安徽省级政府机关权力事项从 5405 项减少到 1712 项[EB/OL].(2015-06-01)[2023-03-10].http://www.chuzhou.cn/2015/0601/120403.shtml.

③ 凤凰网.安徽省级政府权责清单再"瘦身"全国最少[EB/OL].(2019-12-07)[2023-03-10].http://ah.ifeng.com/a/20191207/7867828_0.shtml.

④ 安徽省人民政府.安徽省人民政府关于公布安徽省省级人民政府权责清单及省级公共服务清单省级行政权力中介服务清单目录(2021 年本)的通知[EB/OL].(2021-11-03)[2023-03-10].https://www.ah.gov.cn/public/1681/554057861.html.

⑤ 四川省人民政府.1946 项行政权力消失的背后[EB/OL].(2015-07-03)[2023-03-10].https://www.sc.gov.cn/10462/10464/10797/2015/7/3/10341754.shtml.

力联网运行。2017 年，四川建立“主要负责同志带头、省领导直接抓专项改革方案落实”制度，将 51 个专项改革方案列入“省领导直接抓落实任务清单”，形成了“清单制 + 责任制”信息化平台[①]。其中，信息化平台下设 8 个平台，通过互联网专项小组、省直部门、市州在统一的工作体系下运转，实现任务分解清单化、责任分工具体化、进度掌控实时化、督察督办高效化、工作推进协同化，有效提升全省改革系统整体工作水平。2020 年，四川省政府办公厅印发《四川省权责清单管理办法》，进一步明确行权部门权责清单的编制、调整、公布、实施以及监督检查，促进行政权力依法规范公开运行[②]。

国务院部门的权责清单制度建设以深化“放管服”改革为基础、以约束和规范权力为出发点，经历了梳理部门现有权责事项、清理规范权责事项、审核确认权责清单、优化权力运行流程四个步骤，按照“清权”“减权”“确权”“制权”和“晒权”等程序进行。2015 年，国务院办公厅印发《国务院部门权力和责任清单编制试点方案》，要求部门权责清单的制定从国家发展改革委、民政部、司法部、文化部、海关总署、税务总局、证监会 7 个部门开始，为全面制定国务院部门权责清单积累经验[③]。截至 2021 年，大部分国务院部门完成了政府权责清单编制。从具体的过程来看，2016 年，能源局已取消下放 64% 的行政审批事项，超过国务院规定的 50% 要求，委托相关研究机构开展国家能源局权责事项清单梳理，编制完成国家能源局权力和责任清单[④]。

① 四川省人民政府．四川以“清单制 + 责任制”落实改革方案［EB/OL］.（2017-06-13）［2023-03-10］. https：//www.sc.gov.cn/10462/10464/10797/2017/6/13/10425149.shtml.

② 四川在线．让权责清单加快落地持续向纵深推进［EB/OL］.（2021-01-11）［2023-03-10］. https：//comment.scol.com.cn/html/2021/01/011006_1740997.shtml.

③ 中国政府网．国务院办公厅关于印发国务院部门权力和责任清单编制试点方案的通知［EB/OL］.（2016-01-05）［2023-03-10］.http：//www.gov.cn/zhengce/content/2016-01/05/content_10554.htm.

④ 中国政府网．能源局发布 2016 年度法治政府建设工作情况报告［EB/OL］.（2017-05-28）［2023-03-10］. http：//www.gov.cn/xinwen/2017-05/28/content_5197769.htm.

2018年，国家发改委全力落实“放管服”改革任务，落实全国深化“放管服”改革转变政府职能电视电话会议精神，全面梳理行政审批事项，提出取消一批、下放一批、转出一批、规范一批的改革意见[①]。2021年，司法部贯彻落实党中央、国务院工作部署，在司法部“三定”规定的基础上，编制形成《司法部权责清单（征求意见稿）》，着力推进司法部职能优化协同高效[②]。同年，自然资源部全面清理论证自然资源管理行政许可事项，编制形成自然资源管理领域中央层面设定的行政许可事项清单[③]。总体而言，大部分国务院部门都公布了政府权责清单，进一步推进政府权责清单制度发展完善。

（三）市、县（区）级层面政府权责清单制度建设

市县两级政府作为国家大部分法律法规和政策的直接执行者，是国家与社会沟通的关键桥梁，发挥着承上启下、打通联系服务群众“最后一公里”的重要作用。市县政府推行权责清单制度的力度，直接关乎权责清单制度能否落到实处并取得最终成效。为贯彻落实中共中央办公厅、国务院办公厅《关于推行地方各级政府工作部门权力清单制度的指导意见》，各地市、县（区）级政府也纷纷结合省级政府权责清单制度精神以及管理办法，出台了市、县（区）级政府的权责清单，东中西部各市、县（区）涌现出一些较佳的案例。

2014年11月，广东省佛山市编制的政府权责清单正式公布实施。自

---

① 中国政府网．国家发展改革委2018年度推进法治政府建设进展情况［EB/OL］．（2019-04-01）［2023-03-10］．http：//www.gov.cn/xinwen/2019-04/01/content_5378651.htm.

② 中国政府网．司法部2021年法治政府建设年度报告［EB/OL］．（2022-03-31）［2023-03-10］．http：//www.gov.cn/xinwen/2022-03/31/content_5682614.htm.

③ 中国政府网．自然资源部2021年贯彻落实《法治政府建设实施纲要（2021-2025年）》情况［EB/OL］．（2022-03-31）［2023-03-10］．http：//www.gov.cn/xinwen/2022-03/24/content_5681026.htm.

2014 年以来，佛山市作为广东省行政审批标准化试点，对政府权责清单的所有类别都实行了审批标准化[①]。通过整理佛山市政府有关政府权责清单的政策文本发现，佛山市政府几乎每年都会对政府权责清单进行动态调整并不断更新完善。佛山市政府权责清单与其他政府权责清单的区别在于，行政职权清单、企业投资管理的负面清单、审批清单与监管清单等都包含在佛山市政府权责清单之中，是一个大集合。其中，行政职权清单是各有关部门按“法无授权则禁止”原则依法确定的行政职权的总和，涵盖了行政职权的设定依据、权属划分等常规内容；企业投资管理的“三单”则是按照“法无禁止则可为”与“凡进必受监督”原则编制的，清楚地列出了企业投资各个节点的管理要求。经过 5 个多月的清理，市、区两级政府依法保留的 11773 项行政职权和企业投资的“三单”均在佛山市人民政府网站上公布[②]。编制和公布政府权责清单只是开始，之后佛山市不断建立健全体制机制，强化清单应用和监督问责，建立了常态规范的政府权责清单管理方式。2016 年，佛山市人民政府出台《佛山市权责清单监督管理办法》，将政府权责清单制度纳入常态化管理中[③]。佛山市还不断创新完善政府权责清单制度，2017 年佛山市人民政府印发《佛山市市本级公共服务事项清单的通知》，以公共服务事项标准化为抓手确保公共服务事项清单落到实处[④]。2020 年，佛山市纪委监委出台《关于进一步

① 中国共产党新闻网 . 建设高效综合政务体系 打造佛山政务服务新模式［EB/OL］.（2015-05-21）［2023-03-10］. http：//dangjian.people.com.cn/n/2015/0521/c396241-27037881.html.

② 人民网 . 广东佛山公布全部政府权责清单［EB/OL］.（2014-11-12）［2023-03-10］. http：//politics.people.com.cn/n/2014/1112/c1001-26011286.html.

③ 佛山市人民政府 . 佛山市人民政府办公室关于印发佛山市权责清单监督管理办法的通知［EB/OL］.（2016-08-17）［2023-03-10］. http://www.foshan.gov.cn/zwgk/zfgb/rmzfbgshj/content/post_1738177.html.

④ 佛山市人民政府 . 佛山市人民政府办公室关于印发佛山市市本级公共服务事项清单的通知［EB/OL］.（2016-08-17）［2023-03-10］. http：//www.foshan.gov.cn/zwgk/zfgb/rmzfbgshj/content/post_1739948.html.

加强对村（社区）干部监督的意见》，加强对基层微权力的监督，打通全面从严治党的“最后一公里”①。

2015 年 3 月，三门峡市作为河南省首批推行政府权责清单制度工作的试点市，全面启动了政府权责清单建设工作。三门峡市在 2015 年全面编制完成“政府权责清单、政府内部管理事项清单、行政服务和社会公共服务事项清单”三张清单的基础上，积极探索、持续推进政府权责清单的运用实施。2015 年 7 月，为推进政府权责清单的信息公开，三门峡市研究出台了《政府权责清单信息公开办法》，明确规定市政府、市编办及市政府各部门网站统一设置“权责清单专栏”，按照信息内容、格式、时限公开“三统一”的原则，公开权责清单相关信息②。2016 年 7 月，为推进政府权责清单落地生效，三门峡市研究出台了《三门峡市政府权力清单和责任清单管理暂行办法》，对政府权责清单编审公布、规范运行、动态调整、监督检查等管理行为进行了详细规范③。此后，三门峡市权责清单制度平稳运行，稳中有进。2020 年，为进一步推进政府权责清单的规范化管理，不断提升政府管理效能，河南省三门峡市启动探索政府权责清单融合创新，推动政府权责清单与部门“三定”规定，与法律法规的修订、与行政审批制度改革和“放管服”改革等进行融合，进一步健全完善政府职责体系，厘清政府部门职权边界④。

2014 年 8 月，甘肃省张掖市借鉴外省经验做法，制定工作方案，选择发改委、建设局、国土局、民政局四个部门，在甘肃省率先开展了政府权责清

① 佛山市人民政府 . 佛山出台《关于进一步加强对村（社区）干部监督的意见》[EB/OL] .（2016-08-17）[2023-03-10] .http：//www.foshan.gov.cn/zwgk/zwdt/jryw/content/post_4415479.html.

② 韩迎春 . 三门峡市推进政府权责清单的运用实践及构想［ J ］. 行政科学论坛，2017（4）：7-9.

③ 中原经济网 . 三门峡出台权责清单管理暂行办法［ EB/OL ］.（2016-08-17）［ 2023-03-10 ］. https：//www.zyjjw.cn/smx/news/2016-08-17/362567.html.

④ 中国机构编制网 . 河南省三门峡市积极探索政府权责清单融合创新［ EB/OL ］.（2016-08-17）［ 2023-03-10 ］.http：//www.scopsr.gov.cn/cxgl/jgbzgl/202008/t20200828_376610.html.

单制度的试点工作[①]。此后，通过借鉴试点经验，张掖市将政府工作部门和承担行政职能的直属事业单位列为清理重点，全面开展职权梳理。通过梳理，共征集意见和建议 100 多条，为建立政府权责清单提供了重要参考依据。在建立政府权责清单时，张掖市政府着力理顺职能关系，梳理出部门职责交叉分散的 16 项事宜，并将一项事宜原则上交由一个部门负责，确需多个部门管理的事项，则分清主办、协办关系，明确了相关部门履职界限。2015 年 8 月底，经政府审定，市政府 40 个部门单位的 3216 项权力、23525 项责任事项、33477 项追责情形，在张掖政务服务网全部加载上线，张掖历史上的第一张政府权责清单面向公众发布[②]。2018 年，张掖市按照甘肃省《关于做好党政群机构改革准备工作的通知》要求，将“三定”规定与政府权责清单有机结合。党政群机构改革在突出深化转职能、转方式、转作风、提效能的同时，结合政府权责清单，进一步明确界定部门职责和权力边界，完善权责清单[③]。2020 年，张掖政务服务网公开发布网上办事清单 4291 项，开通在线办理事项 4243 项，网上可办率达 98.88%[④]，政府权责清单制度在发展过程中不断完善。

2019 年，东平县作为山东省泰安市政府权责清单编制公布工作先行试点县，超前谋划，高点定位，按照“先行先试、大胆实践，先易后难、协同推进”的工作思路，扎实有序推进县级政府权责清单编制公布工作[⑤]。东平县委

① 甘肃张掖网 . 张掖市政府部门行政权力清单制度试点工作启动［EB/OL］.（2014-11-02）［2023-03-10］. http：//gs-zy.com/news/2014-11/02/content_1692061.htm.

② 陈建宏 . 甘肃省张掖市推行政府部门权责清单制度的实践与思考［J］. 行政科学论坛，2016（8）：57-59.

③ 张掖市机构编制网 . 张掖市编办认真做好党政群机构改革准备工作［EB/OL］.（2020-08-17）［2023-03-10］. http：//zhangye.gsjgbz.gov.cn/zy_gzdt/201805/t20180515_140145.html.

④ 张掖日报 .“简”出动力“放”出活力——张掖市深化“放管服”改革工作纪实［EB/OL］.（2020-07-21）［2023-03-10］. http：//szb.gs-zy.com/html/2020-07/21/content_125123.htm.

⑤ 泰安机构编制网 . 东平县“试点先行、线面结合”率先完成权责清单编制公布工作［EB/OL］.（2019-08-20）［2023-03-10］. http：//www.tabb.gov.cn/art/2019/8/20/art_78311_6978852.html.

编办坚持运用统一对立思维，围绕中心、服务大局，突出“四个结合”，不断创新机构编制管理，为全县经济社会高质量发展提供有力的体制机制保障[①]。同时，东平县委编办贯彻省、市委改革部署的要求，同步完成政府部门权责清单、边界清单和职责任务清单“三张清单”编制公布工作，着力提升政府行政效能，再造部门运行流程，推进部门职能理念实现“三个转变”[②]。截至2019年7月底，市级公布39个部门权责事项5734项，8月底，6个县、市、区共191个部门的34687项权责事项全部对外公布[③]。截至2019年底，东平县全县33个部门共编制公布县级政府权责清单事项5593项，全面梳理政府部门内部职权，明确责任主体，理顺职责权限，实现政府权责清单与“三定”规定的有序衔接，逐步构建切合县情、权责统一、高效便捷的政府权责清单管理模式[④]。

浙江省杭州市富阳区在推行县域权力清单制度上的探索将为全国县域权力清单制度改革提供样本，《县级政府权力清单制度改革的富阳版本》荣获“浙江省公共管理创新案例十佳创新奖”。2014年1月，浙江省富阳区开始开展权力清单制度建设，作为先行示范单位，富阳区在浙江省政府的要求下围绕“县域行政权力配置要实现全省统一标准”目标，稳步推进改革试点中的各项工作。2014年3月7日，富阳区推出全国首份县级权力清单；4月3日，推出工业投资项目负面清单；10月15日，推出部门责任清单。截至2015年

① 中国机构编制网．山东省泰安市东平县委编办“四个结合”做好机构编制管理工作［EB/OL］．(2021-06-15)［2023-03-10］. http：//www.scopsr.gov.cn/cxgl/jgbzgl/202106/t20210615_380654.html.

② 泰安机构编制网．东平县委编办编制完成“三张清单”推进部门职能理念实现“三个转变”［EB/OL］．(2020-08-17)［2023-03-10］. http：//www.tabb.gov.cn/art/2020/8/17/art_78308_9668962.html.

③ 中国机构编制网．山东省泰安市全面公布市县两级政府部门权责清单［EB/OL］．(2019-09-06)［2023-03-10］. http：//www.scopsr.gov.cn/shgg/spfw/201909/t20190906_371462.html.

④ 东平县委编办．东平县多点着力扎实做好县级权责清单编制公布工作［J］. 机构与行政，2019(8)：52-53.

末，富阳区完成权力清单制度改革省级试点，在全国率先推出首份县级政府行政权力清单和责任清单，在 36 个部门责任清单中共梳理出主要职责 552 条、具体工作事项 2056 条、职责边界事项 35 项，建立事中事后监管制度 309 项，公共服务 169 项[①]。这些行政权力的运行程序以及流程，都通过一张权力运行流程图展示出来。富阳区的这一系列探索被称为“三单一图一改”（一张权力清单、一张责任清单、一张负面清单、一张权力运行图和一系列审批制度改革），为全国县域权力清单制度改革提供了样本。到 2020 年，富阳区不断推进基层政务公开标准化规范化建设，全面梳理区级部门和乡镇（街道）主动公开目录清单，优化设置 22 个二级栏目、61 个三级栏目、78 个四级栏目，着力形成一套横向到边，纵向到底的发布清单体系[②]。

第三节　政府权责清单制度的发展特点

政府权责清单制度在我国经历了从初现端倪、试点导入和规范推广的过程。纵观政府权责清单制度发展，可从时间维度、空间维度和内容维度上总结概括其发展特点。其中，在时间维度，大致经历了“准备孵化、规范扩展、精细发展”的发展过程；在空间维度，主要表现“局部试点、横向扩散、全面覆盖”的基本路径；在内容维度，主要经历了“权力为主、权责一致、服务优化”的发展特点。

---

① 民主与法制时报 . 简政放权的“富阳模式”［EB/OL］.（2015-06-01）［2023-03-10］.http：//www.mzyfz.com/cms/benwangzhuanfang/xinwenzhongxin/zuixinbaodao/html/1040/2015-06-01/content-1128002.html.

② 中国政府网 . 浙江：杭州市富阳区“五化五提升”推进基层政务公开标准化规范化建设［EB/OL］.（2020-08-11）［2023-03-10］. http：//www.gov.cn/xinwen/2020-08/11/content_5534105.htm.

一、时间维度："准备孵化、规范拓展、精细发展"

任何事物的产生都有一个从准备孵化到成熟发展的过程，政府权责清单制度亦是如此。这一制度在推进的过程中，最初是以权力清单的形式出现以减少贪腐现象的发生，后随着权责一致的呼声越来越高，责任清单应运而生，政府权责清单制度逐步形成体系并逐渐向精细化发展。总体而言，从时间维度上看，政府权责清单制度的发展呈现出准备孵化到规范扩展再到精细发展的特征。

在准备孵化阶段，早在2000年前后，国内就已启动对行政机关具体行政行为全面规范的工作，在《关于推行行政执法责任制的若干意见》（2005）对执法部门执法依据的清理时，权力清单就已经呼之欲出。由于此阶段还在权力清单的摸索阶段，主要是对政府权力清单进行探索，责任清单还未走进人们的视野，政府责任清单尚未萌发。这个阶段权力清单的产生是顺应国家政治体制转型、转变政府职能的要求，是促进国家治理体系和治理能力现代化的产物。在市场经济条件下，权力的不公开与不透明日渐成为制约政治文明的绊脚石，也在一定程度上妨碍了市场经济的发展。同时，权力的不公开也导致政府权力滥用、官员寻租腐败等现象丛生。从政府权责清单制度初现端倪这一演进轨迹可知，政府权责清单制度起源于堵住权力监督漏洞、杜绝贪腐案件的现实需求，特别是河北省政府的腐败问题成了一个关键节点，让全国第一份市长权力清单应运而生，权力清单开始正式进入公众视线。尔后，各省、市陆续开展了权力公开透明运行试点工作，为政府权责清单制度的快速发展奠定基础。总体而言，这一时期对政府权力公开透明运行处在探索阶段，呈现出自发性、地方性和探索性的特征。

在规范拓展阶段，随着政府权力清单的不断发展，权责一致的呼声也越来越高，政府责任清单正式走入公众视野，“两单”融合趋势日趋明显，政府权责清单制度的建设得到规范扩展，制度体系逐渐完善。同时，这一制度上升为国家顶层设计层面。2015 年 3 月，中央指导意见把责任清单建设提到与权力清单同样重要的地位上，按照权责一致的原则，在建立权力清单时，把与行政职权行使与之相对应的责任事项进行全面梳理，明确各项行政职权主体的责任，同时建立完善相关责任问责机制。相关意见要求对已经编制权力清单的省、市、县，要加快责任清单的建立；对尚未制定权力清单的省、市、县，要把责任清单与权力清单的制定工作一并推进。与此同时，地方政府根据中央文件出台了一系列管理办法。如 2016 年 10 月辽宁省发布《辽宁省权责清单管理办法》；2017 年 10 月云南省发布《云南省人民政府关于印发云南省政府工作部门权责清单管理办法的通知》等。总体而言，这一时期对政府权责清单的建设处在规范拓展阶段，政府权责清单建设已在全国范围内广泛展开，呈现出广泛性、完备性和制度性的特征，不仅有上层政府的设计与指导，更有地方政府因地制宜的补充与完善，形成了具有地方特色的制度体系，其不断朝着规范化、标准化、精细化发展。

在精细发展阶段，2017 年之后，各地政府都在探索权责清单制度动态化管理机制，讨论逐步统一行政权责清单的文种名称、权力分类、权责编码、内容格式等事项，政府权责清单制度建设开始沿着精细化的方向推进。一方面，各地政府开始探索政府权责清单制度动态化管理机制，讨论逐步统一行政权责清单的文种名称、权力分类、权责编码、内容格式等事项；另一方面，地方政府也开始将权力清单制度向基层乡镇延伸，甚至向农村推进[①]。例如，山西省编办在 2018 年下发《关于推进全省各级政府部门权责清单标准化建设的通知》和《权责清单标准化操作手册》，要求对政府权责清单进行动态调

① 邵彩云 . 行政权力清单合法性研究［D］. 苏州：苏州大学，2020.

整，从名称规范、梳理口径、职权编码等方面进行具体内容的规范[①]。中共中央发布了《中共中央国务院关于实施乡村振兴战略的意见》，明确提出要“推行村级小微权力清单制度，加大基层小微权力腐败惩处力度”，以推进权责清单制度实现省、市、县、乡、村的全覆盖[②]。这一时期地方政府对权责清单的建设处在精细发展阶段，呈现出全面性、动态性和服务性的特征。其中，全面性要求职责边界清晰，保证权力事项和责任事项的要素齐全，并与国家政务服务标准相衔接，做到依据标准一致、基本要素一致、格式模板一致；动态性要求根据行政权力依据的立改废，定期清理调整政府权责清单内容。服务性要求此阶段的政府对权力清单制度的建设不仅着眼于依法行政对权力进行制约与监督，更强调如何更好地完善和调整政府权责清单制度，如何通过权力清单制度改善政府运行流程，以便更好地为企业和民众服务。总体而言，政府权责清单越来越成为约束政府行为、民众监督权力的利器，其建设开始沿着精细化的方向推进。

二、空间维度：“局部试点、横向扩散、全面覆盖”

政府权责清单制度在推进过程中，最初是以“通知、意见、实施方案”等政策性文件出现的，后来逐步上升为制定政府规章的政策立法层面，实现了政策合法化到政策法律化的转变[③]。从空间上看，政府权责清单制度发展呈现由局部试点到横向扩散再到全面推广，是政府权责清单制度在空间上的演

① 山西省机构编制网．山西省编办推进省市县三级权责清单标准化建设［EB/OL］．（2018-11-21）［2023-03-10］．http：//sxsbb.gov.cn/gzdt/dfxx/art/2021/art_1255f0f56455473d9765e48e3af8e168.html.

② 中国政府网．中共中央 国务院关于实施乡村振兴战略的意见［EB/OL］．（2020-08-11）［2023-03-10］．http：//www.gov.cn/zhengce/2018-02/04/content_5263807.htm.

③ 邹东升，陈思诗．党的十八大后中国省级政府权力清单制度创新的扩散——基于政策扩散理论的解释［J］．西部论坛，2018，28（2）：26-34.

化路径。

首先，政府权责清单制度的发展是在部分地区进行“局部试点”工作开始的。随着行政权力运行不透明、权力审批不公开、权力的行使缺乏监督等诸多问题的暴露，行政权力改革迫在眉睫。关于政府权责清单制度的试点最早可以追溯到河北省邯郸市摸底行政权力的自发试点，随着成效的取得，这一自发试点得到了中央的认可。为了进一步探寻对权力有效监督和控制的路径，中央开始在全国范围内选取部分地区开展权力清单试点工作。从前文试点扩散阶段的演进轨迹可知，徐州市睢宁县、邯郸市成安县、成都市武侯区作为重要指定试点单位进行试点，为横向扩散和全面覆盖积累了宝贵的制度建设经验。在这一局部试点阶段，政府干部的自我设限、自我加压、权力的透明化以及地方探索的自主性是政府改革中的重要特点。从地方自主试点到中央主导试点，权力公开主体范围从已有的行政权力发展到党务权力，拓宽了权力清单制度的内涵和外延。在这一过程中，中央主导的局部试点更多集中在基层，即通过一系列的制度创新，对县委和县委书记权力加以有效规范和约束，不断理顺党政系统各自的职责与权限，逐步清除越权现象，使县政权力运作走上规范化和制度化的轨道。总体而言，从最早的邯郸市开启的自发试点到中央指定江苏睢宁、河北成安、成都武侯进行试点，再到更多地区的试点推进，“局部试点”范围逐步扩大。

其次，在“局部试点”取得一定效果和积攒了一些经验后开始“横向扩散”。试点成功地区（部门）的经验则被当作范本由中央政府采纳并进行推广，睢宁、成安和武侯的试点取得经验后，中组部决定把“县委权力公开透明运行”试点工作在全国范围内全面展开，出台了相关意见建议要求各省、自治区、直辖市结合实际认真贯彻执行。自 2014 年起，省级政府权力清单首先在东部地区开始扩散，如浙江、江苏、广东等地区，其创新探索的动力来源于当地政府丰厚的综合财政能力和公共产品的供给能力。从2015年开始，中部地区如湖南、江西、湖北等地也开始迅速发展，直至2016年西部地区如西藏、新疆维吾尔自治区才有了较为明确的政府权责清单制度。不难发现，东部地区政府权责清单制度建设时间早、经验多，中西部地区政府权责清单制度无论是在内容结构上，还是管理办法上，都与东部地区政府权责清单制度具有极高的相似度，甚至可以说，中西部地区学习了东部地区政府权责清单制度模板，然后填充了相应的内容，包括权力编号、权力类型、权力名称、子项、实施主体、行使层级、实施依据等。总体而言，政府权责清单试点在“局部试点”之后，开始政府间的“横向扩散”。

最后，中央层面出台政策文件形成政府权责清单制度全面推广的合法性依据，政府权责清单制度的发展呈现“全面覆盖”的特点。随着政府权责清单制度实施效果的逐步明显，制度落实不断深化，全国各地政府纷纷互相借鉴经验，经过横向扩散后，政府权责清单在全国范围内遍地开花，实现了横向间政府权责清单制度的全面覆盖。在全国统一实施阶段，行政主导力量更加凸显，表现为从省到地市和县级的层层推进。地方政府权力清单的确定，尤其行政审批权力事项，基本上都来自上级政府统一规定①。因此，全面发展阶段政府权责清单的实施路径与地方试点阶段不同，呈现出一种自上而下的全面覆盖路径。中央层面的国务院部门行政审批制度改革、政府权责清单制度建设、指导意见的出台，以及地方层面的不同层级政府权责清单建设与调整、政府服务事项创新与优化，都推动了政府权责清单制度进一步发展与深化。概言之，中央和地方的共同努力促进了政府权责清单制度不断创新和深化发展，实现了全国范围内省、市、县（区）、镇权责清单制度的全面建设，体现了纵向上政府权责清单的全面覆盖。

① 孙彩红. 权力清单制定与实施的逻辑分析与发展路径［J］. 中国行政管理，2020（4）：88-94.

三、内容维度:“权力为主、权责一致、服务优化”

政府权责清单制度最开始关注的是权力的制约与监督问题，并随着人们对责任清单的关注不断加强，权责一致逐渐成为政府权责清单建设的主要原则，最后在关注权责的基础上，进一步关注服务问题，推动了有限政府、责任政府和服务政府的构建。因此，从政府权责清单制度内容本身来看，政府权责清单制度经历了从“权力为主、权责一致、服务优化”的递进过程。

首先，政府权责清单制度最开始关注的是权力清单方面的内容。政府权责清单制度的发展本质上是一部规范和监督行政权力的发展史。早在20世纪80年代初，国家就已经开始逐渐重视对政府权力的监督和制约。21世纪初，我国制定和颁布了众多有关行政权力的法律、行政法规，建立和完善了我国行政权力的法律规范体系，为控制和规范行政权力提供了法律依据，权力清单初现端倪。而后，地方政府暴露出政府行政权力异化的问题，权力的制约与监督再次提上议程，并刮起了一阵建设权力清单的旋风。在该制度试点扩散阶段，也是围绕着县权改革对县委权力进行监督和制约试点，并在逐步发展过程中在党和国家的政策文件中固定下来扩散至全国各地，实现全国在权力领域设置权力清单的全覆盖。总体而言，以“权力为主”的权力清单最早出现并贯穿政府权责清单制度建设的全过程，防止权力任意扩张，遏制滥用职权，促进权力在法治轨道上全面正确行使，有力地推进了法治政府建设。

其次，随着清单式治理在公共治理领域逐渐兴起，权责一致的呼声越来越高，责任清单、负面清单连同权力清单成为政府治理的“三张清单”。《关于推行地方各级政府工作部门权力清单制度的指导意见》直接指出，在建立权力清单的同时，要按照权责一致的原则推进责任清单的制度建设工作。从前文政府权责清单制度的演进轨迹可知，在国务院办公厅部署和指导下，各地开始开展政府权责清单的实践。其中，安徽省在全国率先将权力和责任两大清单结合，使之协同发挥作用，并实现省、市、县、乡四级政府权责清单全覆盖。随后广西、广东、云南、陕西、青海、江西、福建等省份也纷纷建立责任清单，政府权责清单制度逐渐得到完善。责任清单的出现，一定程度上填补了责任条目短缺的制度空白，实现了行政职权行使主体与责任承担主体相统一，使权责一致有章可循、落到实处，对政府提出了更高的要求，为建设责任政府找到了一个有力抓手。总体而言，“有权必有责、用权受监督、违法要追究”，以“权责一致”为原则的政府权责清单的建设，强调权责一致，权责对等，要求政府部门不仅要依法行政，更要承担相应的责任，是推进责任政府建设的重要举措。

最后，随着服务型政府进入大众视线，政府权责清单的服务性越来越成为公众关注的重点。根据《“十三五”推进基本公共服务均等化规划》和2017年政府工作报告中关于“推进政务公开，省级政府部门权力和责任清单全面公布”的要求，各省级政府在开展权力清单和责任清单工作的同时，不仅开始强化政府权责清单的服务性，还协调推进服务清单的公开。很多地方在清单梳理和公布的基础上，运用“互联网+政务服务”等方式，再造政务服务流程，探索出了“最多跑一次”“不见面审批”“马上办、网上办、一次办”等极具群众口碑的改革措施，既提升了服务效率，便利了企业和群众，也减轻了行政成本，实现了从封闭型、管制型到服务型的转型升级。例如，安徽省构建的电子政府服务大厅便利群众的上访和监督；北京西城区首创的行政权力标准数据库开通了区委行政权力公开透明运行网、完善了行政权力网上监察系统；广东省佛山市公布的公共服务事项清单推动了标准化和便利化。总体而言，政府权责清单的服务性质与建设服务型政府的目标具有内在一致性，不仅更加凸显清单自身的功能作用，更将服务优化的理念融入到清单建设中，既能让公共部门履职的内容和过程清晰化、条理化、便捷化和透明化，又能让企业和公众能够了解、能够监督、能够得益，满足了公众的多元化需求。

第四节　政府权责清单制度的实践检视

推进政府权责清单制度建设，是党中央、国务院部署的重要改革任务，是促进政府职能转变和机构改革的重要一环。在政府权责清单制度不断发展完善的过程中，动态管理、标准化建设、评价制度等新举措的出现，是新形势下对政府权责清单制度的创新实践；在各地具体实践过程中，从中央到地方，如浙江省、广东省、福建省等地区都建立了科学的政府权责清单制度；在该制度深入推进的过程中，形成了自上而下推进、及时动态调整、依靠网络媒介、完善监督机制等经验。

一、政府权责清单制度的有益尝试

通过对政府权责清单制度发轫及延展过程的梳理可知，该制度已经慢慢成形。从一开始的试点工作再到如今的国家部署，其中经历了一系列的沿革，具有“严细实”的特点，实现了制度建构与实践操作的统筹。其中，制度建构上，一方面，党中央、国务院对推行政府权责清单制度进行顶层设计；另一方面，理论界从应然层面定位了政府权责清单制度的逻辑起点、功能作用、制度本质，分析了政府权责清单制度的表征和益处等，使得这一制度在理论上得到不断发展。实践操作中，自政府权责清单制度实施以来，各级政府和部门在实践中高度重视，积极响应号召，汲取理论和民意，不断探索，积累了丰富的经验。如 2014 年 3 月，中国机构编制网公开了国务院各部门的行政审批事项汇总清单，这是中央政府首次公布权力清单[①]。浙江省在2013年11月开展“政府权力清单、企业投资项目负面清单、财政专项资金管理清单和省、市、县三级联动的浙江政务服务网”即“三张清单一张网”建设[②]。2014年3月7日，浙江省富阳区率先在全国晒出了首份县域权力清单[③]。广东省在2014年12月2日公布《广东省行政审批事项通用目录》，成为首张涵盖省、市、县三级全部行政审批事项一单式“纵向权力清单”[④]。浙江省宁波市率先推行农村“小微权力”清单制度的探索[⑤]。实践管理者在全面梳理政府及部门职权的基础上，通过将权力运行流程图进行优化、对权力“做减法”、对服务“做加法”等方式，实现了清权厘权、确权配权、减权放权、晒权制权和动态调整这一科学运行的闭合模式，最大化释放市场活力、激发社会创造力。可以说，各地政府按照党中央、国务院统一部署，建立政府权责清单制度，完善政府权责清单动态调整机制，不断推进政府权责清单制度改革向纵深发展，政府权责清单制度推进过程中取得了较为显著的成效。

随着政府权责清单制度的初步建立，各省、市开始出台政府权责清单制度动态管理办法和建设政府权责清单管理的地方标准，进行了诸多有益的尝试。在清理模式创新上，浙江省作为走在全国政府权责清单制度建设的探索先锋，在探索建设政府权责清单时创新性采取“三报三审三回”模式，对政

---

① 董峻，陈炜伟.简政放权措施再度出台 国务院力促政府职能转变［EB/OL］.（2014-12-12）［2023-03-10］. http：//www.xinhuanet.com/politics/2014-12/12/c_1113626933.htm.

② 沈锡权，岳德亮.浙江：打造政府权力运行“制度笼子”[EB/OL].（2014-07-20）[2023-03-10]. https://www.gov.cn/govweb/xinwen/2014-07/20/content_2720685.htm.

③ 江南.浙江富阳晒出县域权力家底清单之外再无权[EB/OL].（2014-04-18）[2023-03-10].http://cpc.people.com.cn/n/2014/0418/c83083-24911361.html.

④ 王凯蕾.广东编印行政审批“纵向权力清单”[N].中国青年报.2014-12-03（3）.

⑤ 夏行.防止“小权力”演变为“大腐败”——宁波市推行农村“小微权力”清单制度的探索［J］.领导科学，2014（31）：22-23.

府权责清单进行清理，即要经过三轮上报审核反馈行政权力事项，在审核行政权力事项过程中经多次验证所留下的权力事项是必需事项，非必需事项则在梳理过程中予以筛除。早在 2014 年，浙江省便经过四轮行政审批制度改革，将行政权力事项由最初的 1.23 万项降至现在的 4298 项[①]。在动态管理办法上，如山东在 2016 年出台了《山东省行政权力清单动态管理办法》，对各级政府部门行政权力事项需增加、取消、下放或变更要素的事项做出详细规定，进一步调整了规范情形、简化了调整权限和程序、强化了责任追究。政府权责清单的每一次调整都必须依照规定程序进行，规范了行政权力清单管理。同时，山东省建立了省级政务服务平台，将十类行政权力事项纳入平台的动态管理系统、实行网上办理，实现了政府权责清单制度建设的服务价值。在地方标准建设上，福建省于 2018 年底出台了全国首个权责清单管理地方标准，有效解决全省权责事项上下级不统一、数量差异大、行使标准不一等问题。同时，随着省、市、县一级的政府权责清单的制定，乡镇政府权责清单编制工作逐渐铺开，形成省、市、县、乡四级联动机制。仍以福建省为例，其在 2016 年底出台《福建省人民政府办公厅关于开展全省乡镇政府权责清单编制工作的通知》，明确了乡镇政府（街道办事处）权力和责任范围，进一步深化了行政体制改革。

而最为关键的是，各地方政府已开始陆续启动权责清单制度的评价活动，表明各地政府已开始意识到对权责清单制度进行评价的必要性。如，深圳市福田区开展行政权责清单与审批制度改革工作“三维”评估工作，对政府各

① 中国新闻网 . 浙江省政府部门行政职权由 1.23 万项缩减至 4298 项［EB/OL］.（2014-06-02）［2023-03-10］. https：//www.chinanews.com.cn/df/2014/06-12/6272543.shtml.

部门权责清单运行情况、行政人员用权履责情况进行评估①；荆州建立权责清单"双评估"制度，即内部开展督察评估，外部引入第三方机构评估等，确保政府权责清单落地生效②。此外，党和国家也开始关注政府权责清单制度和"三定"规定对推进机构编制法定化的重要作用，在强调权威性和严肃性的同时，明确政府权责清单同"三定"规定有机衔接的目标定位。总体而言，在政府权责清单制度的推进过程中，各地政府进行了诸多有益的尝试，为这一制度的制度化和体系化积累了丰富的素材，为政府权责清单制度的深入研究提供了宝贵的经验借鉴，如表 3-3 所示。

表 3-3　地方政府关于推进权责清单制度的有益尝试

年份	地方政府关于推进权责清单制度的有益尝试
2014	浙江省公布《政府部门职权清理推行权力清单制度工作指南》
2016	福田区开展行政权责清单与审批制度改革工作"三维"评估
2016	山东省出台《山东省行政权力清单动态管理办法》
2017	荆州建立权责清单"双评估"制度
2017	云南省出台政府工作部门权责清单管理办法
2018	济南市历下区编办建立"四项机制"加强权责清单动态管理
2018	贵州省安顺市出台权责清单动态管理办法"三举措"完善权责清单动态管理机制
2019	济南市天桥区编办多措并举规范权责清单动态调整事项文件备案工作
2019	山西省编办推进省、市、县三级权责清单标准化建设
2020	山东省日照市三措并举全力推动权责清单标准化、规范化建设
2021	贵州省召开省政府常务会议研究部署省级政府部门权责清单调整等工作
2022	潍坊市坊子区委编办"三步走"全面开展权责清单动态调整工作
2022	广西印发市、县、乡三级权责清单规范化通用目录

资料来源：作者自制。

① 深圳政府在线.深圳特区报：福田区开展行政权责清单与审批制度改革工作"三维"评估［EB/OL］.（2017-12-14）［2023-03-10］. http：//www.sz.gov.cn/szzt2010/jjhlwzwfw/mtbd/content/post_1421640.html.

② 湖北日报.荆州建立权责清单"双评估"制度：内部督察第三方评估［EB/OL］.（2017-06-07）［2023-03-10］. http：//news.cnhubei.com/xw/hb/jz/201706/t3844400.shtml.

二、政府权责清单建设的经验启示

政府权责清单制度是推进治理现代化的有效工具，基于现实需求应运而生，推动了政府的权责对等化、公开化和法定化[①]。该制度极大地促进了党风廉政建设，为厘清政府与市场、社会边界，加快政府“放管服”改革做出了重要贡献。总体而言，在建立政府权责清单制度的过程中，各级政府在党中央、国务院统一部署下，根据政府权责清单制度改革实际运作情况，在政府权责清单建设流程、清单审查编制机制、监督监管机制、动态调整机制等方面都积累了不少的经验，确保了权力清单制度的有效推行。

首先，政府权责清单制度建设主要依靠自上而下层层推进和自下而上不断反馈。一般而言，政府权责清单制度在规范推广阶段主要是在中央层面进行顶层设计之后，先从省级政府入手，逐步向市、县、乡三级延伸，达到实现综合性制度网络的目的。一方面，政府权责清单是行政化制度改革中的尝试。对于地方政府来说，省级部门的政府拥有更多的资源，信息和材料容易获取，操作起来简单易行，能够为地方政府提供指导与建议；另一方面，从省级政府入手形成权责事项的模板，这种自上而下科学建立整体政府权责清单，具有规范统一的作用，极大促进了清单制度建设。

其次，政府权责清单制度要及时进行动态调整。权责清单公布后，随着经济社会发展、群众需求变化、机构职能和法律法规的调整，政府权责清单制度也需做出相应的调整优化。这种动态调整主要根据“放管服”改革的要求，明确各级政府和职能部门权责清单的动态调整方式、调整周期、调整程序等内容，以便各地定期对政府权责清单进行修订，确保政府权责清单的时效性和准确性。如，安徽省连续出台了政府权责清单目录 2016 年本、2017 年

① 唐亚林，刘伟．权责清单制度：建构现代政府的中国方案［J］．学术界，2016（12）：32-44.

本、2018年本等，最大限度地实现了政府权责清单的准确有效。

再次，以网络等新媒体信息平台推进政府权责清单制度运行。随着互联网技术的发展和进步，“互联网+政务”成为政务公开和政务办理的新形式。一方面，精简的权力、优化的流程、强化的责任对整体绩效产生了多大的影响以及后续应该如何完善，有赖于政务数据的处理运用，而“最多跑一次”“一网通办”等线上政务服务有助于巩固政府权责清单制度建设的效果，像北京西城区首创的行政权力标准数据库、安徽省构建的电子政府服务大厅等都是运用互联网实现政务公开、便利政务办理的典型；另一方面，依托互联网技术的信息平台能够及时公开政府的权责清单改革工作成果，让群众能够通过最简单直接的方式了解政府动态，并提供一个监督平台，让公众足不出户便能表达自己的建议，拓宽公众的监督渠道，为政府权责清单制度的实施提供了切实保障，也实现了政府权责清单制度的服务价值。

最后，完善权力监督机制、畅通外部监督渠道是管住权力运行的有效途径。政府对权责清单制度的形式化和象征式执行，会影响其治理效能发挥，因而，建立绩效监控机制显得尤为必要。完善监督机制，不仅要将政府权责清单制度建设和执行纳入党委巡视和政府督查范畴，以防止部门擅自更改或变相执行政府权责清单，也要拓宽监督渠道，广泛征求各方意见，主动接受新闻媒体、民众监督，引入第三方机构的监督，如浙江省富阳区编制权力运行图，建立电话、网络、媒体等监督渠道，来加强对权力的监督。此外，完善监督机制能够将惩罚和预防相结合，对行政权力进行更加全面、更加及时的监督，确保权力在阳光下运行，保证政府权责清单制度的有效性。

从政府权责清单的演进轨迹和实践检视来看，政府权责清单制度建设处于不断发展完善迈向精细化科学化的阶段，制度建设层面上取得了显著成效。但正如前文所述，政府权责清单制度作为一种具有“应急性”和“自我革命性”特征的自上而下的强制性制度变迁，在制定、执行和监督过程中仍然缺乏较为规整的理论原则指导和尚未形成牢靠的动力保障机制，在发展过程中呈现出制度“碎片化”的特有现象。其中，在制度制定层面，由于缺乏顶层设计中的整体性考量，政府权责清单制度未从权力的源头对其进行梳理，在法理程序机制方面缺乏合法性。同时，当前的政府权责清单整合更多地依靠实践中的经验或是自上而下的强制性安排进行整合，忽略了对政府权责清单制度的深层次优化，产生了权责清理不彻底、梳理口径不一致、清单公布不及时等诸多问题。在制度执行层面，受纵向结构机制和横向结构机制两方面影响，制度实施缺乏内在动力，使得各层级各自为政，各部门缺乏协调，导致权责划分不清晰、服务理念不到位等问题。在制度监督层面，政府权责清单在制定时往往忽视权力的边界与监督，缺乏自由裁量的规范和纠错机制建设，监督的多元性只局限于政府的自我监督，监督方式不健全和约束机制不完善。总体而言，当前政府权责清单制度的具体成效如何，是否在运行过程中达到了制度预期，是否真正实现了制度目标，还有待运用更加规范的方法进行全方位的科学评价。

第四章　政府权责清单制度实施效果评价的客观诉愿

政府权责清单是全面深化行政体制改革和推动国家治理体系和治理能力现代化建设的制度化工具，其制度建构慢慢走向成熟。但作为一种工具性治理，政府权责清单制度实施效果如何，理论界和实务界更多地是从清单制定层面上进行回答，尚未从该制度执行层面做出回应。而要充分发挥政府权责清单制度的综合效用，应激活政府权责清单制度的评价机制，这也是防止政府权责清单制度流于形式的重要手段之一。从某种意义上说，对政府权责清单制度实施效果的评价是一个具有重要价值的现实性问题，通过评价能够了解政府权责清单运行情况、行政人员用权与履职情况和公众对政府权责清单制度和审批改革运行情况的总体评价。为此，本章从政府权责清单制度实施效果评价的必要性、面临困境两个维度做进一步的阐释，初步勾勒出这一制度实施效果评价指标体系构建的实践画面。

第一节　加强政府权责清单制度实施效果评价的必要性

评价是政府权责清单制度实施过程中的关键一环，目的在于提高工作效率与工作质量，增强政府部门的回应性，进而提高公民对政府部门的信任感和满意度。在新形势下，站在公共利益的角度对政府权责清单制度实施效果进行评价，能够提供一套合理测量该制度目前运行状况以及实际产生的价值和事实效果的体系，进而做出科学合理的政策评价，使得制度本身更加制度化、规范化、程序化和透明化。这既是当前政府权责清单制度建设的迫切任务，也是推进全面深化改革与行政体制改革的时代需求。具体而言，加强该制度实施效果评价的必要性主要包括推进制度落实、总结经验不足、改善内部管理、塑造良好形象、满足公众诉求五个方面。

一、推进制度落实，巩固制度成果

制度重在落实，加强政府权责清单制度实施效果的评价，能够检验政府权责清单制度的实施效果，有助于充分发挥权责清单在合法确权、明晰权责边界的积极作用，进一步规避权责清单制度成为“空头支票”的形式主义现象①。换言之，通过对制度实施效果的全程跟踪，能够检验政府在推进这一制度时是否偏离了推行这一制度的目标设定，进而辨别制度的成功与否，及时纠正政策偏差，防止制度走样，确保这项制度科学有效地推进落实，巩固政府权责清单的制度化成果。在政策偏差纠正方面，通过对政府权责清单制度实施效果的全程跟踪，监控政府平常工作和在这一制度推行过程中的工作状

① 龚文斌. 浅谈质检部门权责清单的落实［N］. 中国国门时报，2016-09-02（3）.

态，可以挖掘出这一制度实施过程中与目标设定的偏离程度，以便采取有效的措施及时纠正这一政策执行过程中存在的偏差，确保政府权力的约束和责任的履行。同时，通过评价能找出现有政府权责清单制度执行情况与改革目标之间的差距，可以以顶层设计等方式对相关差距进行弥补，补齐该制度所产生的短板。在制度走样防止方面，如果该制度处于“恶性运行”的境地，就必须对该项制度进行及时调整，解决其在推进过程中存在的问题；如果发现其处于“良性运行”，则可以在目前运行的基础上提出更加优化的方式方法。此外，对政府权责清单制度的实施效果进行评价，有利于对政府在权责清单制度推行的过程中进一步明确其功能定位，促进各级政府根据清单行使权力和承担责任，推动权责按照清单下沉，有利于进一步实现简政放权，简化办事流程，提高政务服务效率。因此，进行评价可以推进制度落实，实现制度预防的功能，巩固制度成果，确保这一制度发挥出更大的效用。

二、总结经验不足，提供改革方向

政府权责清单制度的推进纷繁复杂，评价在这一制度的推进过程中发挥着不可替代的作用。进言之，对政府权责清单制度的实施效果进行评价，能够对政府权责清单运行情况有一个比较全面的认识，进而总结政府权责清单制度的经验不足，为当前改革提供方向。具言之，作为一种治理工具，政府权责清单制度的发展需要一个过程，需要在总结经验和不足的基础上逐渐完善。为了实现这一目标，通过构建与政府权责清单制度实施相契合的评价分析框架，能够对政府的权责清单运行情况有一个比较全面的认识，进而总结政府权责清单制度目前已取得的成功经验和找到缺失的制度短板。同时，加强对政府权责清单制度实施效果的评价，能够进一步辨析这一制度在运作过程中所产生的问题，其评价结果有利于行政机关及时意识到制度落实中的问题，及时查缺补漏，为下一步改革总结经验。通过政府权责清单制度评价，能够认识到政府在推进这一制度过程中仍存在的缺陷与不足，找到解决问题的承载点，有助于完善改革机制和推进政府职能的转变，为下一步的改革提供更多参照信息。因此，加强对这一制度实施效果的评价，一方面，可以针对制度推行的成效和问题，通过设定科学目标和提高改革效率这一要求，对政府权责清单制度的优化推进做出更有针对性的部署；另一方面，可以完善改革机制和推进政府职能转变，有力推动行政体制改革的脚步，最终为进一步的纵深化改革提供积极的方向性指导。

三、改善内部管理，优化资源配置

政府权责清单制度的评价是建立在当前已经开展的清单工作的基础之上的，科学客观地对政府权责清单制度进行评价，能够优化政府内部管理，提高资源的配置率。不同主体在面对同一制度的评价结果时，会有不一样的处理方法。对政府而言，进行该制度评价能够改善政府部门的内部管理，为制度的下一阶段实施确定目标并对其合理配置资源，确保该项制度的落实。其中，在改善内部管理方面，通过做出科学评价，不仅可以优化内部管理流程，有针对性地减少烦琐的环节，使得内部管理更加高效，还可以根据评价结果的激励功能，对政府部门和相关工作人员进行物质上或精神上的奖励，激发其工作热情和积极性。在优化资源配置方面，由于公共资源是有限的，在缺乏客观资料的情况下，决策者如何决定资源该往哪方面投入显得尤为关键，通过评价可以为下一步推进政府权责清单制度的资源分配提供参考性资料。一方面，评价可以使政府部门发现制度推行过程中存在的问题，进而可将相应的资源分配到薄弱的地方，促进制度发展过程中的均衡；另一方面，有助于提高公共服务的供给质量和效率，并规范地方政府之间的无序竞争，简化行政运行成本，在一定程度上解决政府行政成本居高不下的问题。

四、塑造良好形象，提升治理能力

改革是“当代中国最鲜明的特色”，而政府权责清单制度的提出和落实，是政府的“自我革命”。但权力天然的自利性和扩张性使得政府权责清单制度具有被动性，在“自我革命”过程中可能存在局限性。正如布坎南等人的公共选择理论所指出的，权力是行使职权最重要的基础，责任也常常带来了压力和风险，而“经济人”的自利性驱使着其“追权弃责”①。因而，加强对政府权责清单制度实施效果的评价，成了政府塑造良好形象和提升治理能力的必由之路。在塑造良好形象上，一方面，通过评价可以审查这项制度推行所取得的成果，向公众证明这项制度推行是有效的，维护公共部门存在的合法性；另一方面，政府权责清单制度的评价可以直观地检视公共意志是否被尊重和公共利益是否得到满足。当政府展示制度成果和进一步努力的方向，并在推进政府权责清单制度上满足这两点时，便能增强公众对政府的信任，提升政府的公信力，进而改善政府自身形象。在提升治理能力上，作为基础性的管理工具，政府权责清单能够规定政府权力制约和责任履行的框架和结构。对政府权责清单制度的评价要政府各级部门的积极配合才能有效地实现，在评价的过程中便能够提高政府工作人员的积极性，有利于化被动为主动，推动治理能力的提升。概言之，政府权责清单制度实施效果的评价，能激发政府各部门的工作积极性、主动性与创造性，推动政府内部革命与外部革命的相统一，增强制度的实效，实现治理体系和治理能力的现代化。

---

① 周亚越，张芝雨．政府责任清单：需要构建完整责任链［J］．浙江工业大学学报（社会科学版），2016（3）：289.

五、满足公众诉求，加强外界监督

政府权责清单制度与公共利益密切相关，从理论层面来看，政府权责清单制度建设的目的是维护公共利益，厘清了政府权力和责任，明确了政府、企业、市场的边界，避免政府公权力侵犯公民利益，促使政府向有限政府、责任政府和服务型政府的转变。对政府权责清单制度实施效果进行评价，能够搭建政府部门与公众沟通的桥梁，重塑政府形象，改善政府不作为的现象，进而增强政府公共部门的号召力和社会公众的凝聚力。可以说，加强制度的评价，不仅是衡量和提升政府满足公众利益诉求的有效途径，也是政府将社会力量和普通公众吸纳到政府权责清单制度的监督和修正环节中的重要方式。过去的一些行政权力在“黑箱”中运行，使得对权力的监控难度增大，现在政府权责清单制度以清单目录的形式，将各部门所能行使的职权进行罗列，实现了显性权力的规范化和隐性权力的可视化，为权力的监督提供了有力的帮助。具体而言，政府权责清单制度的推行是向全社会彰显政府行政机关将在法律法规授予的权限范围内行使职权，并愿意接受全社会监督的决心，为外部的群众监督提供了条件和渠道。一方面，制度的评价拓宽了政府的输入渠道，能够通过评价这一工具手段获取更多的民众诉求和有价值的信息反馈，让政府在推进清单制度时可以充分考虑民意，并在实际工作中回应民众对政府权责清单制度的需求，促进二者的信息交流，有效防止制度在实践当中出现的虚化问题，最终实现广大公众权益的维护；另一方面，评价是公众满意度的校验准则。公众借助评价这一载体，能够对政府推进这一制度的满意度进行测评。这不仅有利于吸引公众积极参与政府权责清单制度的建设过程，增强公众的责任感和信任感，更有助于公众了解这一制度的发展情况，强化外界对政府权责清单制度的监督力量。

第二节　政府权责清单制度实施效果评价面临的困境

加强政府权责清单制度实施效果评价对推动这一制度的发展具有不可言喻的必要性。但通过查阅相关文献、媒体报道和对相关政府部门进行走访调查，发现当前大部分政府在权责清单制度评价方面仍比较滞后。无论是在理论界还是实务界中，关于政府权责清单制度评价存在相关理论研究较为缺乏、相应合理的评价指标体系尚未建立和主动评价意识不强等问题，难以科学合理地评价政府权责清单制度的运行情况。总体而言，当前主要存在参评意识淡薄和轻视评价反馈的理念困境、法律保障缺位和评价机制滞后的制度困境、工具运用不当和数据获取困难的技术困境。

一、理念困境：参评意识淡薄，轻视评价反馈

政府权责清单制度的建立是进一步深化行政体制改革的制度工具，但是传统的行政文化仍然影响着政府及其工作人员，理念困境依然制约着政府权责清单制度实施效果评价的建设和完善。具体而言，理念困境主要表现在政府缺乏主动参与评价意识和评价结果反馈不被重视两个方面。

（一）缺乏主动参与评价意识

对于政府权责清单评价而言，政府拥有评价意识和主动参与评价是极其重要的，涉及主动评价与被动应对的问题。众所周知，在一项制度没有与政府部门的切身利益发生关联时，当政府部门愿意主动接受考评时，其会在平常花更多的时间精力去推动这一制度发展，并对制度创新有所贡献；当政府

部门工作被动考评的时候，往往会存在应付的情况，或是只完成上级交代的任务，不会主动通过评价去推进政府权责清单制度的发展。对于后者，究其原因是由于部分政府官员对制度发展规律缺乏客观认识，并受“官本位”等思维影响，认为主动评价会限制自己的一些权力，会触及现有的利益，会给自己“增添麻烦”。同时，由于政府部门管理主义意识淡薄，缺乏主动考评意识，导致了现实中因为没有评价任务要求而不主动作为或者简单地应付评价。在具体实践中，通过相关访谈，我们发现了在政府权责清单制度实施过程中，不少政府部门工作人员尚未形成政府权责清单制度需要评价的观念，或者认为进行评价会增加工作量，或者认为当前他们不具备进行评价的能力和条件，或者在等待中央层面自上而下地去开展评价。

（二）评价结果反馈不被重视

评价结果的运用与否关系到制度评价能否充分发挥评价作用的“最后一公里”。一方面，评价结果被重视并运用到制度推进中，对评价本身而言具有重要作用，因为评价本身就是一个发现问题和纠正偏差的过程。如果评价结果得到政府部门的高度重视和受到客观对待，则可以将评价结果作为改进学习的重要依据和解决问题的重要抓手，并通过评价过程和结果所反馈的问题，制定有效措施以继续完善政府权责清单制度。另一方面，将评价结果向社会及时公布，可建立公众对政府权责清单制度推进的信心。但现在问题却在于制度评价结果往往不被重视，对政府权责清单制度评价这一重要环节目前悄无声息，可能导致未进行政府权责清单制度评价，或进行评价的也只是将评价结果束之高阁的结局，导致未能充分有效地发挥评价对制度建设的重要作用。

二、制度困境：法律保障缺位，评价机制滞后

一项制度的实施和落实需要其他配套制度的保障，法律法规的完善和评价机制的建立是推进政府权责清单制度实施效果评价的重要配套制度。但在政府权责清单制度实施效果评价的推进过程中，存在缺少相关法律法规的保障和评价机制滞后的问题，在一定程度上影响了政府权责清单制度实施效果评价的建设和完善，使这一制度在推行过程中很容易便触及“天花板”。

（一）缺乏相应法律法规保障

在国家制度层面上，目前对于自上而下实施的政府权责清单制度更多的是强调全面推广并运行，顶层设计方面尚未出台相应的法律法规和政策文件对政府权责清单制度的实施效果单独进行督查或考评。权责法定，要做到依法行权，政府权责清单实施效果的评价也需要有相应的法律进行支撑。由于缺乏相应的法律法规，使得制度评价的保障体系不够健全，容易造成因缺乏专门的法律法规或规章制度保障，而对政府权责清单制度的评价流于形式。虽然说当前部分省、市已出台相应的管理办法，比如，福建省于 2018 年出台的《福建省政府工作部门权责清单管理办法》[①] 第二十三条规定“强化对权责清单执行情况的监督问责”，但只是简单地提到要对其进行监督问责，尚未出台相应的评价细则。此外，由于没有相应的法律法规保障和缺乏顶层设计，使在对政府权责清单制度实施效果进行评价的过程中缺少依据，容易导致各省、市在进行评价的时候出现没有规范，评价指标各异，出入较大的现象。

---

① 福建省政府 . 福建省人民政府办公厅关于印发《福建省政府工作部门权责清单管理办法》的通知［EB/OL］.（2018-09-17）［2023-03-10］.http：//www.fujian.gov.cn/zwgk/zxwj/szfbgtwj/201809/t20180917_4505321.htm.

（二）尚未健全有效评价机制

政府权责清单制度的评价机制包含评价主体、客体、过程、方式与途径和结果等。建立有效的评价机制可以对政府权责清单的实施效果进行客观公正、科学有效的评价，能进一步分析政府权责清单制度的实施情况，为推进和完善政府权责清单制度提供合理的改革方向。但通过系列访谈可知，当前对政府权责清单制度没有统一的考评标准，尚未建立完整的评价体系，评价机制仍不健全，制约着政府权责清单制度的评价。以评价主体为例，对政府权责清单制度而言，作为制度绩效评价者的评价主体，主要分为内部评价主体和外部评价主体。内部评价主体主要是政府工作人员，外部评价主体主要是利益相关者，包括公众、媒体等。结合现实调研不难发现，当前各主体参与到制度实施效果的评价中来是非常有限的，哪些是主要的评价主体和哪些是次要的评价主体也并未明确，尚未形成全方位、多主体的跟踪评价。因此，建立健全以政府权责清单制度绩效评价指标体系为核心的良性的实施效果评价机制成了当务之急。

三、技术困境：工具运用不当，数据获取困难

评价需要有合适的工具和相应的数据，政府权责清单制度实施效果评价是否能够进展顺利有赖于评价工具的有效运用和数据的充分获取，然而在实际调研中发现，如何对评价工具进行选取和如何充分获取评价数据依然困扰着人们，并制约着政府权责清单制度实施评价的进一步推进。

（一）评价工具运用能力不足

在对政府权责清单制度进行评价时，如何从“工具箱”中选取“最恰当”的评价工具，将会制约着制度评价的进程。任何一种制度评价工具的选择，

都要与该制度的实践相契合。这就需要专业部门的专业人才运用一套专业的评价指标来对这一制度进行评价，使评价结果具有客观公正性以及准确性。但是目前，学术界和实务界并没有一套成熟的政府权责清单制度实施效果评价指标体系，以对当前这一制度实施效果进行评价，这便制约了对这一制度的科学认识。同时，由于评价涉及方方面面的知识，当前同时掌握法律、公共管理和电子政务等复合型的公共管理人才在地方仍是紧缺的，且这种短缺无法在短时间内解决。此外，由于缺乏具有对有限政府、服务型政府、责任型和法治型政府等理念落实的人才，也会导致即使有评价指标体系后也可能因为评价工具运用能力不足、评价认识不到位和评价结果不懂运用而出现评价效果不佳的现象。

（二）评价数据获取存在困难

评价的根本目的是要及时发现制度制定和执行过程中存在的问题。对于政府权责清单制度，要对其做出科学合理的评价需要依靠一些量化的数据进行，但评价数据的获取存在一定的困难，制约着对这一制度评价。在制度评价过程中，客观指标的数据由于其客观存在往往比较容易获取，但评价过程中还存在着许多主观指标，这些主观指标在获取时往往存在着较大的困难。同时，由于评价或多或少会涉及被评价对象的利益，政府可能会为了评价结果更好而提供一些虚假信息，对部分真实信息进行隐瞒，使得评价过程中所获得的信息具有不可靠性，获取真实的信息存在困难；此外，评价指标的选择、公民参与的抽样本身也影响着相关数据的获取，在一定程度上增加了评价数据获得的困难程度。这些都会对最后的评价结果产生不好的影响，导致评价结果的可靠性降低。因此，评价数据真实而有效地获得将会对评价结果产生关键性的作用。

第五章　政府权责清单制度绩效评价指标体系的构建

为了鉴定一项制度是否达到了制度制定者的预期效果，以及该制度实施是否达到所设定的目标，需要对其进行科学、全面、系统地评价，进而根据制度评价的结果，对制度进行修正、完善、健全，最后得出一套理论上具有科学性、实践中具有可行性的制度体系。概言之，只有通过科学的评价，人们才能判定一项制度是否达到了其预期目标，才能对这一制度进行全面的考察和分析，为制度的推进奠定良好的基础和提供前进的方向。此外，实践的困境是孕育新理论的肥沃土壤，政府权责清单制度评价中存在的理念困境、制度困境和技术困境，要求在制度发展过程中有必要构建一套科学的评价体系克服这些困境。鉴于制度评价的必要性和所面临的困境，建立一套具备科学性、可行性、系统性的绩效评价指标体系以推进政府权责清单制度的评价，便显得尤为重要。换言之，政府权责清单制度绩效评价指标体系的构建关乎整个绩效评价过程的成败，是展开政府权责清单制度绩效评价的关键环节。具言之，评价指标是制度实施效果评价的具体工具，是评价维度的具体体现，评价指标体系则是制度实施效果评价的直接工具，科学的评价指标体系能够系统地、全方位的评价一项制度的实施效果。因此，在核心概念界定、理论基础阐述、改革历程与现实图景梳理、客观诉愿解析以及结合相应的走访调研的基础上，本章致力于政府权责清单制度绩效评价指标体系的构建。

第一节　指标体系构建的价值取向

价值理性反映的是人们对特定事物在社会条件下价值问题的理性思考，决定着价值追求。政府权责清单制度的实施固然是以追求一定的实施效果和实施效用为目的，推进制度实施和执行的行政管理组织和行政管理人员也存在传统政府组织的局限性和身为“经济人”所必有的利己倾向，即行政管理组织及行政管理人员不能是价值中立的。作为一项公共制度，政府权责清单制度本身被赋予的公平性、公开性、公共性决定了其实施和执行必须符合特定的价值理性。德国社会学家马克斯·韦伯将理性分为“工具理性”和“价值理性”：工具理性是追求工具、手段的最大化效率或者效用，根据可能产生的结果来进行行为的指导；价值理性是指所选择的行为与其带来的结果的大小无关，而与伦理的、美学的、宗教的，或者责任感、荣誉感相关，这便赋予了这种行为“绝对价值”[①]。制度作为一种社会管理工具和手段，要发挥其社会管理效用，达到维护社会秩序的客观目的，具备明显的工具理性特征。这种目的的达成程度固然是进行政府权责清单制度绩效评价的重要方面，但作为具有公共性、公平性和公开性的社会发展成果，制度本身的实施与执行天然要满足具有公共性特征的价值理性，以作为制度实施的原则和基调。因此，探讨政府权责清单制度绩效评价指标体系构建的价值取向具有重大意义，是能够实现该项制度绩效最大化的“先手棋”，有利于促进政府权责清单制度的

① 陈绍芳．论理性的三维结构——对马克斯·韦伯理性“二维结构”的补充［J］．中共浙江省委党校学报，2005（6）：50-54.

价值理念和价值目标的实现。而如何定位其价值取向决定着所构建的指标体系的科学合理性。在公共管理中，公共管理的目标是促使公共组织尤其是政府组织更有效地提供公共服务，公共行政改革的一项根本任务便是提升公共服务的质量和绩效，而公共服务的提供最终是为了实现公共利益这一目标[①②]。同时，新公共服务理论以公共利益作为价值取向的出发点和落脚点，把公共利益的民主价值、公民权和服务重新看作是公共管理的规范性基础和卓越价值观[③]。新公共服务理论的“责任意识、服务理念、公民精神”等内容实质，更加可以作为政府权责清单制度持续完善而进行些许改革活动的“触媒”，辅以可遵循的行动路径或可执行的政策方案。虽说政府权责清单制度重心在于强化权力运行制约和监督，但最终目的仍归结为公共利益的维护与实现上。因此，本书将公共利益的维护与实现作为政府权责清单制度绩效评价指标体系构建的价值取向的出发点和落脚点。

价值取向的确定是制度实施效果评价提纲挈领的环节，如若没有正当的价值取向为评价指标体系建立标定边界和范围，那么政府在进行权责清单制度的评价过程中，极易陷入以政府组织或者政府组织管理人员的利益诉求为价值导向的窠臼，导致政府在推进这一制度时将重心简单放在权责清单任务的完成上，未去真正思考这一制度所要引导的服务型、责任型和法治型等政府形态的建设，使官僚制的局限性影响政府权责清单制度实施效果评价的科学性和可信度。总的来说，政府通过权责清单制度所提供的公共产品和公共服务在多大程度上促进了公共利益的实现，是衡量政府权责清单制度实施效

① 陈振明．公共管理学［M］．北京：中国人民大学出版社，2018：18.

② ［美］马克・霍哲．勾勒公共服务质量改进的疆域：美国 25 年来的趋势和实践［C］// 国际行政科学学会．国际行政科学评论（第 2 辑）．王佳，译．北京：国家行政学院出版社，2010：26.

③ ［美］罗伯特・B. 登哈特，珍妮特・V. 登哈特．新公共服务——服务，而不是掌舵［M］．丁煌，译．北京：中国人民大学出版社，2004：11.

果的关键准则。如果没有正确的价值取向做指引，对政府权责清单制度的评价，很容易陷入满足自身利益诉求的官僚制取向中。为了使公共利益这一价值取向能够具体应用到政府权责清单制度绩效评价指标体系的建立过程中，本书将公共利益这一总的价值取向细化为民主、服务、效率、公民权四项评价目标，并将指标评价维度分为制度制定、制度执行、制度结果和公民满意度四个方面，以实现对制度绩效进行全方位、系统化、全过程的评价。进一步分析发现，这四个维度与民主、服务、效率和公民权四部分是息息相关、相辅相成的。因而在进行四个维度的指标设计时，要以公共利益为价值取向的出发点和落脚点，以实现民主、服务、效率和公民权为目标，同时凸显公共利益这一价值取向，设计出一套科学合理的具有整体性、系统性的政府权责清单制度实施效果评价指标体系。

第二节　指标体系构建逻辑思路与指导原则

设计任何一套可行的指标体系都不是随心所欲的，要使设计出来的指标体系具备科学客观性，在设计之初要有相应的理论框架作为指导和相应的指标来源做支撑，并遵循一定的逻辑思路，这样设计出来的指标才能比较科学地保证其合理性。同时，政府权责清单制度实施效果的评价涉及多层次、多方面的内容，其指标体系在构建的过程中并不是进行指标的简单组合，而是需要严格遵循一系列的构建原则，以确保所构建出的指标体系科学、可靠和有效。

一、指标体系的构建逻辑思路

指标体系的建立是一个庞大的工程，要建立一套能够对某一制度或制度体系进行全面、科学评价的指标体系，则需要在指标体系设计之初就厘清逻辑。这一逻辑梳理依据主要包括两个方面：一是以相应的理论框架作为指导；二是以相应的指标来源做支撑。通过对相关文献进行梳理和对客观现实需要进行考量，我们不难发现，政府权责清单制度绩效评价体系应当是一个多层级、各部分相互独立又有机联系的指标体系，需要运用层次化、系统化的结构进行指标的设计，才能使指标体系对政府权责清单制度进行由表及里、由始至终的全方面深入评价。因此，在指标体系的建立之初，首先需要对指标体系的逻辑框架进行梳理和分解，并在此基础上进行指标的选择。

从前文政府权责清单制度演进轨迹的梳理过程中可以发现，当前中央和地方政府已总体上完成了制度制定的环节，目前已经进入了全面实施阶段。首先，虽然各地方政府由于自身实际情况的不同，部分清单内容的制定略有差别，但在制度制定完成度上相差不大。但不可否认的是，由于各地方政府在权责清单制度制定过程中存在应付性、随意性、专业性不足等问题，导致清单制定存在目标不够明确、分类标准不统一、清单要素不全面、公众参与度不足、制度内容不完整等不足。其次，在制度制定总体完成的背景下，政府权责清单制度的执行已成为党和政府工作的重点，考察各级政府是否投入了足够的人力、财力、物力来推进政府权责清单的执行，已经成为制度评价的重要内容。由于受组织结构、行政文化、领导者能力和素质等因素的影响，相同的人力、物力和财力的投入并不一定能带来相同的结果，在特定情形下甚至出现结果大相径庭的情况。加之公共制度作为一种管理社会事务的政策工具，其实施效果是制度评价的重中之重，因而制度结果评价是制度评价指标体系设计的关键内容，需要通过制度结果评价指标的运用研判这一制度实施以来产生的制度效率、效果和效应，为进一步有效推进该项制度的完善和落实提供指引。最后，无论是从权力清单还是责任清单来说，公众是政府权责清单制度下的最直接受益者，是制度评价的重要参与者。公众满意度覆盖了制度“制定—执行—结果”三个层面，通过引入公众满意度对这一制度的测量，能够立足于制度运行的全过程进行综合评价。一方面，可以了解公众对政府权责清单制度运行的正负面评价；另一方面，能够发现政府权责清单制度制定和执行的短板，进而从受众的角度挖掘政府权责清单制度实施过程中存在的问题，更好地为政府权责清单制度的下一步推进提供重要的参考。

综上所述，在指标构建上，通过运用层次分析法，将政府权责清单制度实施效果评价内容解构为“制度制定—制度实施—制度结果—公众满意度”四个方面，重新构建出一个全新的分析框架。在此基础上，构建出一个关于政府权责清单制度实施效果评价指标体系的指标池，并通过隶属度分析、相关性分析和信度效度检验，进行指标的筛选来确定最终的指标体系，并运用专家打分法对所构建的指标体系中的各项指标进行权重的计算，从而构建出一套科学合理完整的政府权责清单制度绩效评价指标体系并确定指标权重，如图 5-1 所示。

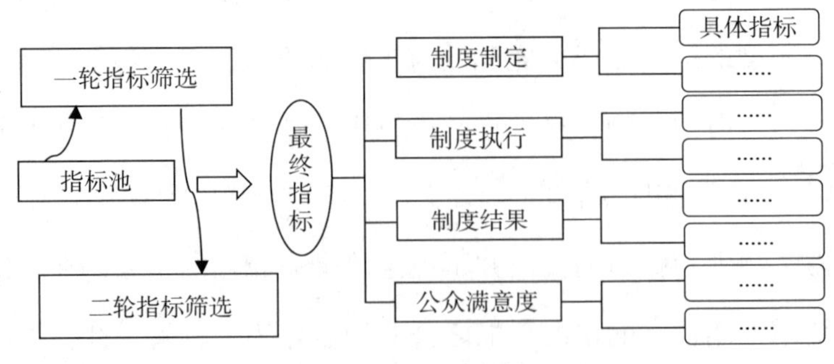

图 5-1　指标构建逻辑思路

资料来源：作者自制。

二、构建指标体系的指导原则

构建评价指标体系的目的在于通过系统、全面的指标体系构建，实现对某一项事务的综合性考量和评判。实施制度评价涉及多层次、多方面、多主体的内容，其评价指标体系的构建过程严谨而复杂，并非指标的简单组合，而是需要遵循一定的逻辑思路，以及遵循相应的指导原则，以此来保证所构建的指标体系的科学性、可行性，使制度评价结果具有可靠性和有效性。一般而言，评估指标设计要坚持公平公正、系统全面、连续稳定、可靠客观和操作简便等基本原则①。换言之，评价指标体系的设定需要遵循系统性、典型性、动态性、科学性、综合性等基本原则。针对政府权责清单制度的评价，除了参考政府绩效评价指标设计原则，还需要考量政府权责清单制度评价本身的独特性，这样才能使最终形成的指标体系有效地反馈政府权责清单制度实施效果。例如，政府权责清单制度绩效评价的复杂性特征，要求其评价指标体系必须满足系统优化的特征；评价指标体系中各指标的独立性规范特征，要求政府权责清单制度绩效评价指标体系的设计必须科学合理、严谨求实；政府权责清单制度本身的公共性特征，要求其评价指标体系的制定必须坚持客观公正的原则；政府权责清单评价的实践性和目的性特征，要求其评价指标体系的建构要操作简便、高效可行；政府权责清单制度的动态性特征，要求评价指标需要考量时间和空间的限制。综上所述，本书所遵循的政府权责清单制度绩效评价指标体系构建指导原则包含系统优化、科学规范、客观公正、公众参与、操作简便和动态发展六个方面。

① 尚虎平．基于数据挖掘的我国地方政府绩效评估指标设计——面向江苏四市的探索性研究［J］．软科学，2011，25（12）：91-97.

（一）系统优化原则

政府权责清单制度绩效评价指标体系需要从多方面、多维度、多层次关照对象的效率、效果和效应，从整体层面考量该制度实施取得的成效和存在的不足。在对政府权责清单制度进行评价时无法面面俱到，而是在“去次留主”的理念指导下，挖掘影响政府权责清单制度实施效果的关键性指标，使所选取的评价指标能够有效评价这一制度的实施效果。因此，在设计指标时，既要保持指标选取的针对性，突出政府权责清单制度的核心属性，也要保持指标选取的系统均衡，并保持所设计的指标具有清晰的结构，能够完整地表达出所要研究对象的各类属性。具体而言，系统优化原则指导下的政府权责清单制度绩效评价指标体系需要具有以下几个特征：一是整体性，要保证该指标体系中的所有指标均为其绩效评价服务，各类指标分别评价制度的各个方面，使各指标凝结成一个整体，避免单一指标以偏概全；二是结构性，由于指标体系庞大而复杂，要确保评价的科学性，需要整个指标体系以一定的结构呈现出来，完整表达出研究对象的各类属性，避免指标混乱无序、遗漏关键指标；三是层次性，指标评价的逻辑性和严谨性要求各指标的设置具有层次性，各指标既要相互独立，具有不重复的含义，又要相互联系，对具有相关性、表达相关意义的指标进行分层整合。

（二）科学规范原则

科学是要求，规范是目标，科学和规范是对指标体系中每一项具体指标的要求。科学性原则要求收集指标要有科学依据，指标体系中每一项指标都有确定的来源，所选取的指标必须与被评价的对象息息相关，与政府权责清单制度绩效某一方面的评价相契合，且各指标之间相互独立，避免多项指标反映同一内容的情况，全面而真实地反映政府权责清单制度推进所带来的效果，同时还要避免不相关因素混入其中，干扰指标体系评价的有效性；规范性原则要求对每一项考核指标的涵义和范围进行界定，通过规范的语言和符号对指标进行解释或说明，以明确指标所包含的具体内容，确保评价的有效性。概言之，在进行指标设计时，评价指标体系必须建立在科学规范的基础上，全面而真实地反映政府权责清单制度推进所带来的效果。此外，政府权责清单制度评价指标体系的设计过程应当遵循理论与实践相结合的原则，在既定的理论框架的指导下，结合实践中的经验和不足，参考相关学者专家已有的研究成果，综合学界已有研究的长处和短板进行本书指标体系的构建，以期构建的指标体系既能借鉴已有研究的优势，又能规避前人研究中的缺陷；既能体现理论框架的完整可靠，又能从实践中寻找经验并对实践产生指导价值，以设计过程的科学规范保障设计结果的合理有效，实现评价效益的最大化。

（三）客观公正原则

政府权责清单制度的评价是对客观存在的制度实施效果的主客观反映和认识。毫无疑问，政府权责清单的实施效果及其程度是客观存在的，但由于内外部多种因素的干扰，得出的结论可能与现实情况有所误差，因此，在构建评价指标体系对其进行考核时，应当本着客观公正的原则，依据政府权责清单制度达成战略目标和符合价值取向的程度进行考核，以构建指标体系、选择指标维度。换言之，在制定地方权责清单制度绩效评价指标体系时，要根据这一制度所要实现的战略目标和价值取向，进行指标的选择和设置，这样才能保证对这一制度的评价是客观有效的。一方面，要考量客观实际，考虑所要测量的指标是否能从现实中得到数据，即设计的指标维度要具备现实可操作性，避免指标体系中出现现实中无法测量或者测量难度大、测量成本过于高昂的指标维度；另一方面，由于内外部环境的复杂性，对政府权责清单制度绩效客观实际进行评价时难免受主观因素的干扰。为保证所获取数据的客观公正性，在获取定量指标数据时，应当有所根据，尽量以正式的文本材料、数据和图表作为有力支撑；在获取定性指标数据时，由于定性指标数据获取的主观性更大，为了最大程度保证数据的客观公正，应当注重设问的方式，充分体现满意度。因此，在进行指标体系构建和指标维度设计时，应当充分考量体系结构、设问方式、数据获取途径等元素，以事实为依据，尽量避免内外部主观因素对获取客观指标数据的干扰。同时，杜绝弄虚作假、虚报数据的可能，合理设置主观指标和客观指标，做到定性指标要充分体现满意度、定量指标如实反映该制度的实效，确保所设计出来的指标体系具有客观公正性。

（四）公众参与原则

作为公共部门，政府被国家授予公共权力，以公共利益作为组织目标管理社会公共事务，并向全体社会成员提供公共服务。政府与私人部门最为显著的区别在于其特有的公共性质，如果政府组织与私人部门一样，一味追求效率和利润，则极容易丧失其公平、民主等社会价值效应。效率并非政府权责清单绩效考核的唯一内容，公平也是政府组织开展工作的重要内容和价值追求的重要方面。在实际中，公平这一价值取向并非政府这一单一行政主体能够达到，社会监督和广泛的社会参与是保障公平的重要手段。因而，在政府权责清单制度绩效评价指标体系的建立和具体指标的选取过程中，应当充分考量政府提供公共服务的受众、社会公众的客观诉求，在充分调查公众意见和汲取公众智慧的基础上，吸纳多元社会主体的意见建议，设计出公正合理的政府权责清单制度绩效评价指标体系。这既能考察政府权责清单制度的公共价值取向，又能减少公众满意度调查过程中可能出现的对抗性，增加公众对政府的信任感和支持率，还能使指标数据获取更为便捷，减少数据收集成本。

（五）操作简便原则

构建指标体系的标准之一是操作简便，这是所构建出来的指标得以运用于实际的先决条件。一方面，操作简便是评价工作得以顺利开展的重要前提，无法测量或不具有可操作性的指标是很难在实践中应用的；另一方面，操作简便能够减少工作量，降低评价过程中的成本，提升评价的效率，以便更容易获得真实的信息。对于政府权责清单制度指标体系来说，首先，设置的指标体系应该具有简单明了的特点，具体体现在概念明确、定义清楚、数量适当、内容简洁。在这个过程中，应综合考虑现行的技术条件，要便于评价数据的收集与采集，避免因数据收集而需要耗费大量成本。同时，应在满足指标项目独立性和完备性的前提下，需使指标数量在一个合理范围内，从而实现指标体系质量的最优。其次，要确保所设计的指标是可以用来度量的，需考虑指标的可获取性和可行性，不能眉毛胡子一把抓，没有侧重点，导致指标体系看似面面俱到，实际上缺少重点，无法实际操作，需要设计出指标转化的具体规则，进而实现制度评价结果的可量化处理。最后，无论是对定性的还是定量的指标进行操作性解释，都要以增强指标在行动上的可行性和价值上的实用性为目标，从而使指标在运用时能够得到具体可比较的分数，降低整个评价的复杂性。

（六）动态发展原则

行政权力具有随经济社会发展变化而变化的动态属性。政策是在执行的实际过程中制定和修正的[①]，每一项制度的推进是稳健、循环往复、螺旋上升的过程。由于制度在运行过程中所面临的内外部环境都是不断变化的，相应地，进行绩效评价所涵盖的内容也在不断变化。在现实中，政府权责清单制度的内涵、外延、制度修订、执行情况、实施效果等都随着客观现实情况的不断变化而变化，在对其实施效果评价要考虑其发展的动态性。一方面，建立一套科学合理的政府权责清单制度绩效评价指标体系并非一蹴而就，而是在实践和发展中不断累积逐渐形成的，需要根据现实情况的不断变化进行检验和调整；另一方面，构建政府权责清单制度指标体系和设计相关维度时，也应当适当考虑未来变化和发展需要，设计体现时间和空间变化弹性的绩效指标。进一步，从时空角度来看，针对空间动态变化来说，由于政府权责清单制度的内涵、外延、制度修订、执行情况、实施效果等存在情况不一的情形，应当因地制宜地在考量战略目标和价值取向总体稳定的前提下，依据地方实际情况对部分指标内容进行适当修改和补充；针对时间动态变化来说，随着政府权责清单制度执行的不断深入，其实施效果越发显著，绩效评价指标体系也应当不断完善，体现政府权责清单制度不断推进的阶段性特征。总体而言，政府权责清单制度绩效评价指标体系并非一蹴而就，其设计要秉承动态发展原则，需要根据客观现实时间和空间的动态变化不断进行修正和完善。

① MARSH D，RHODES R A W. *Im plementing Thatcherite policies*：*audit of an era*［M］. Open University Press，1992：6.

第三节　指标体系维度设计

本节从“制度制定—制度执行—制度结果—公众满意度”四个维度出发，对指标体系进行维度设计，在文献阅读、资料分析和实地走访调查的基础上构建绩效评价指标体系的指标池，并利用专家意见法、头脑风暴法等方法，对指标池里的108个指标进行筛选，初步形成了含74个指标的指标体系。同时，对所构建的指标体系的指标进行隶属度分析、相关性分析，以及信度、效度检验等实证筛选，进而确定包含48个指标的政府权责清单制度绩效评价指标体系。

一、制度指标体系构建

政府权责清单制度指标体系的构建是为了对该制度的具体工作成效有一个较好的测量，通过构建的指标体系对该项制度的制定和实施效果进行全方位的考察，以便于发现该项制度在客观实际中运行的成效和不足，进而根据数据分析得出结论，为该制度未来的推进和落实提供战略发展方向。要对政府权责清单制度有较好的理解，需要对政府权责清单制度有全面的认识和评价。因此，本书所构建的指标体系应该是一个多层次的系统，使这一评价机制能够覆盖到制度制定和发展的全过程。在绩效评价指标体系构建方式上，为保证绩效评价指标体系的科学性，要充分了解政府权责清单制度文本和实施现状、广泛阅读学界相关文献和综述、结合实际情况进行深入调研以获得第一手数据。本书采用制度全过程评价的方式，拟定了政府权责清单制度制定、制度执行、制度结果和公众满意度这四个方面作为该制度绩效评价指标体系的一级指标，从不同的维度反映政府在推进这一制度时所产生的效果和效应，如图 5-2 所示。二级指标的选取将根据一级指标的具体含义和具体内容进行逐一讨论，探寻能有效描述一级指标的标签。三级指标的选择则是在一二级指标确定的基础上构建指标池，并利用专家意见法、头脑风暴法、隶属度分析和相关性分析等方法确定，最终采用主客观指标相结合的方式，对政府权责清单制度实施效果评价的分析框架做一个探寻。

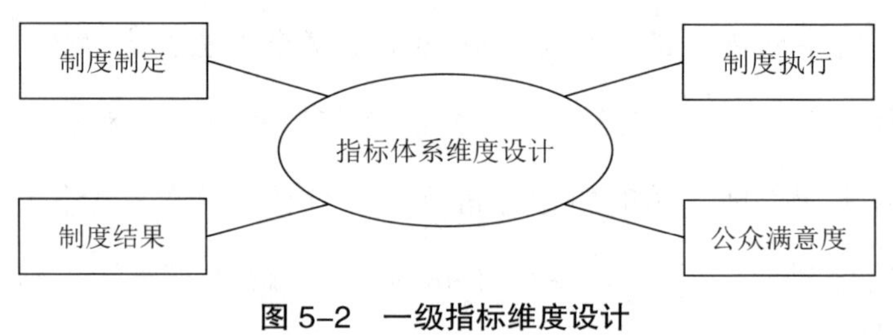

图 5-2　一级指标维度设计

资料来源：作者自制。

（一）制度制定维度

制度制定层面上，政府权责清单制度嬗变过程表明当前政府大部分已完成清单的梳理与制定，其静态方面的工作日趋完善，渐渐成为政府限权履职的常态化工具。但在这一过程中，政府权责清单制度的推进只是为了完成上级政府布置的任务，还是说能够主动结合地方特色进行动态更新与创新性发展，仍是当前制度制定与执行遇到的难题之一。从既有文献来看，强化资金扶持、人才保障及物资供给等各种物质保障和通过宣传培训、学习等建设权责清单专业队伍及专门负责机构，能够促进该制度制定和优化[①②]。同时，政府权责清单制度的制定要实现四个目标要求，即“三个全覆盖”（层级全覆盖、

① 赵谦，何佳杰．地方政府权力清单制度的“困境摆脱”［J］．重庆社会科学，2017（4）：18-25.

② 杜玥昀．权力清单制度的定位与调适［J］．南京政治学院学报，2017，33（3）：90-93.

部门全覆盖、领域全覆盖)、制度规范化、详细具体化、公开透明化[①]，要有公众意见的反馈和专家学者的论证环节[②]，并利用媒介宣传等扩大公众对权责清单制度的知悉度[③]。此外，权责清单的制定并非一成不变[④]，建立动态调整机制是当前权责清单制度推行和落实的立足点之一[⑤]，地方政府要依法规进行“立改废”和针对上级政府权责变动做到同步调整和更新[⑥]。

从实践上看，政府权责清单制度嬗变过程表明当前政府大部分已完成清单的梳理与制定，渐渐成为政府限权履职的常态化工具，但编制公布工作是否科学合理还需要使用具体的评价指标进行考察。正如前文所述，由于内外部条件和环境的不断变化，制度制定的过程并非“一锤子买卖”，组织是否给予相关资源助推制度的制定、制度文本的编制公布是否规范及时、制度本身是否根据实际情况的变化进行了科学合理的调整，这些都是制度制定层面应当涵盖的内容。其中，在组织支持方面，人财物和组织制度制定机构的配套是制度制定的基础工作。制度开始制定前是否开展相关业务培训、是否开展制度学习、是否组建相关领导小组、领导重视参与程度、专业人员配备情况和是否拨付财政资金等因素，都会对清单制度的制定产生重要影响。在编制公布方面，通用清单和实施清单是当前政府权责清单的两大载体，其要素是否完备、文本表示是否规范、清单内容是否完善等，对政府权责清单制度是

① 程文浩．国家治理过程的“可视化”如何实现——权力清单制度的内涵、意义和推进策略［J］．人民论坛·学术前沿，2014（9）：90-95.

② 张力，任晓春．论我国权力清单制度的运行逻辑与现实考量［J］．东南学术，2016（5）：48-54.

③ 陈大为．推行权力清单制度的困境及出路——以法治政府建设为视角［J］．长白学刊，2017（6）：70-76.

④ 董成惠．“权力清单”的正本清源［J］．北方法学，2017，11（2）：98-109.

⑤ 田进，杨正．同质与差异：省级政府权力清单制度推行政策的文献计量分析［J］．情报杂志，2017，36（5）：75-81.

⑥ 袁维海，沈荣华，姚玫玫．打造权责清单升级版的改革探索——基于对安徽省推行权责清单制度的调研［J］．中国行政管理，2018（8）：18-20.

否能够发挥应有的成效起着重要作用。同时，在权责清单制定过程中，编制分工是否清晰，编制要求是否合理，是否有专家参与权责清单的论证，以及是否征求公众意见，将会影响清单编制的科学性、准确性和可被接受性。此外，权责清单的印发公布是否主动、清单编制是否合法合规等亦会影响清单制度的实施效果，这当中包含了政府权责清单制度的公开程度、公开内容和公开载体等诸多内容。在动态调整方面，动态调整是否充分论证、动态调整是否时效准确、动态调整是否常态化、动态调整是否结构优化、动态调整是否可追溯、动态调整能否进行效能问责以及动态调整的内容是否科学合理等内容，构成了动态调整机制的重要组成部分，这也是清单制定完善优化的必经之路。总体而言，组织支持、编制公布、动态调整构成了制度制定维度重要组成部分，如图 5-3 所示。

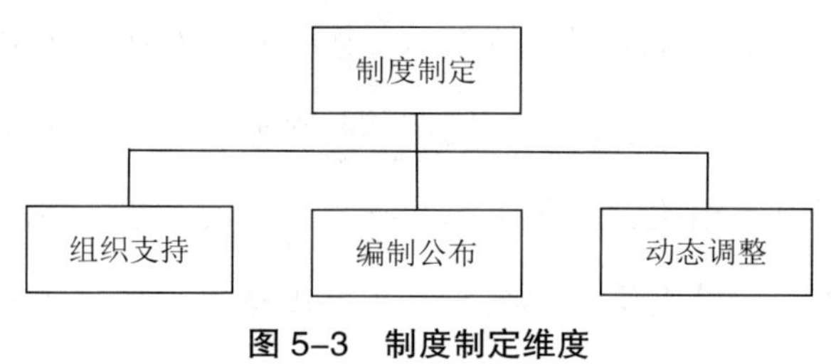

图 5-3　制度制定维度

资料来源：作者自制。

（二）制度执行维度

在制度执行层面，权力清单制度实质是明确政府与市场、社会三者之间的权力边界[①]，需要有权力行使流程的制度、权力边界划分制度和权力行使结

① 竺乾威. 政府职能的三次转变：以权力为中心的改革回归［J］. 江苏行政学院学报，2017（6）：91-98.

果的责任追究制度等配套改革[①]，并通过编制运行规范、操作手册、操作案例等实践[②]和供给如问责机制、责任追究机制等具体措施[③]，促进政府削权并署、还权属地、限权忌行、明确依法[④]和实现权力配置及运行可视化[⑤]。同时，在权责清单制度执行过程中，权责清单属于主动公开的政府信息，是政府信息公开工作的进一步深化[⑥]，其所包含的静态信息公开和动态信息公开，可以最大限度地避免因信息不对称造成的权力异化[⑦]。此外，权力清单制度的执行需要对权力和责任同步监督[⑧]，需要完善行政系统内部、立法、司法、政党、社会和网络等监督机制[⑨]，形成监督工作的全方位多层次的多维立体交叉体[⑩]。制度执行是将制度理想转化为制度现实、制度目标转化为制度效益的唯一途径，是一个多元参与者参与制度的互动过程。

从实践上看，制度执行维度涉及在现实中如何对制度加以运用、如何使用信息社会带来的便捷，以促进制度的发展及是否对政府权责清单制度的执行进行有效监督。在具体的实践过程中，制度执行主要包含三个环节：一是

---

① 孙彩红 . 权力清单与地方政府职能转变——以苏州市相城区为例［J］. 甘肃社会科学，2017（2）：36-42.

② 夏行 . 防止“小权力”演变为“大腐败”——宁波市推行农村“小微权力”清单制度的探索［J］. 领导科学，2014（31）：22-23.

③ 蔡小慎，牟春雪 . 我国地方政府权力清单制度实施现状与改进对策——基于 30 个省级行政区权力清单分析［J］. 学习与实践，2017（1）：45-53.

④ 刘云亮 . 权力清单视野下规制政府有形之手的导向研究［J］. 政法论丛，2015（1）：36-43.

⑤ 罗峰，徐共强 . 基层治理法治化视野下的权力清单制度——基于上海市两个街道的实证研究［J］. 复旦学报（社会科学版），2018，60（2）：158-168.

⑥ 申海平 . 权力清单的定位不能僭越法律［J］. 学术界，2015（1）：126-134.

⑦ 陈向芳，邓薇 . 价值定位与路径导向：权力清单制度再思考［J］. 中共福建省委党校学报，2015（8）：30-34.

⑧ 严新龙 . 论地方政府权力清单制度的行政法治化［J］. 理论探讨，2016（6）：168-172.

⑨ 胡于凝 . 权力清单制度的动力与阻力探究［J］. 天津行政学院学报，2016，18（4）：3-11.

⑩ 谢建平 . 权力清单制度：国家治理体系和治理能力现代化的制度性回应［J］. 华东师范大学学报（哲学社会科学版），2014，46（6）：108-112.

制度执行在客观实际中如何得以运行；二是如何利用当代信息及信息技术的便捷来促进制度的运行和发展；三是如何应对由于受内外部多种因素及环境变化的影响可能产生偏离制度制定时的预期和既定的战略目标。因此，对制度执行维度进行重点细化时，可从应用管理、信息管理和监督管理三个层面入手。具言之，在应用管理方面，政府权责清单制度是“放管服”改革的重要举措之一，与简政放权密切相关。从简政放权角度出发，权力下放精不精准，权责是否同步转移，流程是否规范，能否做到“标准同事项同步转移或下放”，是政府权责清单制度执行过程中需要面临的一大难题，也是在对政府权责清单制度实施效果进行评价衡量时的重要依据。政府权责清单制度还与政府部门职责密切相关，政府权责清单制度与完善清单管理制度体系相结合情况，在实际中能否和“三定”有效结合并加以应用，也会对这一制度的执行产生影响。“三定”规定以政府权责清单为基础，按照相关规范性文件定职能、定机构和定编制也应在评价范围内，这实现了对政府权责清单制度的进一步细化，能够把部门职责和部门边界梳理清楚。同时，将政府权责清单制度与“三定”规定有效结合，能够促进政府职能朝着更加精细化的方向转变，这在某种程度上也在推进政府权责清单制度的落实。从制度执行的相关辅助配套出发，要发挥清单制度的最大效用，还取决于权责清单与政府日常管理运行相结合情况、是否全部进驻行政服务中心、是否制定权责清单管理办法、清单管理制度体系是否完善、是否与制度推进计划相一致、是否与相关制度相结合、是否配备用户指南和操作手册、是否与编制规定相结合等要素。在信息管理上，政府权责清单制度的信息管理不仅涉及信息本身的管理，还涉及政府权责清单制度的信息化程度。从信息自身的管理方面来看，政府权责清单制度所涉及的信息管理不仅包括静态信息管理，还包括动态信息管理。其中，静态信息管理方面主要包含政府权责清单制度中权力名称、设定依据和行使主体等，主要针对的是通用清单的管理，受数据公开化程度的影响。因通用清单稳定性较强，在对其进行管理时仅需流程化进行管理即可。信息的输出要及时、准确，与“信息输入”一同构成信息的良性循环，形成开放、透明的政府治理①。对此，要管理好政府权责清单数量、权力责任变动等信息，实现政府权责清单制度所涉及的事项数据统一、同步更新、同源公开、多方使用、公开透明。信息管理还要依托于平台，网上办事大厅、清单运行系统等建设和功能的完善，凸显运行的数字化程度与办理的网络化程度，有利于实现政府权责清单的信息化管理，从而最终实现政府权责清单制度的信息化管理程度的提升。在监督管理方面，对政府权责清单制度进行监督管理是防止政策出现偏差，避免制度走样的重要手段，监督管理的实践与成效是在制度评价时需要着重考量的。对政府权责清单制度执行的监督管理，主要衡量对这一制度是否建立社会监督评价机制、是否进行工作督查、开展监督评议情况、是否开展廉政风险评估和是否纳入绩效考评。具体而言，可从监督检查、社会评价、廉政风险评估、绩效评价等方面对监督管理做进一步理解。其中，监督检查是指效能机构、审改部门、行政服务中心及编办是否按照职责分工对政府权责清单制度的执行情况进行监督检查；社会评价是指各级政府部门是否建立相应的社会评价机制，包含公众评议、投诉渠道反馈等；廉政风险评估主要是指评估政府权责清单制度执行过程中与廉洁相关的内容；绩效考核主要是指建立政府权责清单执行情况和实施效果考评机制。因此，监督管理的指标设计可以从监督管理机制建设、是否进行工作督查、开展廉政风险评估情况以及开展监督评议情况等维度进行设计。总体而言，应用管理、信息管理、监督管理构成了制度执行维度重要组成部分，如图 5-4 所示。

① 王锡锌 . 公众参与和中国新公共运动的兴起［M］. 北京：中国法制出版社，2008：110.

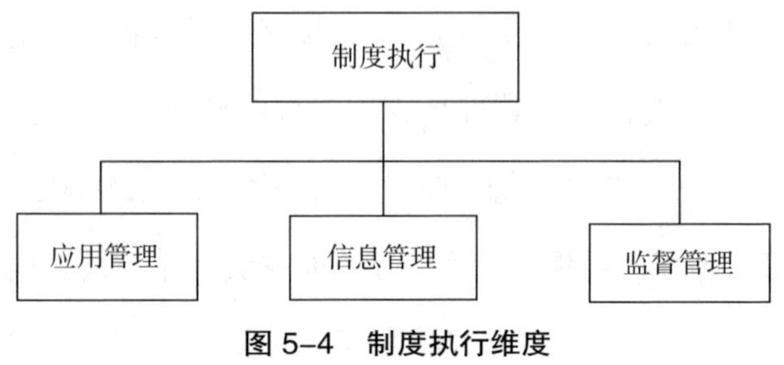

图 5-4　制度执行维度

资料来源：作者自制。

（三）制度结果维度

在制度结果维度，指标的构建要反馈制度执行后在经济发展、社会变化、群众生活质量改善等全方位的结果，并构成一个有机的整体。政府权力清单制度具有降低制度交易成本的功能，能够简化办事程序、节约社会行政成本和优化企业发展①，可从新增单位数和固定资产投资等维度实施效率分析②。同时，政府权责清单制度有利于以“问题倒逼”的方式推动地方政府角色恰当定位③，逐渐厘清政府、市场与社会之间的边界④，在重塑政府、市场与社会的和谐社会关系中有着举足轻重的作用⑤。此外，权责清单制度兼具政策模仿和

---

① 汝绪华，汪怀君．政府权力清单制度：内涵、结构与功能［J］．海南大学学报（人文社会科学），2017，35（2）：58-65.

② 陈升，王梦佳，李霞．有限政府理念下行政审批改革及绩效研究——以浙、豫、渝等省级权力清单为例［J］．公共行政评论，2017，10（4）：80-94.

③ 马君昭．基于权力清单制度的地方政府职能转变研究［J］．云南行政学院学报，2017，19（3）：108-113.

④ 王湘军，李雪茹．从“碎片化”到“整体化”：清单管理制度健全路径探论［J］．行政论坛，2019（2）：48-57.

⑤ 张杰，李和中．清单式治理视域下的政府、市场与社会关系研究［J］．广西大学学报（哲学社会科学版），2018，40（2）：96-103.

制度创新的双重特征[①]，其建立有助于法治政府、廉洁政府、责任政府、服务型政府和阳光政府的建设[②③]。在实践方面，对制度结果的评价主要是利用确定的价值观念进行分析，从而为决策者提供有价值的运行结果分析。政府权责清单制度指标的构建要反馈制度执行后在经济发展、社会变化、群众生活质量改善等全方位的结果，并构成一个有机的整体。对制度结果的评价主要是利用确定的价值观念进行分析，从而为决策者提供有价值的运行结果分析。因此，在对政府权责清单制度结果进行评价时，可以借鉴威廉·邓恩在《公共政策分析导论》里提出政策评价的六大标准，即效果、效率、充分性、公正性、回应性和适当性[④]，综合运用实施效率标准、实施效果标准和实施效应标准三方面对这一制度的实施效果进行评判。从实施效率标准来看，邓恩认为有效率意味着用最低的成本获取最大的效益。对于政府权责清单制度而言，我们以时间成本和制度目标实现程度作为主要评价标准，包含行政工作人员办事效率的提升程度、群众办事流程简化程度、事项办理等待时间是否适度、事项办理过程中是否存在推诿扯皮现象、部门间协调事宜能否快速解决、所办理的事项能否在规定的时间内完成等各个方面，用具体的指标维度，考核政府权责清单制度实施后市场经济效率和行政效率是否有明显提升。从实施效果标准来看，邓恩认为效果是指在某一特定的方案中能否实现有价值的行动结果，一般是制度实施对客体及环境所产生的影响或效果。对于政府权责清单制度而言，这一制度是否实现有价值的行动结果，在于其是否为社会和

① 邹东升，陈思诗．党的十八大后中国省级政府权力清单制度创新的扩散——基于政策扩散理论的解释［J］．西部论坛，2018，28（2）：26-34.

② 李和中，刘孎毅．加强建立和完善行政权力清单制度［J］．广州大学学报（社会科学版），2014，13（9）：10-14.

③ 梁远．让权责清单在落地运用中结出制度硕果［J］．中国行政管理，2018（8）：13-17.

④ ［美］威廉·邓恩．公共政策分析导论［M］．谢明，杜子芳，付燕，译．北京：中国人民大学出版社，2002：450.

市场提供了更高质量的公共服务，以及是否实现了该制度预期的目标。这个过程涉及政府、市场和社会的边界是否明晰、政府职能是否优化、服务水平是否提升、职能转变和机构改革是否稳步推进、权力运行是否得到有效制约、公共服务是否有较高质量与水准等要素。从实施效应标准来看，一般是政府权责清单制度能产生何种经济效应、政治效应、文化效应或社会效应，能在比较大的层面上对责任型政府、服务型政府和廉洁型政府等发挥多大的辐射作用，例如，是否坚持全面依法治国、是否坚持依法依规、清单制度是否可持续、是否能够激发市场经济活力程度、是否保障社会知情权、是否弘扬公共精神等。因此，在对政府权责清单制度结果进行评价时，可借鉴绩效评价过程中的效率衡量和效果、质量相结合的指标的思路，通过效率、效果和效应三方面，对政府权责清单制度实施后所取得的结果做全面性的考察，如图 5-5 所示。

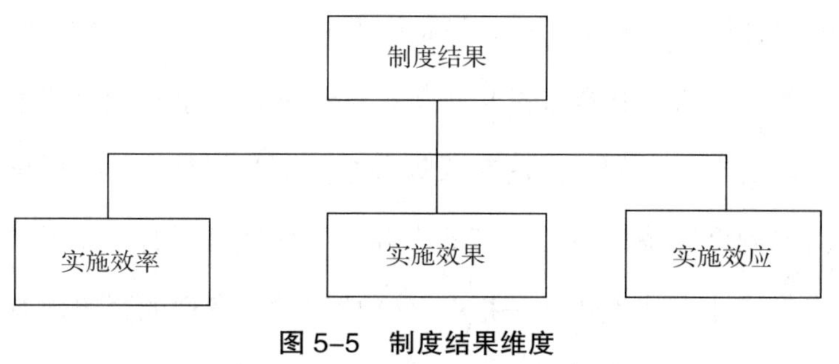

图 5-5　制度结果维度

资料来源：作者自制。

（四）公众满意度维度

公众满意度维度，主要涉及公众对政府权责清单制度实施效果的总体满意程度，主要涉及公众参与及公众感知两方面内容。公众满意度的测量既有利于为公众表达诉求提供机会，又有利于反思和总结政府权责清单制度推进过程中的成效。当前，政府权责制度推行过程中公众参与空间偏狭和参与能力较低①，存在信任性困境、回应性困境和“搭便车”困境②，需要在推进的过程中扩大公众知情范围和参与度，为公众有效参与奠定基础③。实践上，通过对制度的公民满意度测评，能够突出问题导向和需求导向，拓宽公民获取信息的渠道，保障公民的知情权，积极推进公民参与。在企业管理中，常由顾客来评价企业绩效，体现了顾客导向的管理思想。所谓顾客导向，是企业管理中强调以顾客而非企业的立场分析问题、以顾客满意度引导企业经营活动的竞争战略。在新公共管理运动当中，顾客导向常被应用到公共管理研究领域，而对政府权责清单制度来说，其服务对象是公众，因此，以公众满意度为指标维度衡量政府权责清单制度绩效，也是其评价指标体系构建的重要内容。顾客满意度概念最早由卡多佐在1965提出，其被广泛应用的测量模型是1994年的美国顾客满意度模型ACSI（American Customer Satisfaction Index）④。本书主要借鉴ACSI模型，将公众满意度分为公众期望、感知质量、公众满意三个维度。具体而言，针对政府权责清单制度，公众期望维度包含公众对制度制定的预期、对制度执行的预期、对整体情况的预期、心理上的

① 赵谦，何佳杰．地方政府权力清单制度的“困境摆脱”［J］．重庆社会科学，2017（4）：18-25.

② 王垚．地方政府推行权力清单的现实困境［J］．人民论坛，2015（36）：65-67.

③ 尹少成．权力清单制度的行政法解构［J］．行政论坛，2016，23（1）：78-82.

④ FORNELL C，JOHNSON M D，ANDERSON E W，et al. The American customer satisfaction index：nature，purpose，and findings［J］. *Journal of Marketing*，1996，60（4）：7-18.

信心、行动上的支持、保持积极态度、情感上的认可等；感知质量维度包含公众对务求实效的感知、对便民利民的感知、对制度公开的感知、对权责一致的感知、对公开透明的感知等；公众满意维度则包含与预期相比的满意度、与理想相比的满意度、公众正式表达的满意度、公众非正式表达的满意度、公众主动表达的满意倾向、公众被动表达的满意倾向、保持积极态度和情感上的认可等。总体而言，公众期望、感知质量、公众满意构成了制度制定维度重要组成部分，如图 5-6 所示。

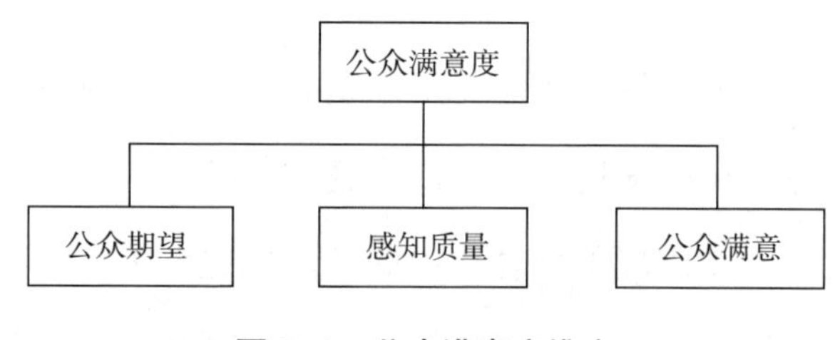

图 5-6　公众满意度维度

资料来源：作者自制。

简言之，在政府权责清单制度评价的内容维度确定过程中，确立了公共利益为指标体系构建的价值取向，并结合新公共服务理论中的民主、服务、效率和公民权这一目标，将政府权责清单制度实施效果评价分解为制度制定、制度执行、制度结果和公众满意度四个评价维度，并在此基础上细化为组织支持、编制公布、动态调整、应用管理、信息管理、监督管理、实施效率、实施效果、实施效应、公众期望、感知质量、公众满意 12 个内容维度，以此为指标体系的实证筛选提供分析框架，如图 5-7 所示。

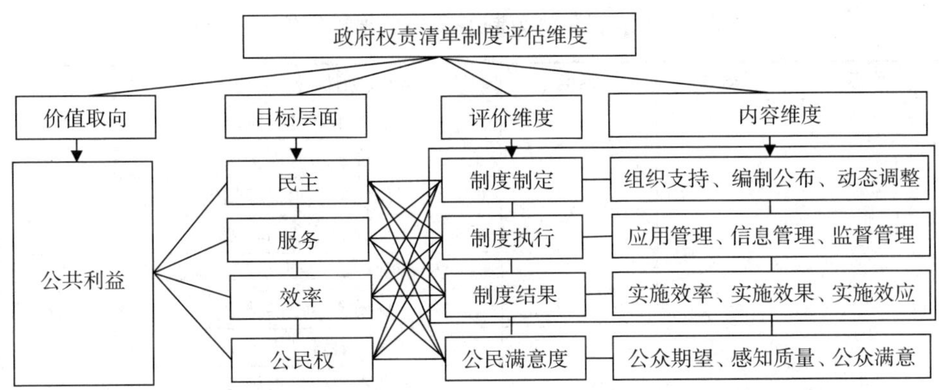

图 5–7　政府权责清单制度指标体系构建价值取向及评价维度

资料来源：作者自制。

政府权责清单制度评价指标体系的设立是为了测评政府在推进权责清单制度的成效到底如何，存在什么问题以及在接下来应该如何改进。经过对上述四个维度的问题进行初步探讨，辅以相关文献查阅、新闻报道的阅读和立足于现实基础的走访调查及公众座谈，以及借鉴国内外政府权责清单制度绩效评价研究成果后，在前文的基础上根据政府权责清单制度理论内容及实践情况将上述四个维度细化，形成一个包含了形态各异和用途不尽相同的 108 个指标的指标池。为避免指标过多所带来的冗余，首先要对这 108 个指标进行首轮筛选，运用专家咨询和头脑风暴的方法对上述指标进行仔细分析整合，初步构建一个包含 74 个三级指标的指标池 {X1}，后续的统计筛选将会在此基础上展开，如表 5–1 所示。

表 5-1 政府权责清单制度实施效果指标体系 {X1}

目标	类型	维度	操作性指标（三级指标）	标志
政府权责清单制度实施效果	制度制定	组织支持	业务培训开展情况	X1
			制度学习开展情况	X2
			工作领导小组搭建情况	X3
			领导重视参与程度	X4
			咨询团队和专职人员配备情况	X5
			物质资金提供情况	X6
		编制公布	编制要素是否齐全	X7
			文本表述是否规范	X8
			编制分工是否清晰	X9
			清单内容科学规范	X10
			编制要求是否合理	X11
			印发公布是否主动	X12
			清单编制合法合规	X13
		动态调整	是否充分论证	X14
			是否时效准确	X15
			是否结构优化	X16
			能否追溯记录	X17
			能否进行效能问责	X18
	制度执行	应用管理	与简政放权相结合情况	X19
			与规范流程相结合	X20
			与完善清单管理制度体系相结合情况	X21
			与“三定”规定相结合情况	X22
			与政府日常管理运行相结合情况	X23
			与制度推进计划相一致	X24
			与编制规定相结合	X25
		信息管理	数据公开化程度	X26
			流程标准化程度	X27
			通联机制完善程度	X28
			信息透明的程度	X29
			运行数字化程度	X30
			办理网络化程度	X31
		监督管理	清单执行情况报告	X32
			开展监督检查情况	X33
			开展社会评价情况	X34
			投诉渠道建设情况	X35

（续表）

目标	类型	维度	操作性指标（三级指标）	标志
政府权责清单制度实施效果			开展廉政风险评估情况	X36
			社会监督评价机制	X37
			开展绩效考核情况	X38
	制度结果	实施效率	办理事项能否在规定时间内完成	X39
			工作人员办事效率	X40
			在办事地点等待时间是否适度	X41
			制度目标实现程度	X42
			是否存在推诿扯皮等现象	X43
			部门间协调事宜能否快速解决	X44
		实施效果	权责边界是否划定明确	X45
			政府边界是否清晰	X46
			工作人员办事效果	X47
			职能转变和机构改革是否稳步推进	X48
			权力运行是否得到有效制约	X49
			公共服务是否有较高质量与水准	X50
		实施效应	是否坚持全面依法治国	X51
			清单制度可持续性	X52
			是否激发市场经济活力	X53
			是否坚持依法依规	X54
			是否保障社会知情权	X55
			是否彰扬公共精神	X56
	公众满意度	公众期望	对制度制定的预期	X57
			对制度执行的预期	X58
			对整体情况的预期	X59
			心理上的信心	X60
			行动上的支持	X61
			保持积极态度	X62
			情感上的认可	X63
		感知质量	对务求实效的感知	X64
			对便民利民的感知	X65
			对制度公开的感知	X66
			对权责一致的感知	X67
			对公开透明的感知	X68
		公众满意	与预期相比的满意度	X69
			与理想相比的满意度	X70

（续表）

目标	类型	维度	操作性指标（三级指标）	标志
政府权责清单制度实施效果	公众满意度	公众满意	正式表达的满意度	X71
			非正式表达的满意度	X72
			主动表达的满意倾向	X73
			被动表达的满意倾向	X74

二、指标体系筛选

政府权责清单制度实施效果评价指标体系 {X1} 是依据政府权责清单制度的内涵特征，在相关文献和大量实地调研的基础上构建的，集中体现了本书对这一制度评价的理论构思，具有较强的主观色彩。因此，很有必要对理论遴选的指标进行隶属度分析、相关性分析等实证筛选，以增强评价指标体系的科学性、合理性和可操作性[①]。针对此问题，本书采用问卷或访谈的方式进行研究资料收集，对指标体系 {X1} 中的 74 个指标进行隶属度分析，把隶属度较低的指标筛选后形成指标体系 {X2}。在这一基础上，通过相关性分析，最后初步确定出政府权责清单制度实施效果的评价指标体系 {X3}。

（一）指标体系的隶属度分析

通过头脑风暴法、文献来源法等设计的政府权责清单制度实施效果的指标池，具有较强的主观性。指标池中指标数量众多，在实践过程中不可能对一项事物进行面面俱到的评价，需要挑选出与所要评价的维度密切相关的代表性指标。同时，筛选出指标池后还要进一步判断该指标是否属于这一维度，避免所设计的指标与所要评价的维度不相符，确保评价更加科学客观。为此，本书采取单轮德尔菲法进行隶属度分析，来消除指标体系构建过程中存在的

① 范柏乃 . 城市技术创新透视［M］. 北京：机械工业出版社，2002：212.

噪声，即将 74 个指标设计成问卷的形式，通过邮件和现场填写等多种形式发放调查问卷。此次单轮德尔菲法共发放问卷 90 份，回收问卷 80 份，对涵盖 74 个指标设计进行隶属度判断。根据统计学原理，超过 30 个样本的抽样数据符合泊松的“大数定律”要求，一般都会呈正态分布，对其进行研究能够发现一般规律①。

隶属度概念起源于模糊数学，是指某个元素属于某类集合的程度，是对经典集合加以改造的结果。模糊数学认为现实生活中存在着许多模糊现象，其概念的外延和内涵都不甚清晰。其中，内涵是指概念反映的客观对象的本质，往往具有比较明确的边界。但外延呈现出的则是与这一概念相关联的事物，具有边界不明确性和不清晰性。对于这些不明确性，无法运用经典数学的确定的量去研究，而运用模糊数学则可以对模糊性的不确定性的量有一个较好的把握。因此，可以把一个事物的所有特征看成一个模糊集合，在这个模糊集合中，判断某些元素是否属于这个集合并不是绝对的。

政府权责清单制度实施效果评价指标体系就是这样一个充满模糊性的系统。在这个系统中，有些专家认为某些指标可以用来衡量政府权责清单制度的实施效果，但有些专家认为某些指标不能用来衡量，或是有些专家认为有些指标不能很好地反映所要测量的对象。细究原因，这是因为对于一个指标到底属不属于所要评价的事务，是不完全确定的。因此，对于政府权责清单制度的有些指标而言，在政府权责清单制度指标设计中，由于所设计的一些指标具有相似性和不确定性，便需要用模糊数学中的隶属函数来确定某一指标是否隶属于相关层级。本书将和政府权责清单制度评价相关的每一个三级指标看成评价中的一个重要元素，进而构成一个模糊集合（指标池）。在这个模糊集合中，有些指标可以很明确地被筛选为评价必需的指标，但有些指标

---

① 盛骤，谢式千，潘承毅．概率论与数理统计［M］．北京：高等教育出版社，2008：123-144.

似是而非。同时，还要关注在指标筛选过程中指标隶属的强弱。

运用隶属度的方法进行政府权责清单制度实施效果评价指标筛选的步骤如下：首先，所研究的对象是经过初步筛查得到的指标体系{X1}，在第 n 个评价指标 R_n 上，假设每个三级指标被专家所选择的总次数为 M_n，即总共有 M_n 位专家认为 R_n 能够作为政府权责清单制度的评价指标，隶属度计算如公式（5-1）所示。

$$R_n = \frac{M_n}{T}(n = 1, 2, ...j) \tag{5-1}$$

式中，R_n 为隶属度；j 为指标的数量；T 为参与隶属度判断的专家数量。若算出来的 R_n 值比较大，即大部分专家认为该指标应该作为政府权责清单制度实施效果评价的一个指标，也说明了该指标属于模糊集合的可能性更大，即可进行下一步的相关性分析。而对于隶属度比临界值低的指标，说明大部分专家认为其不能很好地反映所要评价的对象，不能作为相应的评价指标，在研究过程中便将这些低于临界值的指标进行剔除。

从统计学的角度出发，可使用临界值法来计算专家临界值下限，其计算如公式（5-2）所示。

$$M = \mu + \frac{S}{\sqrt{\sum_{x=1}^{n} N}} t_{\alpha}(x \in R^{+}) \tag{5-2}$$

式中，μ 代表专家选择某一指标的期望值；S 表示专家对备选指标选择数量的标准差；N 代表备选指标被专家选中的频数，这个值必然为正实数；t_a 是置信度 α 取特定值时的 t 检验值，它可以通过查 t 检验表获得。

专家临界值的详细计算过程如下：在计算专家临界值时，可以将 μ 设为30，从统计学角度来看，当样本量超过 30 则其要素的分布倾向于服从正态分布，可以根据大样本原理来进行计算[①]。标准差和频数直接将问卷数据输入 SPSS21.0 软件即可。置信度 αfalse 取 1%，查 t 分布表可知 $t_{0.01}$=2.368，将上述各值代入公式可知临界专家数量 M 的值为 31。

由于回收问卷数为 80 份，远远大于 M=31，故调查问卷的数量适合筛选这一制度的指标体系。通过对 80 份问卷进行分析，可以得到这 74 个评价指标的隶属度值。然后将在隶属度小于 0.3875 的 15 个评价指标进行删除，如表 5-2 所示，最后留下 59 个指标体系构成了政府权责清单制度实施效果评价指标的第二阶段指标筛选 {X2}，如表 5-3 所示。

表 5-2　被删除的隶属度小于 0.3875 的 15 个评价指标

类型	维度	操作性指标（三级指标）	标志	专家数	隶属度
制度制定	组织支持	领导重视参与程度	X4	28	0.350
	编制公布	文本表述是否规范	X8	24	0.300
		清单内容科学规范	X10	22	0.275
	动态调整	是否结构优化	X16	28	0.350
制度执行	应用管理	与规范流程相结合	X20	23	0.288
		与制度推进计划相一致	X24	30	0.375
	信息管理	通联机制完善程度	X28	29	0.363
	监督管理	清单执行情况报告	X32	27	0.338
		投诉渠道建设情况	X35	23	0.288
制度结果	实施效率	制度目标实现程度	X42	26	0.325
	实施效果	工作人员办事效果	X47	27	0.338
	实施效应	清单制度可持续性	X52	28	0.350
公众满意度	公众期望	保持积极态度	X62	28	0.350
	公众满意	主动表达的满意倾向	X73	24	0.300
		被动表达的满意倾向	X74	30	0.375

① MENDENHALL W M，SINCICH T L，BOUDREAU N S. *Statistics for Engineering and the Sciences*［M］.Boca Raton: CRC Press, 2016：88-89.

表 5-3　政府权责清单制度实施效果指标体系 {X2}

目标	类型	维度	操作性指标（三级指标）	标志	专家数	隶属度
政府权责清单制度实施效果	制度制定	组织支持	业务培训开展情况	X1	74	0.925
			制度学习开展情况	X2	62	0.775
			工作领导小组搭建情况	X3	73	0.913
			咨询团队和专职人员配备情况	X5	77	0.963
			物质资金提供情况	X6	57	0.713
		编制公布	编制要素是否齐全	X7	63	0.788
			编制分工是否清晰	X9	54	0.675
			编制要求是否合理	X11	71	0.888
			印发公布是否主动	X12	60	0.750
			清单编制合法合规	X13	53	0.663
		动态调整	是否充分论证	X14	60	0.750
			是否时效准确	X15	78	0.975
			能否追溯记录	X17	49	0.613
			能否进行效能问责	X18	75	0.938
	制度执行	应用管理	与简政放权相结合情况	X19	62	0.775
			与完善清单管理制度体系相结合情况	X21	66	0.825
			与“三定”规定相结合情况	X22	74	0.925
			与政府日常管理运行相结合情况	X23	69	0.863
			与编制规定相结合	X25	59	0.738
		信息管理	数据公开化程度	X26	75	0.938
			流程标准化程度	X27	74	0.925
			信息透明的程度	X29	58	0.725
			运行数字化程度	X30	62	0.775
			办理网络化程度	X31	66	0.825
		监督管理	开展监督检查情况	X33	76	0.950
			开展社会评价情况	X34	79	0.988
			开展廉政风险评估情况	X36	77	0.963
			社会监督评价机制	X37	75	0.938
			开展绩效考核情况	X38	57	0.713
	制度结果	实施效率	办理事项能否在规定时间内完成	X39	68	0.850
			工作人员办事效率	X40	55	0.688
			在办事地点等待时间是否适度	X41	66	0.825
			是否存在推诿扯皮等现象	X43	62	0.775
			部门间协调事宜能否快速解决	X44	73	0.913

（续表）

目标	类型	维度	操作性指标（三级指标）	标志	专家数	隶属度
政府权责清单制度实施效果		实施效果	权责边界是否划定明确	X45	68	0.850
			政府边界是否清晰	X46	62	0.775
			职能转变和机构改革是否稳步推进	X48	73	0.913
			权力运行是否得到有效制约	X49	67	0.838
			公共服务是否有较高质量与水准	X50	68	0.850
		实施效应	是否坚持全面依法治国	X51	72	0.900
			是否激发市场经济活力	X53	73	0.913
			是否坚持依法依规	X54	68	0.850
			是否保障社会知情权	X55	57	0.713
			是否彰扬公共精神	X56	62	0.775
	公众满意度	公众期望	对制度制定的预期	X57	70	0.875
			对制度执行的预期	X58	74	0.925
			对整体情况的预期	X59	65	0.813
			心理上的信心	X60	72	0.900
			行动上的支持	X61	71	0.888
			情感上的认可	X63	60	0.750
		感知质量	对务求实效的感知	X64	57	0.713
			对便民利民的感知	X65	70	0.875
			对制度公开的感知	X66	67	0.838
			对权责一致的感知	X67	73	0.913
			对公开透明的感知	X68	75	0.938
		公众满意	与预期相比的满意度	X69	65	0.813
			与理想相比的满意度	X70	65	0.813
			正式表达的满意度	X71	63	0.788
			非正式表达的满意度	X72	78	0.975

（二）指标体系的相关性分析

相关性分析是指对两个或多个具备相关性的变量元素进行分析，从而衡量两个变量因素的一致性程度或密切程度，其目的是保持指标间的独立性。经过单轮德尔菲法后的隶属度分析，形成了第二轮评价指标体系{X2}。虽然经过隶属度的删减，但是隶属度探讨的是属不属于的问题，无法较好地衡量相关性问题，所设计的指标可能会存在相关性过强的问题。从逻辑的角度上来说，对指标进行两两配对，如果二者的相关系数值比较高，那么从某种程度上说这两个指标之间具有较高的吻合度，也就意味着在用不同的指标评价相同的实施效果，会降低指标的科学性和合理性。因此，对相关性较强的指标进行剔除是很有必要的。

相关性分析指的是利用相关数据对各个指标之间的相关性进行分析。研究时，先以问卷的形式再次发送给隶属度有回复的 80 位专家，让专家对筛选出的 59 个指标进行 1、2、3、4、5 五个梯度（分别代表“不重要、比较不重要、一般、比较重要、重要”）打分。

对评价指标进行相关性分析主要有三个步骤：一是评价指标的标准化处理；二是计算各个评价指标之间的简单相关系数；三是根据需求确定临界值[①]。由于每个评价指标的量纲不同，需要对原始数据进行无量纲处理，通过这样的方式减弱不同计量单位对分析结果所产生的影响[②]。

首先，设 X_i 为评价指标的原始数据，S_i 为评价指标的标准差，Z_i 为标准化值，则有：

$$Z_i = \frac{X_i - \overline{X}}{S_i} \tag{5-3}$$

其次，相关系数计算如公式（5-4）所示。

$$R_{ij} = \frac{\sum_{k=1}^{n}(O_{ki} - \overline{O_i})(O_{kj} - \overline{O_j})}{\sqrt{\sum_{k=1}^{n}(O_{ki} - \overline{O_i})^2 (O_{kj} - \overline{O_j})^2}} \tag{5-4}$$

① 范柏乃，朱华 . 我国地方政府绩效评价体系的构建和实际测度［J］. 政治学研究，2005（1）：86-97.

② 高玲玲 . 廉政绩效评估指标体系筛选及实证测评研究［D］. 苏州：苏州大学，2018.

式中，R_{ij} 即为第 i 个指标和第 j 个指标间的相关系数；O_{ki} 为第 k 个评价对象的第 i 个指标值；O_{kj} 为第 k 个评价对象的第 j 个指标值；$\overline{O_i}$ 为 i 个指标的平均值；$\overline{O_j}$ 为 j 个指标的平均值。

最后，根据研究的需求和所采集的数据，确定出一个关于相关系数的临界值 M（$0 < M < 1$），如果 $R_{ij} > M$，说明第 i 个指标和第 j 个指标相关系数较大，则需要在这个过程中删掉其中一个指标，所删掉的指标则是隶属度较低的指标。反之，如果 $R_{ij} < M$，说明这两个指标的相关系数不强，便可以把两个指标同时保留。

本书第二轮的指标筛选便是以相关数系数计算为原理的。在这一过程中，通过相关数据的收集与整理，把所得的数据输入到 SPSS21.0 中，得到各评价指标之间的相关系数矩阵。对属于同一个维度下的指标而言，利用这一方法对其进行两两比对，删除相关性系数高但是隶属度低的指标。从数学与统计原理来说，相关系数主要有 3 个级别：$|R| < 0.4$ 为低度相关，$0.4 \leqslant |R| < 0.7$ 为显著相关，$0.7 \leqslant |R| < 0.1$ 为高度相关。因此，临界值 M 值可以选为 0.7，选定 M 值后便可将相关系数大于等于 0.7 且隶属度低的指标进行删除。运用 SPSS21.0 对政府权责清单制度实施效果指标进行相关分析，得到由 59 个指标构成的制度实施效果指标相关系数矩阵。为了使行文简练，下面以制度制定中组织支持维度进行分析，详见表 5-4。其他指标的相关系数得出方式与此相同，不再赘述。最后，一共删除了 11 个相关度大于等于 0.7、隶属度相对较低的指标，如表 5-5 所示，形成最终的政府权责清单制度实施效果评价指标体系 {X3}，如表 5-6 所示。

表 5-4　制度制定中组织支持维度下指标的相关性

指标（标志）	X1	X2	X3	X5	X6	隶属度
X1 业务培训开展情况	1					0.925
X2 制度学习开展情况	0.841**	1				0.775
X3 工作领导小组搭建情况	0.068	0.041	1			0.975
X5 咨询团队和专职人员配备情况	0.091	0.045	0.049	1		0.888
X6 物质资金提供情况	0.152	0.130	−0.200	0.101	1	0.713

说明：** 表示显著性水平为 0.01；* 表示显著性水平为 0.05；其他均为 0.00。

表 5-5　相关系数大于临界值 0.7 的指标体系

维度	保留的指标（Xi）	删除的指标（Xi）	相关系数
组织支持	X1 业务培训开展情况	X2 制度学习开展情况	0.841
编制公布	X11 编制要求是否遵循	X13 清单编制合法合规	0.788
应用管理	X22 与“三定”规定相结合情况	X25 与编制规定相结合	0.797
信息管理	X26 数据公开化程度	X29 信息透明的程度	0.858
监督管理	X34 开展社会评价情况	X37 社会监督评价机制	0.735
实施效率	X43 是否存在推诿扯皮等现象	X40 工作人员办事效率	0.734
实施效果	X45 权责边界是否划定明确	X46 政府边界是否清晰	0.800
实施效应	X51 是否坚持全面依法治国	X54 是否坚持依法依规	0.739
公众期望	X58 对制度执行的预期	X59 对整体情况的预期	0.831
	X60 心理上的信心	X63 情感上的认可	0.747
感知质量	X68 对公开透明的感知	X66 对制度公开的感知	0.766

表 5-6　政府权责清单制度实施效果评价指标体系 {X3}

<table>
<tr><th>目标</th><th>类型</th><th>维度</th><th>操作性指标（三级指标）</th><th>标志</th></tr>
<tr><td rowspan="8">政府权责清单制度实施效果</td><td rowspan="8">制度制定</td><td rowspan="4">组织支持</td><td>业务培训开展情况</td><td>X1</td></tr>
<tr><td>工作领导小组搭建情况</td><td>X3</td></tr>
<tr><td>咨询团队和专职人员配备情况</td><td>X5</td></tr>
<tr><td>物质资金提供情况</td><td>X6</td></tr>
<tr><td rowspan="4">编制公布</td><td>编制要素是否齐全</td><td>X7</td></tr>
<tr><td>编制分工是否清晰</td><td>X9</td></tr>
<tr><td>编制要求是否合理</td><td>X11</td></tr>
<tr><td>印发公布是否主动</td><td>X12</td></tr>
</table>

（续表）

目标	类型	维度	操作性指标（三级指标）	标志
政府权责清单制度实施效果		动态调整	是否充分论证	X14
			是否时效准确	X15
			能否追溯记录	X17
			能否进行效能问责	X18
	制度执行	应用管理	与简政放权相结合情况	X19
			与完善清单管理制度体系相结合情况	X21
			与“三定”规定相结合情况	X22
			与政府日常管理运行相结合情况	X23
		信息管理	数据公开化程度	X26
			流程标准化程度	X27
			运行数字化程度	X30
			办理网络化程度	X31
		监督管理	开展监督检查情况	X33
			开展社会评价情况	X34
			开展廉政风险评估情况	X36
			开展绩效考核情况	X38
	制度结果	实施效率	办理事项能否在规定时间内完成	X39
			在办事地点等待时间是否适度	X41
			是否存在推诿扯皮等现象	X43
			部门间协调事宜能否快速解决	X44
		实施效果	权责边界是否划定明确	X45
			职能转变和机构改革是否稳步推进	X48
			权力运行是否得到有效制约	X49
			公共服务是否有较高质量与水准	X50
		实施效应	是否坚持全面依法治国	X51
			是否激发市场经济活力	X53
			是否保障社会知情权	X55
			是否彰扬公共精神	X56
	公众满意度	公众期望	对制度制定的预期	X57
			对制度执行的预期	X58
			心理上的信心	X60
			行动上的支持	X61
		感知质量	对务求实效的感知	X64
			对便民利民的感知	X65
			对权责一致的感知	X67
			对公开透明的感知	X68

（续表）

目标	类型	维度	操作性指标（三级指标）	标志
政府权责清单制度实施效果	公众满意度	公众满意	与预期相比的满意度	X69
			与理想相比的满意度	X70
			正式表达的满意度	X71
			非正式表达的满意度	X72

三、信度和效度检验

（一）信度检验

作为政府权责清单制度实施效果的绩效评价指标体系，在对其进行赋值之前一定要检验其信度与效度，否则缺乏信度和效度的指标体系就像用了一个错误的计算公式去计算数学题，虽然过程严谨，但最后所得出的结果却可能毫无意义。评定测量工具信度的方法有很多，常用的有内部一致性信度、折半信度、重测信度和平行信度等。其中，内部一致性信度是根据评价体系内部结构的一致性程度，对测量的信度进行判断①。本书拟用克隆巴赫系数（Cronbach’s Alpha）α 进行指标集 {X3} 信度的评价。α 值如果大于 0.7，那么说明政府权责清单制度实施效果评价指标体系内部的一致性是比较可靠的，则所设计出来的制度评价指标体系的可信度是非常高的。克隆巴赫系数计算如公式（5-5）所示。

$$R_{\alpha}=\frac{k}{k-1}\{1-\frac{\sum S_i^2}{S^2}\} \quad (5-5)$$

式中，R_{α} 表示政府权责清单制度指标体系的克隆巴赫系数；k 表示政府权责清单制度指标体系的数量；S 表示政府权责清单制度指标总分的标准差；

① 戴海崎，张锋，陈雪枫．心理与教育测量（修订本）［M］．广州：暨南大学出版社，2007：73-82.

S^2 表示政府权责清单制度指标总分的方差；S_i 表示第 i 个政府权责清单制度实施效果指标的标准差，S_i^2 即为第 i 个政府权责清单制度实施效果评价指标的方差。

运用 SPSS21.0 计算政府权责清单制度评价指标体系的方差和总体方差，进而得到政府权责清单制度指标总体以及各一级指标的 α 系数。分析发现，该 α 系数的值都在 0.70 以上，说明所构建的指标的内部一致性是比较高的，具有可信性，如表 5-7 所示。

表 5-7　内部指标一致性系数（α 系数）

	总体	制度制定	制度执行	制度结果	公众满意度
α	0.759	0.703	0.739	0.782	0.700

（二）效度检验

效度，即测量的有效程度。从统计学上讲，效度是指测量的工具或测量的手段能够准确测出所要测量变量的程度。效度常用的方法有内容效度、预测效度、构思效度、聚合效度、辨别效度和效标关联效度等。本书拟采用内容效度来对政府权责清单制度实施效果的指标体系做一个评价，计算如公式（5-6）所示。

$$CVR = \frac{n_e - \frac{N}{2}}{\frac{N}{2}} \qquad (5\text{-}6)$$

式中，N 表示参加测评的专家的总人数；n_e 指专家中认为某一政府权责清单制度实施效果指标能够较好表示评价所要测量内容的人数。当 $CVR=-1$ 时表明全部的专家都认为测评是无效的；当 $CVR=1$ 时，表明全部的专家都认可测评的效度。本书的 CVR 通过计算最终的值为 0.875，表示所构建和筛选的指标能够比较好地反映出政府权责清单制度实施效果需要测评的内容。综上所述，根据本书的信度和效度检测结果，可以对 {X3} 中的指标进行赋权工作。

第四节 指标权重的设定

经过筛选后的指标体系 {X3} 还不能直接运用到政府权责清单制度的评价当中，还需要通过赋权的方法确定每一指标的重要程度，以运用到客观的评价中，进而实现有效评价。本书主要通过层次分析法（AHP）来对 {X3} 中的指标进行赋值。

一、层次分析法简介

层次分析法（AHP）由美国运筹学家托马斯·塞蒂（T. L.saaty）提出，是一种分析多目标、多准则的复杂系统的有力工具，具有简单、易用、有效、适应性强、应用范围广等优点。目前，AHP 的运用十分广泛，在能源政策分析、科技成果评价等方面取得令人满意的结果，能够运用到公共政策的分析当中。

AHP 本质上是一种决策思维方式，其解决问题的思路与人对一个复杂的决策问题的思维、判断过程大体上是一样的，是一个分解——综合的过程。该方法能够将定量与定性紧密结合起来，实现复杂问题简单化的目的。简单来说，层次分析法首先是将要解决的问题进行条理化和层次化，并按照因素之间的关联程度和隶属程度进行分层，并进行重新聚类组合，形成直观的层次结构模型。其次，对同一层次的指标进行两两比较，在判断其重要性的基础上将其定量化。最后，通过综合计算各层因素相对重要性的权重值，得到不同层次之间的权值，并以此作为评价和选择方案的依据。

二、层次分析法确定权重的步骤

AHP 方法包含五个步骤：(1) 建立多级递阶层次结构；(2) 构造判断矩阵；(3) 层次单排序；(4) 层次总排序；(5) 一致性检验[①]。

(一) 建立多级递阶层次结构

分析系统中各要素之间的关系，按照目标层、准则层和方案层的形式把决策目标条分缕析，建立系统的递阶层次结构，如图 5-8 所示。

(1) 最高层：也称目标层，一般只含一个因素，即 AHP 所要实现的目标。

(2) 中间层：主要指设计某种措施或某项政策。具体而言，其是指为达成目的所触及的中间步骤，可由数个层次结构构成，一般又分为策略层、约束层和准则层等。

(3) 最底层：也称方案层，表示为实现上述目标所要采取的解决问题的各类措施、方案和政策。

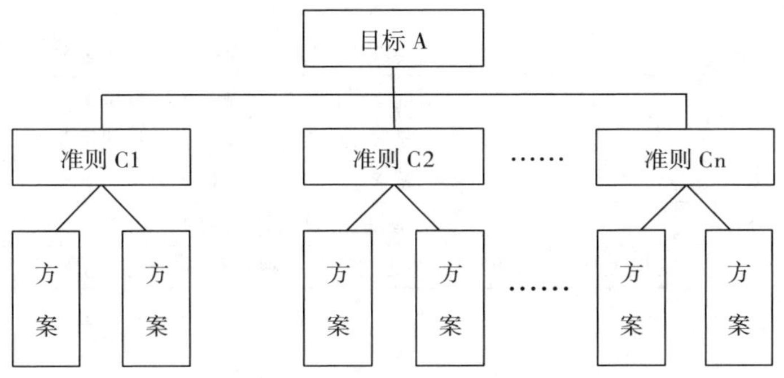

图 5-8　不完全递阶层次关系

① 谭跃进，陈英武，罗鹏程 . 系统工程原理［M］. 北京：科学出版社，2010：66.

（二）构造判断矩阵

判断矩阵是这一方法运用的出发点，也是关键的一步。使用 AHP 法就是判断分析二、三级指标之间的相对重要程度，在这一过程中通过把同一维度下所包含的元素进行两两比较，进而构建出研究所需要的判断矩阵（见表 5-8）。具体来说，其表示不同层次的相对重要性，通常用 1-9 以及他们之间的倒数表示（即 1—9 比例标度法，见表 5-9）。

表 5-8　AHP 判断矩阵

A	B_i	B_j	…	B_n
B	b_{ij}	b_{ij}	…	b_{in}
B_j	b_{ji}	b_{jj}	…	b_{jn}
…	…	…	…	…
B_n	b_{ni}	b_{nj}	…	b_{nn}

表 5-9　判断矩阵标度及含义

标度	含义
1	两个要素一样重要（同等重要）
3	其中行要素比列要素重要一点（稍微重要）
5	表示行要素比列要素重要（明显重要）
7	表示行要素比列要素重要得多（强烈重要）
9	表示行要素比列要素极端重要（绝对重要）
2，4，6，8	分别表示相邻标度的折中值
倒数	若元素与元素的重要性之比为 b_{ij}，则元素 j 与元素 i 重要性之比为 b_{ij}=1/b

（三）层次单排序

根据判断矩阵的特征，可采用最小二乘法、对数最小二乘法、特征根法等计算权重。由于构造的判断矩阵是一致性矩阵，满足$A=\frac{1}{b_{ji}}$的条件，如公式（5-7）所示。

$$对比矩阵A=\begin{Bmatrix} \frac{W_1}{W_1} & \frac{W_1}{W_2} & \cdots & \frac{W_1}{W_n} \\ \frac{W_2}{W_1} & \frac{W_2}{W_2} & \cdots & \frac{W_2}{W_n} \\ \cdots & \cdots & & \cdots \\ \frac{W_n}{W_1} & \frac{W_n}{W_2} & \cdots & \frac{W_n}{W_n} \end{Bmatrix} \tag{5-7}$$

假定 λ_{max} 是矩阵 A 的最大特征值，W 是 λ_{max} 的特征向量，W 的分量 W_i 为相应元素单排序的权重值，则它们满足公式（5-8）。

$$AW=\lambda_{max} \tag{5-8}$$

为检验所构造判断矩阵的一致性情况，定义 CI 如公式（5-9）所示。

$$CI=\frac{\lambda_{max}}{n-1} \tag{5-9}$$

显然，当判断矩阵具有完全一致性时，CI=0。当 λ_{max}-n 越大时，CI 越大，则矩阵一致性越差。

通常用与平均随机一致性指标的比值来检验判断矩阵是否具有满意的一致性，如公式（5-10）所示。

$$CR=\frac{CI}{RI} \tag{5-10}$$

若判断矩阵的阶数为 1 或 2 时，RI 为 0，即判断矩阵具有完全一致性；若阶数大于 2 时，且 $CR=\frac{CI}{RI}\leqslant 0.10$时，认为判断矩阵具有比较满意的一致性，可得到合乎逻辑的结果排序，否则需要对判断矩阵进行重新调整[①]。平均随机一致性指标 RI 取值，如表 5-10 所示。

表 5-10 平均随机一致性指标值

阶数	1	2	3	4	5	6	7	8	9
RI	0.00	0.00	0.58	0.89	1.12	1.24	1.32	1.41	1.45

① 盛骤，谢式千，潘承毅．概率论与数理统计［M］．北京：高等教育出版社，2008：123-144.

（四）层次总排序

层次总排序需要从上到下逐层顺序进行，对于最高层下面的第二层，其层次单排序即为总排序。假定目标 A 包含子目标 B_1，B_2，…，B_m 的总排序已经确定，经计算上述权值分别为 b_1，b_2，…，b_m，与对应的该层次因素 C_1，C_2，…，C_n 单排序的结果可以表示为 C_1^i，C_2^i，…，C_n^i 则层次总排序如表 5-11 所示。

表 5-11　层次总排序

层次	B_1	B_2	…	B_m	B 层次的总排序
	b_1	b_2	…	b_m	
C_1	c_1^1	c_1^2	…	c_1^m	$\sum_{i=1}^{m} b_i c_1^i$
C_2	c_2^1	c_2^2	…	c_2^m	$\sum_{i=1}^{m} b_i c_2^i$
…	…	…	…	…	…
C_n	c_n^1	c_n^2	…	c_n^m	$\sum_{i=1}^{m} b_i c_n^i$

（五）一致性检验

该步骤主要是为了评价层次总排序的计算结果的一致性。

$$CI = \sum_{i=1}^{m} a_i CI_i \tag{5-11}$$

式中，CI_i 为与 a_i 对应的 B 层次中判断矩阵的一致性指标。

$$RI = \sum_{i=1}^{m} a_i RI_i \tag{5-12}$$

式中，RI_i 为与 a_i 对应的 B 层次中判断矩阵的平均随机一致性指标。

当 $CR=CI/RI \leqslant 0.10$ 时，可认为其具有满意的一致性。

三、政府权责清单制度绩效评价权重值计算

（一）建立多级递阶层次结构

在经过隶属性和相关性分析后，最终确定的政府权责清单制度实施效果评价指标体系为决策目标，其包含制度制定、制度执行、制度结果和公众满意度四个指标。同时，对于每一个分目标，可以使用三个子目标进行衡量，每个子目标下面又包含具体的方案。

（二）构建判断矩阵并计算

政府权责清单制度实施效果评价指标共构建 17 个判断矩阵，分别为 A–B，B1–C，B2–C，B3–C，B4–C，C1–D，C2–D，C3–D，C4–D，C5–D，C6–D，C7–D，C8–D，C9–D，C10–D，C11–D，C12–D（为避免同前文编号混淆和使编号更有连续性，本节重新进行编号，其中；A 是指目标层，B 是类型层，C 是维度层，D 是操作性指标）。将收集来的专家数据进行处理并运用软件进行计算，以 A–B 为例得出相应权重（见表 5–12），其他权重的得出方式与此相同，不再赘述。

表 5-12　A 政府权责清单制度实施效果评价指标体系研究：A-B

A	B1	B2	B3	B4	Wi
B1 制度制定	1.0000	0.5000	0.5000	0.5000	0.1381
B2 制度执行	2.0000	1.0000	0.5000	0.5000	0.1953
B3 制度结果	2.0000	2.0000	1.0000	0.5000	0.2761
B4 公众满意度	2.0000	2.0000	2.0000	1.0000	0.3905

注：CR=CI/RI=0.0454；对 A 的权重：1.0000；λmax：4.1213；CR ≤ 0.10。

（三）权重值汇总

从相关计算结果来看，各判断矩阵 $CR \leqslant 0.10$，均通过一致性检验，具有较为满意的一致性。各标准和指标权重结果如表 5-13 所示。

表 5-13　政府权责清单制度实施效果评价指标体系及权重数值

<table>
<tr><th>目标</th><th>类型</th><th>权重（wb）</th><th>维度</th><th>权重（wc）</th><th>操作性指标（三级指标）</th><th>权重（wd）</th></tr>
<tr><td rowspan="24">政府权责清单制度实施效果</td><td rowspan="12">制度制定</td><td rowspan="12">0.1381</td><td rowspan="4">组织支持</td><td rowspan="4">0.5936</td><td>业务培训开展情况</td><td>0.5852</td></tr>
<tr><td>工作领导小组搭建情况</td><td>0.0784</td></tr>
<tr><td>咨询团队和专职人员配备情况</td><td>0.2258</td></tr>
<tr><td>物质资金提供情况</td><td>0.1106</td></tr>
<tr><td rowspan="4">编制公布</td><td rowspan="4">0.1571</td><td>编制要素是否齐全</td><td>0.4647</td></tr>
<tr><td>编制分工是否清晰</td><td>0.3439</td></tr>
<tr><td>编制要求是否合理</td><td>0.0774</td></tr>
<tr><td>印发公布是否主动</td><td>0.1141</td></tr>
<tr><td rowspan="4">动态调整</td><td rowspan="4">0.2493</td><td>是否充分论证</td><td>0.6547</td></tr>
<tr><td>是否时效准确</td><td>0.0483</td></tr>
<tr><td>能否追溯记录</td><td>0.1917</td></tr>
<tr><td>能否进行效能问责</td><td>0.1053</td></tr>
<tr><td rowspan="12">制度执行</td><td rowspan="12">0.1953</td><td rowspan="4">应用管理</td><td rowspan="4">0.4934</td><td>与简政放权相结合情况</td><td>0.1990</td></tr>
<tr><td>与完善清单管理制度体系相结合情况</td><td>0.6264</td></tr>
<tr><td>与“三定”规定相结合情况</td><td>0.0637</td></tr>
<tr><td>与政府日常管理运行相结合情况</td><td>0.1109</td></tr>
<tr><td rowspan="4">信息管理</td><td rowspan="4">0.3108</td><td>数据公开化程度</td><td>0.6213</td></tr>
<tr><td>流程标准化程度</td><td>0.2030</td></tr>
<tr><td>运行数字化程度</td><td>0.0754</td></tr>
<tr><td>办理网络化程度</td><td>0.1003</td></tr>
<tr><td rowspan="4">监督管理</td><td rowspan="4">0.1958</td><td>开展监督检查情况</td><td>0.6132</td></tr>
<tr><td>开展社会评价情况</td><td>0.0569</td></tr>
<tr><td>开展廉政风险评估情况</td><td>0.1375</td></tr>
<tr><td>开展绩效考核情况</td><td>0.1925</td></tr>
</table>

（续表）

目标	类型	权重（wb）	维度	权重（wc）	操作性指标（三级指标）	权重（wd）
政府权责清单制度实施效果	制度结果	0.2761	实施效率	0.1311	办理事项能否在规定时间内完成	0.1141
					在办事地点等待时间是否适度	0.2402
					是否存在推诿扯皮等现象	0.5780
					部门间协调事宜能否快速解决	0.0677
			实施效果	0.2081	权责边界是否划定明确	0.3102
					职能转变和机构改革是否稳步推进	0.0652
					权力运行是否得到有效制约	0.5409
					公共服务是否有较高质量与水准	0.0837
			实施效应	0.6608	是否坚持全面依法治国	0.3353
					是否激发市场经济活力	0.0709
					是否保障社会知情权	0.0494
					是否彰扬公共精神	0.5444
	公众满意度	0.3905	公众期望	0.4934	对制度制定的预期	0.0690
					对制度执行的预期	0.3452
					心理上的信心	0.4882
					行动上的支持	0.0976
			感知质量	0.1958	对务求实效的感知	0.0574
					对便民利民的感知	0.5960
					对权责一致的感知	0.1477
					对公开透明的感知	0.1989
			公众满意	0.3108	与预期相比的满意度	0.5251
					与理想相比的满意度	0.2992
					正式表达的满意度	0.1087
					非正式表达的满意度	0.0670

第六章 A 省 B 县政府权责清单制度实施效果的实证检视

目前，政府权责清单制度的制定和实施已步入正轨并取得不错的成效，但不可否认的是其在制定和执行过程中仍存在些许问题。为了使这些问题更加明晰，本书选取了县（区）级政府进行权责清单制度实施效果的实证研究，一方面是对第五章所设计的指标进行实际中的运用；另一方面是通过实证研究挖掘县（区）级政府权责清单制度实践过程中取得的成效和存在的问题，为政府权责清单制度的有效推进提供实际案例。本书实证对象所选择的政府为县（区）级政府，是因为县（区）级政府在行政层级中处于“承上启下”的关键地位，是行政审批改革的重点突破口。详细来说，县（区）级政府一方面在中央和省级、市级政府的各项政策和措施的落实中，扮演着执行者的重要角色，是当前政府权责清单制度实施的重要主体；另一方面，县（区）一级的政府相较于省、市一级的政府而言，由于其与公众有更多层面的沟通交流，公众对其实施的政府权责清单有更多的接触，能作为一个较好的评价主体，为制度的满意度测评提供一个更好的测评对象，进而对政府权责清单制度实施效果做出更好的评价。

第一节　指标体系的应用性细化

通过第五章对指标筛选和进行权重设置后，本书已经初步构建了一套较为成熟和系统的政府权责清单制度实施效果评价指标体系。但要在实际当中运用这一套指标体系，还需对指标体系做进一步的明确化和可操作化，以便于该指标体系能够直接运用到现实的政府权责清单制度实施效果的评价当中。

一、应用性细化的说明

经过应用性细化的三级指标能够直接运用到现实的制度评价当中。从当前各类政府绩效评价的实践来看，在绩效评价中真正发挥作用的是三级指标，二级和一级指标更多的是在这个过程中起着分类聚类的作用，这从某种程度上说三级指标是政府实证测评过程中最重要的因素[①]。因此，必须对三级指标做进一步的解释说明，并给出对应的评分标准，进而将政府权责清单制度实施效果的评价指标体系进行应用性细化，以便于更好地在实际过程中进行制度实施效果的测量。在这里，可以借鉴已有研究提出的政府绩效评价指标体系的应用性细化来对政府权责清单制度实施效果评价指标体系进行科学严谨的应用性细化说明[②]。

---

①　尚虎平 . 我国地方政府绩效评估指标数据仓库的代表性对象选取和构建——以江苏四市为研究点［J］. 甘肃行政学院学报，2012（4）：4-15.

②　尚虎平 . 我国政府绩效评估基础问题研究［M］. 北京：光明日报出版社，2013：189-191.

（一）指标编号和权重

指标编号主要是对第五章得出的 48 个指标按顺序重新进行编号，具体编号情况详见表 6-1。指标的权重则是通过对第五章层次分析法所计算出的各个指标的值相乘，例如，制定中组织支持下的业务培训开展情况这一指标的指标值即为 0.048，工作领导小组搭建情况这一指标的指标值为 0.0064 。

（二）三级指标单位明晰

鉴于所测量的对象涉及方方面面，其单位也存在很大的差异，因此需要明晰每一指标单位，以便对所要使用的测量指标有更清晰的认知。对于客观指标而言，大部分是有可以直接量化的单位，如工作领导小组搭建情况、编制要素是否齐全、是否时效准确、与完善清单管理制度体系相结合情况等，主要运用“%”或具体的单位如“天”“项”来表示。对于主观指标而言，由于更多的是属于程度上的判断，有些无法运用具体的数字和单位来进行测量，可以把这些数据的单位转化为“级”或“/”。

（三）三级指标的操作性解释

指标的操作性解释是指对政府权责清单制度评价指标体系中的指标进行解释说明，是指标拥有可操作性和可实践性的关键步骤。具体而言，它是指每一个指标应该按照什么样的操作方法或依据什么样的公式计算该指标的值，例如编制要素是否齐全，维度中的通用清单的要素，包括事项编码、事项名称、子项名称、设定依据、事项类型、实施主体或责任单位、追责情形等七大要素，通过检查判断其要素是否齐全，进行三级指标的可操作性解释，这也是顺利开展制度实施效果评价的重要环节。

（四）评价的标准和评价的得分

评价的标准是指每个指标在运用到绩效评价实践中时的得分标准，类似于考试的评分标准，就是解释每个指标在什么条件下得多少分的问题。该评分标准包含三层意义：首先，是关于评价分数采取几分制的问题，为了更好地进行指标值的衡量和方便操作，单项指标总分值设置为 10 分，最终结果经由权重加权总得分也用 10 分来表示；其次，评分的总体标准是什么，在政府权责清单制度实施效果的指标测量中，除了该事项缺失或未落实不得分外，其余的分数均落在 1—10 分之间；最后，每一指标的分数获得主要是根据对应的公式或层级进行计算得出。以五级量表的采用为例，将五个选项的得分设置为:非常不符合（2 分）、比较不符合（4 分）、一般（6 分）、比较符合（8 分）、非常符合（10 分），然后测评主体依据自身所掌握的知识和对所要评价对象的认识程度进行打分进而得出相应的分值。

（五）数据的获取方式

数据的获取方式是针对三级指标而言，是指需要运用什么样的方法从何种途径获取相关的数据，这能够为三级指标数据的获取确定方向。在这个过程中，首先要辨析数据是主观数据还是客观数据。对于主观数据而言，其获取方式主要采取问卷、实地调研或者访谈对话等方式，如公众满意度等相关指标；客观数据的获取可以借鉴政府网上公开内容和实际获取的一手资料，如业务开展培训情况、工作领导小组搭建情况、咨询团队和专职人员配备情况等具有实体性的客观事物。此外，还有一些指标既包含主观因素，又可以通过客观现实进行判断的，可以采用主客观结合的方式对其进行赋值评分。在这个过程中，运用指标量化的处理方式，能够获取一个较为科学合理的评价结果。

二、应用性细化的结果

在对政府权责清单制度实施效果评价指标体系进行操作性解释说明后，为了客观、科学地对这一制度的实施效果进行实证测评，按照“编号”“三级指标”“权重”“单位”“指标内容操作性解释”“评分标准”“数据来源”等对三级指标进行了较为详细、明确和精确的细化，具体细化的结果如表 6-1 所示。

表 6-1　三级指标的应用性细化

编号	三级指标	权重	单位	指标内容操作性解释	评分标准（满分 10 分）	数据收集
1	业务培训开展情况	0.0480	次	本级政府针对权责清单制定等工作开展专项培训制度与参加培训情况，如研讨培训班、工作业务培训会等，按照当年培训开展次数进行计算	≥ 10 次 得 10 分，7—9 次得 8 分，4—6 次得 6 分，2—3 次得 4 分，1 次得 2 分，没有不得分	培训记录
2	工作领导小组搭建情况	0.0064	%	专门负责清单制定领导小组建设情况［以县（区）为例］，县（区）及各个县（区）直部门、镇街（乡）建立领导小组情况，公式为：实际建立领导小组数 / 应建立领导小组数 *100%	≥ 95% 得 10 分，75%—95% 得 8 分，55%—75% 得 6 分，35%—55% 得 4 分，15%—35% 得 2 分，低于 15% 不得分	行政记录
3	咨询团队和专职人员配备情况	0.0185	%	工作小组中从事政府权责清单制定的咨询团队与专职从事政府权责清单制度的人员比例，包含对平台进行维护的工作人员，公式为：咨询团队和专职人员 / 工作小组人数 *100%	≥ 40% 得 10 分，30%—40% 得 8 分，20%—30% 得 6 分，10%—20% 得 4 分，10% 以下得 2 分，没有不得分	行政记录、走访调研

（续表）

编号	三级指标	权重	单位	指标内容操作性解释	评分标准（满分 10 分）	数据收集
4	物质资金提供情况	0.0091	%	本级政府物质资金保障支持程度，包含财政资金、办公用品等硬件设施支持及后勤保障情况，结合实际 按 100%、80%、60%、40%、20% 五个维度进行划分	实现 100% 支持保障得 10 分，80% 得 8 分，60% 得 6 分，40% 得 4 分，20% 得 2 分，没有不得分	行政记录、问卷调查
5	编制要素是否齐全	0.0101	%	通用清单与实施清单的齐全情况，其中，通用清单的要素包括事项编码、事项名称、子项名称、设定依据、事项类型、实施主体或责任单位、追责情形等；实施清单（权责事项进行细化完善程度）的要素包括权责事项通用清单要素、运行流程、办事指南、岗位责任、追责情形、问责依据及执行监督。通过检查判断其要素是否齐全，公式为:（通用清单现有要素 /7*100%+ 实施清单现有要素 /6*100%）/2	≥ 90% 得 10 分，80%—90% 得 8 分，70%—80% 得 6 分，60%—70% 得 4 分，60% 以下得 2 分，没有不得分	清单文本
6	编制分工是否清晰	0.0075	%	权责清单编制中分工是否清晰，主要衡量社会公众、法律顾问、专家学者与政府部门的参与编制情况。具体包括社会各界对政府部门权责清单的意见建议，主要是指针对权责清单制度而言收集的意见反馈数量；权责事项审核中法律顾问、专家学者参与情况，公式为：参与人数 / 审核小组人数 *100%	≥ 100 条得 10 分，80—99 条得 8 分，60—79 条得 6 分，40—59 条得 4 分，40 条以下得 2 分，没有不得分；≥ 20% 得 10 分，10%—20% 得 8 分，5%—10% 得 6 分，5% 以下得 4 分，没有不得分，二者得分相加取平均数	行政记录、走访调研

（续表）

编号	三级指标	权重	单位	指标内容操作性解释	评分标准（满分 10 分）	数据收集
7	编制要求是否合理	0.0017	项	判断清单编制是否严格以法律法规规章以及政府工作部门“三定”规定及相关规范文件为依据进行编制，并按照机构编制部门制定的格式及指引编制	政府权责清单均能找到对应的法律、法规、规章和“三定”规定等规定得 10 分，每出现一项权责未有依据则减 2 分	清单文本
8	印发公布是否主动	0.0025	%	指除涉密事项外应向社会主动印发公布的事项，包含公布编码、名称、依据、行使主体、权责划分、责任事项、监督方式，以及通过向社会公开权责清单的形式：本级人民政府网站、本部门网站、网上办事大厅、办事指南、政务公开栏、新闻媒体等，公式为:（已公开事项/需公开事项*100%+公开内容得分+公开载体得分）/3	100% 主动印发公布得 10 分，90%—100% 得 8 分，80%—90% 得 6 分，70%—80% 得 4 分，60%—70% 得 2 分，低于 60% 不得分；公开内容 7 项均有得 10 分，每缺失一项依次减 2 分；公开形式 5 个载体及以上得 10 分，4 个得 8 分，3 个得 6 分，2 个得 4 分，1 个得 2 分，没有不得分，三者得分相加取平均数	行政记录、网站记录
9	是否充分论证	0.0225	/	对政府权责清单动态调整前进行充分论证，按照法定程序上报调整事项，是否依法按规定程序进行，是否出现擅自调整本部门政府权责清单	动态调整前进行充分论证得 10 分，未进行论证、未按照程序和未有记录分别扣 3 分，擅自调整不得分	行政记录、走访调查
10	是否时效准确	0.0017	天	依据动态调整时限，判断是否在规定时间内进行调整，每超出规定时间的 1 个工作日扣 2 分，暂定以 20 个工作日为基准	若所有动态调整事项均在 20 个工作日内完成得 10 分，超出 1 个工作日扣 2 分，超出 5 个工作日不得分	行政记录
11	能否追溯记录	0.0066	/	清单调整能否追溯记录，包括新增、取消、下放（含委托）、变更权力等，是否有记录（备案）可查	根据追溯记录情况，记录清晰完善得 10 分，较好得 8 分，一般得 6 分，较差得 4 分，很差得 2 分	行政记录、清单文本
12	能否进行效能问责	0.0036	/	在动态调整中能否强化效能问责，强化责任意识、效率意识和工作质量意识，促进作风转变	能做到效能问责得 10 分，较好得 8 分，一般得 6 分，较差得 4 分，很差得 2 分，未能有效问责不得分	行政记录

（续表）

编号	三级指标	权重	单位	指标内容操作性解释	评分标准（满分 10 分）	数据收集
13	与简政放权相结合情况	0.0192	/	是否促进标准同事项同步转移或下放，以标准化促进规范化；是否存在缺位放权、选择性放权	简政放权精准得 10 分，较好得 8 分，一般得 6 分，较差得 4 分，很差得 2 分，未有效结合不得分	行政记录
14	与完善清单管理制度体系相结合情况	0.0603	项	以政府权责清单为核心和基点，建立公共服务清单、行政事业性收费清单、行政审批中介服务清单、监管事项清单、负面清单等专项清单制度情况	含 5 项清单以上得 10 分，4 项得 8 分，3 项得 6 分，2 项得 4 分，1 项得 2 分，没有不得分	行政记录
15	与“三定”规定相结合情况	0.0061	/	与“三定”规定相结合情况包括部门职责是否进一步梳理细化，是否建立与“三定”规定有效对应、有机衔接的管理机制	有效结合得 10 分，结合较好得 8 分，结合一般得 6 分，结合较差得 4 分，结合很差得 2 分，未有效结合不得分	行政记录
16	与政府日常管理运行相结合情况	0.0107	/	主要从制定政府日常的政府权责清单制度管理办法进行判断，包括管理办法制定是否科学合理等内容	管理办法制定科学合理且与政府日常管理运行有效结合得 10 分，制定较好得 8 分，制定一般得 6 分，制定较差得 4 分，未制定不得分	行政记录
17	数据公开化程度	0.0377	/	网上办事大厅发布的政务服务信息应与政府权责清单管理系统发布的权责清单信息一致，实现数据同源，同步发布、更新	数据公开且信息一致得 10 分，较好得 8 分，一般得 6 分，较差得 4 分，未做到则不得分	网络比对、行政记录
18	流程标准化程度	0.0123	%	流程化标准程度包括实现标准统一、互联互通、资源共享和业务协同，及实现层次，公式为：各要素得分 /10*100%，其中各项各 2 分（含有无建立）	≥ 90% 得 10 分，70%—90% 得 8 分，50%—70% 得 6 分，30%—50% 得 4 分，10%—30% 网上办事大厅查阅得 2 分，低于 10% 不得分	行政记录、调研走访
19	运行数字化程度	0.0046	级	政府权责清单在网上办事大厅、政府权责清单管理系统和政务管理系统等方面实现管理、维护、更新的数字化程度，总共分为五个程度	数字化程度很高得 10 分，较高得 8 分，一般高得 6 分，较低得 4 分，很低得 2 分	行政记录、调研走访

（续表）

编号	三级指标	权重	单位	指标内容操作性解释	评分标准（满分 10 分）	数据收集
20	办理网络化程度	0.0061	%	政府权责清单相关事项录入、取消、下放、整合和暂停实施的网上办理事项及程度，公式为：办理事项 * 程度 /5*100%，程度主要取 100%（优秀），80%（良好），60%（一般）、40%（较差），20%（很差）	≥ 90%，得 10 分；70%—90% 得 8 分，60%—70% 得 6 分，50%—60% 得 4 分，40%—50% 得 2 分，低于 40% 不得分	行政记录、调研走访
21	开展监督检查情况	0.0234	项	是否建立相应的监督管理机制及监督管理落实情况，包含监督管理机构（部门）、监督管理办法、监督细则、监督实施、舆论监督和公众监督	建立完善的监督机制和监督体系得 10 分，不完善扣 2—3 分，缺乏一项依次扣 2 分，未建立监督管理机制不得分	行政记录、调研走访
22	开展社会评价情况	0.0022	项	每年是否开展座谈交流、问卷调查、网络评议、电话测评、走访调查，进行政府权责清单制度的社会评价	有开展且 5 项均有得 10 分，缺失 1 项扣 2 分，未开展社会评价情况不得分	行政记录
23	开展廉政风险评估情况	0.0053	次	是否每年、每季度和每月开展廉政风险评估及评估结果反馈落实情况，计算公式为：评估次数 /4*100%，（以每季度评估 1 次为例的计算公式）	≥ 100% 得 10 分，80%—100% 得 8 分，60%—80% 得 6 分，40%—60% 得 4 分，40% 以下得 2 分，没有不得分	行政记录
24	开展绩效考核情况	0.0074	/	是否将政府部门权责清单动态调整、公开和实施情况纳入政府或工作人员年终绩效考评内容	纳入考评且发挥重大作用得 10 分，纳入考评但作用发挥一般得 8 分，形式上纳入考评得 6 分，未纳入考评不得分	行政记录
25	办理事项能否在规定时间内完成	0.0041	级	施行政府权责清单制度后办理事项能否在规定时间内完成，采取 5 级量表形式进行测量	非常符合得 10 分，符合得 8 分，一般得 6 分，不太符合得 4 分，不符合得 2 分，最终进行加权平均	问卷调查
26	在办事地点等待时间是否适度	0.0087	级	施行政府权责清单制度后在办事地点等待时间是否适度，采取 5 级量表形式进行测量	非常符合得 10 分，符合得 8 分，一般得 6 分，不太符合得 4 分，不符合得 2 分，最终进行加权平均	问卷调查

（续表）

编号	三级指标	权重	单位	指标内容操作性解释	评分标准（满分10分）	数据收集
27	是否存在推诿扯皮等现象	0.0209	级	解决政府职能交叉问题，明确职责交叉事项的牵头部门，避免出现推诿扯皮等现象，其中，为避免产生歧义，在问卷中询问方式修改为“政府权责清单制度施行后各部门承担相应职责更加清晰”。非常符合表示不存在推诿扯皮，不符合则存在明显推诿扯皮（下同），采取5级量表形式进行测量	非常符合得10分，符合得8分，一般得6分，不太符合得4分，不符合得2分，最终进行加权平均	问卷调查
28	部门间协调事宜能否快速解决	0.0025	级	政府权责清单制度制定后，部门间能够快速协调需要解决的事项，采取5级量表形式进行测量	非常符合得10分，符合得8分，一般得6分，不太符合得4分，不符合得2分，最终进行加权平均	问卷调查
29	权责边界是否划定明确	0.0178	级	政府权责清单制度制定后，政府权责边界划定更加明确，进一步优化政府权力行使和责任履行，采取5级量表形式进行测量	非常符合得10分，符合得8分，一般得6分，不太符合得4分，不符合得2分，最终进行加权平均	问卷调查
30	职能转变和机构改革是否稳步推进	0.0037	级	与未实施政府权责清单相比，职能转变和机构改革是否稳步推进，包含政府职能精简和理顺等，采取5级量表形式进行测量	非常符合得10分，符合得8分，一般得6分，不太符合得4分，不符合得2分，最终进行加权平均	问卷调查
31	权力运行是否得到有效制约	0.0311	级	政府权责清单制度是否加强了政府权力的制约与监督，采取5级量表形式进行测量	非常符合得10分，符合得8分，一般得6分，不太符合得4分，不符合得2分，最终进行加权平均	问卷调查
32	公共服务是否有较高质量与水准	0.0048	级	政府提供公共服务质量与水平是否显著提升，采取5级量表形式进行测量	非常符合得10分，符合得8分，一般得6分，不太符合得4分，不符合2分，最终进行加权平均	问卷调查

（续表）

编号	三级指标	权重	单位	指标内容操作性解释	评分标准（满分10分）	数据收集
33	是否坚持全面依法治国	0.0612	级	政府权责清单制度是否坚持全面依法治国，是否在法律范围内行使权力及规范运行，采取5级量表形式进行测量	非常符合得10分，符合得8分，一般得6分，不太符合得4分，不符合得2分，最终进行加权平均	问卷调查
34	是否激发市场经济活力	0.0129	级	政府权责清单制度是否激发市场经济活力，采取5级量表形式进行测量	非常符合得10分，符合得8分，一般得6分，不太符合得4分，不符合得2分，最终进行加权平均	问卷调查
35	是否保障社会知情权	0.009	级	政府权责清单制度施行有力地保障了社会知情权，采取5级量表形式进行测量	非常符合得10分，符合得8分，一般得6分，不太符合得4分，不符合得2分，最终进行加权平均	问卷调查
36	是否彰扬公共精神	0.0993	级	政府权责清单制度施行是否彰扬了公共精神，采取5级量表形式进行测量	非常符合得10分，符合得8分，一般得6分，不太符合得4分，不符合得2分，最终进行加权平均	问卷调查
37	对制度制定的预期	0.0133	级	公众对政府权责清单制度制定的预期满意度，采取5级量表形式进行测量	非常有预期得10分，比较有预期得8分，一般得6分，不太有预期得4分，没有预期得2分，最终进行加权平均	问卷调查
38	对制度执行的预期	0.0665	级	公众对政府权责清单制度执行的预期满意度，采取5级量表形式进行测量	非常有预期得10分，比较有预期得8分，一般得6分，不太有预期得4分，没有预期得2分，最终进行加权平均	问卷调查
39	心理上的信心	0.0941	级	公众对施行政府权责清单制度后对政府行政行为的信心度，采取5级量表形式进行测量	非常有信心得10分，比较有信心得8分，一般得6分，不太有信心得4分，没有信心得2分，最终进行加权平均	问卷调查
40	行动上的支持	0.0188	级	公众对施行政府权责清单制度后对政府行政行为的支持度，采取5级量表形式进行测量	非常支持得10分，比较支持得8分，一般得6分，不太支持得4分，不支持得2分，最终进行加权平均	问卷调查

（续表）

编号	三级指标	权重	单位	指标内容操作性解释	评分标准（满分 10 分）	数据收集
41	对务求实效的感知	0.0044	级	公众对政府权责清单制度加快行政追求实效的满意度，采取 5 级量表形式进行测量	非常满意得 10 分，比较满意得 8 分，一般得 6 分，不太满意得 4 分，不满意得 2 分，最终进行加权平均	问卷调查
42	对便民利民的感知	0.0456	级	公众对政府权责清单制度推动办事、便民高效的满意度，采取 5 级量表形式进行测量	非常满意得 10 分，比较满意得 8 分，一般得 6 分，不太满意得 4 分，不满意得 2 分，最终进行加权平均	问卷调查
43	对权责一致的感知	0.0113	级	公众对政府权责清单制度推动权责一致的感知，采取 5 级量表形式进行测量	非常一致得 10 分，比较一致得 8 分，一般得 6 分，不太一致得 4 分，不一致得 2 分，最终进行加权平均	问卷调查
44	对公开透明的感知	0.0152	级	公众对政府权责清单制度增加权力运行公开性、公正性与透明性的感知，采取 5 级量表形式进行测量	非常透明得 10 分，比较透明得 8 分，一般得 6 分，不太透明得 4 分，不透明得 2 分，最终进行加权平均	问卷调查
45	与预期相比的满意度	0.0637	级	公众对政府权责清单制度符合预期的施行效果的满意度，采取 5 级量表形式进行测量	非常满意得 10 分，比较满意得 8 分，一般得 6 分，不太满意得 4 分，不满意得 2 分，最终进行加权平均	问卷调查
46	与理想相比的满意度	0.0363	级	公众对政府权责清单制度实现理想的施行效果的满意度，采取 5 级量表形式进行测量	非常满意得 10 分，比较满意得 8 分，一般得 6 分，不太满意得 4 分，不满意得 2 分，最终进行加权平均	问卷调查
47	正式表达的满意度	0.0132	级	公众对正式表达的满意度，采取 5 级量表形式进行测量	非常满意得 10 分，比较满意得 8 分，一般得 6 分，不太满意得 4 分，不满意得 2 分，最终进行加权平均	问卷调查
48	非正式表达满意度	0.0081	级	公众对非正式表达的满意度，采取 5 级量表形式进行测量	非常满意得 10 分，比较满意得 8 分，一般得 6 分，不太满意得 4 分，不满意得 2 分，最终进行加权平均	问卷调查

第二节　A 省 B 县政府权责清单制度的推行情况

党的十八届三中全会召开后，为贯彻中央和省、市关于全面深化行政审批制度改革的决策部署，A 省 B 县开始全面建立并实施政府权责清单制度。在这个过程中，B 县以建立法治政府、责任政府及服务型政府作为发展的核心，逐步实现转变政府职能，实现简政放权为人民群众提供便利。B 县对政府权责清单制度的推行进行了积极的探索，并取得了一定的成效，促进了 B 县在经济社会中实现全面高质量的发展，为观察县域层面推行政府权责清单制度提供了一个很好的样本。

一、B 县机构设置基本情况

截至 2020 年 2 月，B 县共设置 34 个党政工作机构，其中，包含 1 个纪检监察机关、10 个党委工作部门、23 个政府组成部门。

B 县县委共设置 1 个纪检监察机关、10 个工作机关。在该机构设置中，纪律检查委员会以及监察委员会在同一体制下工作，隶属于同一机构，两个机关合署办公；办公室挂保密委员会办公室、机要局、政策研究室、档案局牌子；组织部挂非公有制企业和社会组织工作委员会、老干部局、公务员局牌子；宣传部挂新闻出版局牌子；统一战线工作部挂民族与宗教事务局、县政府侨务办公室牌子；台港澳工作办公室挂县政府台港澳事务办公室牌子；精神文明建设办公室挂精神文明建设指导委员会办公室牌子。县委信访局与县政府信访局合署办公，不计入机构限额。

B 县人民政府共有 23 个工作部门。其中，办公室挂外事办公室、人民防空办公室、金融工作办公室牌子；发展和改革局挂粮食和物资储备局、科学技术局、大数据管理局牌子；工业和信息化局挂商务局、投资促进局牌子；住房和城乡建设局挂城市管理局牌子；农业农村局挂扶贫开发领导小组办公室、县委实施乡村振兴战略领导小组办公室、海洋与渔业局牌子；退役军人事务局挂双拥共建工作领导小组办公室牌子；市场监督管理局挂知识产权局牌子。民族与宗教事务局在县委统战部挂牌不计入机构数。另外，A 省台商投资区管委会管理已下权限放至 B 县，诸如法院、检察院、生态环境局、税务局、公路中心、气象局、海事处、人民银行等单位属于中央或省、市垂直管理，不列入地方管理。

二、B 县建立政府权责清单制度的主要程序

为进一步推进简政放权、放管结合和转变政府职能工作，加快建设法治政府和服务型政府，促进经济社会持续平稳健康发展，B 县按照“行政权力进清单、清单之外无权力，有权必有责、用权须负责”的原则，在没有向社会购买服务的前提下，积极推进政府权责清单制度建设的各项工作，并遵守以下的程序进行政府权责清单制度的建立。

（一）部署清理

通过开展县级部门权力事项清理以及召开行政审批工作相关部门的联合会议，对政府权责清单制度建立的程序进行商讨。在县委编办设立联席会议办公室，并且抽取调任县有关单位的工作人员在此集中办公，承担起权责清理工作。县政府直属的各个单位需要针对行政权力事项清理的相关表格实行分类填写，并且由该单位的主要负责人对自查报告进行签字验收，报送到县委编办。在权力清理的前提下，需要进行责任事项的梳理工作，对部门主要

职责进一步细化并厘清多部门监管事项的责任。

（二）集中审核

权力清理单位将清理的结果报送给联席会议办公室，由联席会议办公室进行初步审查，之后再由人大代表、政协委员以及相关领域的专家学者组成复审专家组进行再次审查，并且征求各个方面的不同意见，各个清理单位根据各方提出新的意见进行吸纳、剔除和核实。

（三）公布运行

经过审核完成之后的县级权力清单及责任清单，正式开始对外部进行公开。政府权责清单上涉及的部门及单位应该严格执行新的内容，在权力范围内行使职权。将工作的内容通过政府、行政服务中心网站及时、完整、准确地向社会公开。

三、B 县完善政府权责清单制度的动态过程

党的十八届三中全会之后，B 县开始着手本县政府权责清单的梳理，大致经历了权力清单制度公之于众的初始发展阶段（2014—2015 年）、责任清单制度编造实施的完善补充阶段（2015—2016 年）、权力清单制度和责任清单制度“两单”融合发展的权责融合阶段（2017 年至今）。总体而言，B 县按照“放管服”改革要求，不断探索改革新举措，积极推进政府职能转变，加大简政放权力度，实施“一次办好”承诺办结制等管理制度，有力地推动了政府权责清单制度的建设。

（一）初始发展阶段（2014—2015 年）：权力清单制度公之于众

2014 年，根据省、市的关于建立权力清单制度的工作部署，B 县自 9 月起组织开展权力清单的编制工作，全县 35 个单位（开展部署清理的时间为 2014 年 9 月，单位数按机构改革前计算，国税、地税由本系统自行梳理）对本部门权力进行梳理。为做好清单编制工作，在与各单位沟通并征求市级主管部门意见后，对 B 县 59 项行政审批项目进行了调整（其中，转变管理方式 54 项，合并 1 项，取消 4 项），同时承接省、市下放行政事权 46 项。经过调整、取消、承接后该县行政审批事项共计 217 项（其中，行政许可 202 项，子项 206 项；非行政许可审批事项 15 项），公共服务事项目录 185 项。最终确定 33 个县直部门行政权力事项 4391 项，子项 2959 项，编制工作于 2015 年 5 月完成，并将权力清单同步在 B 县的政务网和县行政服务中心网站上向社会公开。做到全部行政权力进清单、清单之外无权力。经过不断地努力，B 县在没有向社会购买服务的情况下较好地完成了工作任务。

（二）完善补充阶段（2015—2016 年）：责任清单制度编制实施

梳理完权力清单后，B 县开始着手准备责任清单制度的编制。根据 A 省行政审批制度改革工作领导小组办公室《关于进一步做好市、县（区）政府部门责任清单编制工作的通知》文件精神和“有权必有责，用权须负责”要求，按照省、市关于落实责任清单编制工作部署，坚持“早部署、强协作、严把关”，B 县在全市范围内率先启动责任清单编制工作。经过反复沟通，多轮修改，共梳理县级责任清单事项 5531 项，多部门监管事项 57 项。2015 年 10 月，B 县政府办公室印发了《关于公布 B 县县级责任清单的通知》，并在县政府网上向社会公开，在全市率先完成责任清单编制工作。同时，B 县开展了前置审批和中介服务事项清理工作，规范审批行为。经过梳理汇总审核，截至 2016 年 6 月，共清理前置审批事项 363 项，取消 71 项；清理中介服务事项 173 项，取消 18 项。

此外，B 县在前期开展权力清单和责任清单编制的基础上，开展乡镇政府权责清单编制工作，从权责事项、子项名称、设定依据、事项类型、责任主体和备注等维度厘清乡镇政府权力和责任范围。B 县 11 个乡镇政府根据省委编办提供的范本，结合本乡镇实际，编制本乡镇政府权责清单；有派驻单位的县直部门参考本单位的权力清单和责任清单，编制了乡镇市场监管所、公安派出所、司法所、国土资源所、林业站和畜牧兽医站等 6 个派驻单位权责清单。县委编办（县审改办）与县政府督查室、法制办、效能办、行政服务中心管委会等部门通力配合、联合办公，对各单位报送的责任清单进行合理性、合法性审查、反复修改完善，基本完成责任清单事项的梳理。2016 年 10 月 27 日，印发 B 县乡镇政府权责清单，公布了 B 县 11 个乡镇及市场监督管理所、公安派出所、司法所、国土所、林业站、畜牧兽医站等 6 个县直部门派驻机构权责清单，乡镇政府权责事项 267 项，县直部门委托、下放的权责事项 13 项，县直部门派驻机构权责事项 1356 项。其中，县直部门派驻机构权责事项清单中，乡镇市场监管所权责事项清单 877 项、公安局派出所（含城关派出所、农村派出所、边防派出所）权责事项清单 455 项、乡镇司法所权责事项清单 4 项、乡镇国土资源所权责事项清单 9 项、乡镇林业站权责事项清单 5 项、乡镇畜牧兽医站权责事项清单 6 项，并在 B 县政务网上进行公开，标志着 B 县乡镇政府权责清单编制工作如期圆满完成。

（三）权责融合阶段（2017 年至今）：权力清单制度和责任清单制度“两单”融合发展

根据省、市权力清单和责任清单“两单”融合编制工作要求，为进一步推进政府权责清单编制工作，保持权责清单编制工作的统一性和完整性，B 县开始着手开展政府权责清单范本编制工作。同时，将政府权责清单调整规范情况列为县政务服务绩效考核指标，推动政府权责清单规范化、标准化建设，完善政府权责清单制度体系。

第一，加快“两单”融合工作，编制政府权责清单。针对权力清单、责任清单以及各种公共服务事项清单进行全面的清理工作，最终形成政府权责清单。政府权责清单按照不同的分类方式（分为许可、确认、处罚、给付等）进行分门别类，并且全面梳理权责事项，列明权责事项名称（包括子项）、设定依据、事项类型、实施主体和责任主体、追责情形等内容。同时，对现有权责事项提出取消或调整意见。对没有法定依据的行政职权，应予以取消。对虽有法定依据但不符合全面深化改革要求和经济社会发展需要的，应提出取消或调整的建议。2017 年 11 月，B 县全面完成了县直各单位权责清单的编制工作，并先后在县政府门户网、省网上办事大厅、C 市政务网上公布，接受社会监督。B 县的主要做法是：一是 B 县选择了公安局和市场监督管理局两个部门先行开展权责清单范本编制，并上报 C 市行政审批制度改革工作领导小组办公室；二是根据 C 市行政审批制度改革工作领导小组办公室整理汇总的 12 个县（市）区 24 家不同部门权责清单范本，作为全面开展 B 县权责清单梳理工作的借鉴参考，从而编制 B 县各部门权责清单，做到各县（市）区之间相同部门权责事项的相对平衡和一致。同时，在各个部门推广“谁执法谁普法”责任清单，从普法责任主体、普法类型、普法对象、普法内容

（普及的法律法规）、载体阵地、普法方式、普法时间节点等规范权力运行机制和责任履行机制。此外，构建政府权责清单权力运行监管封闭制度体系，建立政府权责清单动态管理机制，实现政府权责清单运行和监督管理的督促指导。

第二，进一步完善政府权责清单动态调整。面对政府权责清单中存在表述不一致、大类子项分类不一致的情况，按照法定职责必须为、法无授权不可为，完善权力事项办事指南，调整承诺办理期限和申请材料目录等内容，落实清单动态管理，提升政府权责清单的准确度，推进机构、职能、权限、程序、责任法定化。对因法律法规和政策变动原因造成职能调整的单位，确保及时对政府权责清单内容做出调整。严格审核把关，保质保量做好国务院、省政府、市政府取消、下放和调整行政审批事项的衔接落实工作，无缝对接，坚决防止脱节现象发生。自 2017 年以来，共承接省、市下放审批事项 21 项，取消 34 项，调整 66 项；取消公共服务 8 项，调整 36 项；取消中介服务事项 5 项。县直各有关单位进行市、县两级行政审批和公共服务各项联审工作，对 B 县行政审批和公共服务事项进行逐项审核，完成了 B 县行政审批和公共服务事项通用目录编制，共确定 B 县行政审批和公共服务事项共计 1377 项，推动了行政审批的便民化发展。以市场监管所权责清单动态调整为例，2020 年市场监管局修订并完善《B 县市场监管所权责清单》，梳理含行政处罚、行政监督检查等事项 933 项，子项 870 个。通过建立健全政府权责清单制度，按照市审改办的统一部署，加强审批事前事中事后监管，落实政府权责清单、负面清单制度动态管理，实现了政府权责清单制度的不断优化、完善修改，保证了政府权责清单制度科学有效和与时俱进。

第三，认真落实“互联网 + 政务服务”工作。要求县直各有关单位对承接省、市下放的项目及时入驻行政服务中心进行流程规范，对取消、调整的项目及时落实到位，确保清单与入驻事项一致，提高项目协同度。全面完成事项编码，实现全程网上办理，加强权力配置信息公开。县直单位权责清单全部录入到C市清单管理系统，并完成与网上办事大厅对接工作，实现了同步动态更新，确保网上公开事项与网上审批系统事项一致，并适时对C市权责清单管理系统和县政府门户网权责清单内容进行更新。总体而言，各个部门能够对照法律法规规章，更新完善政府权责清单并按要求公开，最大限度实现网络化、透明化办事。

第四，进一步完善乡镇权责清单制度。2021年，B县人民政府印发《B县乡镇权责清单》的通知，要求各乡镇要及时将梳理出来的219项权责清单在本乡镇门户网站进行公布，接受社会监督，并广泛结合各类宣传活动，加大对政府权责清单制度的宣传力度。同时，要求各乡镇要组织相关人员学习，吃透摸清法律法规要求，确保权责清单作用的发挥。对于县直部门则是要求其对乡镇在权力事项和公共服务事项运行过程中，提供必要的技术支持和力量支持，通过加大对基层政务服务人员的培训力度，引导其熟练掌握权责事项、公共服务事项的办理流程，落实为民服务的总体要求，切实做到服务群众“最后一公里”要求。此外，B县指出未来将根据法律法规的立改废情况，对B县乡镇权责清单实行动态调整并及时公布，确保B县的乡镇权责清单在提升基层治理能力，提高便民服务水平中发挥实效。

四、B县推行政府权责清单制度的主要任务

经历了初始发展、完善补充和权责融合三个阶段后，B县的政府权责清单运行逐渐制度化。从具体内容上看，B县在推进政府权责清单制度的主要任务主要体现在行政权力清理范围、权力事项清理办法、审核确认权力事项、明确行使权力责任、优化权力运行流程、依法公开权责清单、权力规范透明

运行、强化权力制约监督、严格推进责任追究等九个方面。

（一）行政权力清理范围

行政权力清理的事项，指行政权力清理单位实施的对公民、法人和其他组织权利义务产生直接影响的具体行政行为，如行政许可、行政处罚、行政强制等。其范围主要由行政权力清理单位以及行政权力清理事项这两部分构成，如图 6-1 所示。涉及主体主要是具有行政主体资格并且能够实现依法行政的机关，这些被视为行政权力清理单位，如行政机关与事业单位。

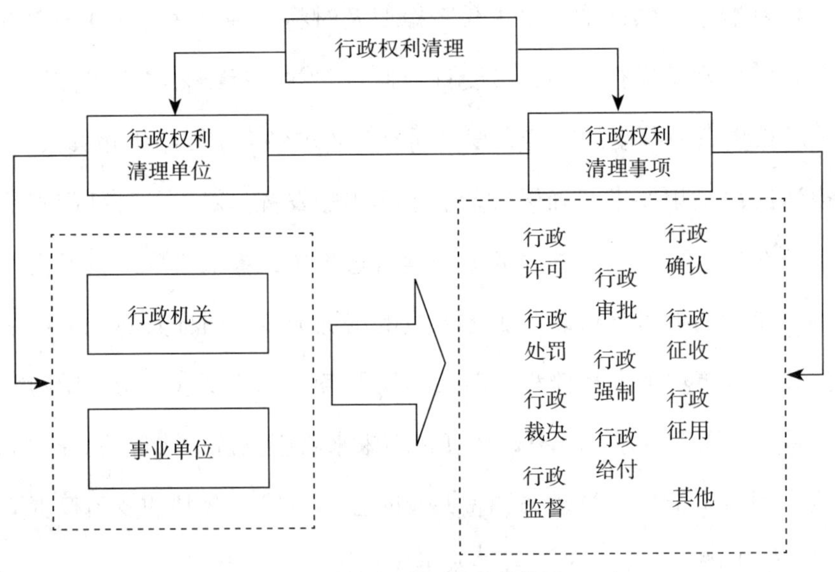

图 6-1　行政权力清理范围

资料来源：根据 A 省 B 县政府官网进行整理。

（二）权力事项清理方法

行政权力清理单位应当以遵循有关法律法规对职权法定、政府职能的相关规定要求为基础前提，充分结合本单位行政职权的实际配置情况，对本单位的实际工作涉及的权力事项进行梳理。首先，应在推进行政执法责任制施行的同时，注重吸收以往对行政审批相关制度进行改革的成果，在此基础上，通过全面梳理总结现行的行政权力事项和结合简政放权的相关要求，对本单位的行政权力事项进行适当的整改，并对相关权力的取消、相关职权的转移与下放、相关职权的整合与保留等方面提出符合法律规定和发展要求的清理意见。其次，还应根据提出的众多意见合理归类，按一定顺序详细登记，以此进一步编制行政权力的实施清单；而对于在行使行政职权过程中存在部门职责交叉和在管理上较为分散的相关事项，需要针对所涉部门和管理分散原因进行分析后，进行部门职责整合或提出相应的调整意见；针对需要调整的 B 县级及县级以上层面的行政权力事项，要及时给出调整的相关建议。

一般来说，涉及行政权力事项清理的方法有权力取消、职权转移、权力下放、职权整合、职权保存等五种。

第一，权力取消。意指取消无法律规定或不能履行法定程序的行政权力事项。单位的自发文件不可作为权力设定和实施的法律依据。因此，除单位内部的事务性职责外，需要根据深化改革和经济发展的有关要求对地方性法规提出修改指导意见。

第二，职权转移。将部分行业管理及具有技术、辅助和事务性性质的社会管理职能逐渐转移给社会组织。原则上需将行业相关事务转交至行业组织，使其在行业规定和技术标准制定、统计分析与预警、科技学术成果推广以及纠纷调解等管控和调整事项上承担相应责任。对没有国务院相关决定和法律规定的资质类管理，原则上要由社会组织对相关公民法人或其他组织的能力水平进行评价和管理。

第三，权力下放。一般来说，指为促进基层管理更加方便有效，采取将一些基础管理事项权交予基层。为方便对公民法人及其他组织展开服务和有效监管，省、市一级进行清理的相关权力，会交予县级政府进行管理。作为县级政府，B 县从本职上应做好相应的承接工作。

第四，职权整合。对工作职责可由多个清理单位进行执行或在工作内容上有相似之处但确实需要保留的相关职权，要在有关要求下进行整合，并以此达到办事流程及环节精简优化、高效管理的目的。对于前置性的审批事项，需要进行适当简化并在必要时取消相关事项，同时通过合并审批流程，提升审批效率。对审批前置环节中有偿地审查和评价、咨询和鉴证服务事项进行核对，根据规定进行取缔和清理，以实现行政相对人的权益保障和负担释放。

第五，职权保存。根据有关法律法规的章程和深化改革的要求以及经济发展的需要对相关行政权力进行区分，当符合上述规定时，可以保留相关行政权力；而对暂时修改困难或处理周期较长或者不能较好符合改革发展要求的相关事项，需要通过严格的管理措施实施强力的行政职权监管。

（三）审核确认权力事项

按照减少政府管理微观事务及深化改革的相关要求，对行政权力事项进行大幅减放，根据有无法律依据取消或严管相关行政权力，使其更适应社会经济发展的需要。减少对投资项目及生产经营活动的有关审批，并对审批性备案和非行政许可的审批事项依法予以取消，全面清理关于资质评定和表彰的相关权力事项，且政府不再对能够通过公民法人自主决定、市场有效调节、社会组织管理以及行政机关事后监督可解决的事项进行审批。

（四）明确行使权力责任

在这一环节中，首先要满足权责一致和有权必有责的规定，再按照不同类别的行政权力来确定工作任务以及工作职责，落实责任主体，规范职责权限，明确相应责任[①]，探索建立与政府部门行政权力相对应的责任体系。如果在行使权力时，有违反规定的或者是行使不当的，应该依照法律的相关规定进行追责。

第一，梳理部门责任事项。在梳理权责时，先遵守法律法规，再遵守政府的规范性文件，对部门主要职责进一步细化，具体责任事项主要包括四类：一是行政权力事项；二是公共服务事项；三是部门应承担的有关发展规划编制、政策法规起草、指导协调、信息公开、信访受理、行政复议、政府内部审批和其他监管事项等；四是部门依法承担的其他责任事项。

第二，厘清多部门监管事项的责任。如果某些事项涉及多个不同的部门，则需要按照规定要求，设置具有领导牵头作用的部门，其他部门予以配合。尤其是针对人民群众比较关心的，关乎人民生命健康安全的权责事项。

第三，明确责任主体和追责情形。责任主体明确到机关内设机构、直属行政机构和法律法规授权承担行政职能的事业单位，依法受委托承担相关职能的事业单位以及机关授权的行政审批处一并列为责任主体。

（五）优化权力运行流程

权力运行的流程需要进一步优化。首先，应该满足高效率工作以及极大程度方便人民群众的需求，使运行程序逐渐优化，使办事环节逐渐简化，实现“时间更短、环节更少、材料更简、标准更高、服务更优”的目标。如果有特定的法律规定程序，便要在这一程序要求之下逐渐使流程细化；如果没有特定的法定程序，需要以便民原则作为基础针对流程进行设置。对于类别相同的行政权力，如果有相同的流程，可以采用共用流程；如果差异比较明显，则需要单独制定流程。通过优化运行流程，使权责事项、申报材料、办

① 人民日报．中共中央关于全面推进依法治国若干重大问题的决定［N］. 人民日报，2014-10-29（3）.

理流程、办理时限、收费缴费、服务过程、服务管理等所有环节，形成B县模式的标准化权力运行体系，真正做到行政权力运行标准化、规范化、格式化、公开化。

（六）依法公开权责清单

当行政权责清单未涉国家机密或法律允许其公开时，经过审核确认后需及时向社会公开，公开途径包括B县行政服务中心或县政府的门户网站，公开内容需具备清单制度所包含的完整性和准确性，同时接受社会的监督。需要公开的内容主要包括行政权责的职权类别、项目的名称及编码、项目的实施及共同实施机关、实施的依据及对象、办理的流程和时限、收费标准及依据、服务方式和相对人的权利以及监督和投诉的途径等。

（七）权力规范透明运行

对行政权责事项的管理需要实现科学化、法治化以及信息化，同时推动动态调整机制以及长效保证机制的建立。在政府权责清单制度向社会公布后，要逐步实现在网上运行行政责权，充分发挥网络优势，让行政权力建立规范的行使程序，对办理的时限进行规定，而且要公开办理及时反馈，规范使用显性权力但同时也要使隐性权力公开透明，避免权力在运行过程中出现暗箱操作现象，保证行政效率稳步提高。各级、各部门在权力实施的过程中，需要恰当应用行政服务中心以及政府部门开设的门户网站发布办事指南，在群众的监督下进行服务。

（八）强化权力制约监督

建立进入市场的“负面清单”，未在清单内的市场主体能够依法进入市场。与此同时，需要企业对其行为做出承诺，加强全程监管，对企业承诺进行集中验收。建立相应的管理制度并推动政府监管方式的有效转变，注重事后管理及产品质量监管。管理制度涉及市场及社会主体的首负责任、惩罚性的赔偿、产品和服务质量的保证以及行业准入及生产经营的标准等方面。将工商、行业、属地及综合监管四方面的监管充分协调后建立相应的监管机制，全程对权力的运行展开实时监控和监督，并对其进行风险评估。通过对行政权责进行绩效考评，建立相应的评价制度，有效改善政府的管理效能。

（九）严格推进责任追究

对不能依法履行行政责任者进行追责，并建立长效的问责机制，能够有效对实施清单制度改革中不作为、乱作为的行为，以及工作效率低下、推诿扯皮的现象进行问责。在权力行使的过程中需要按照相关责任要求及规定对权力越位、权力缺失和权力错位的行为进行相应处理。通过严格责任追究的方式，促进高效、严格、规范的权力运行，保证政府权责清单制度执行取得预期效果。

第三节　A 省 B 县政府权责清单制度指标值计算

在对指标体系的应用性具体细化和将指标体系进一步明确化与可操作化的基础上，结合 A 省 B 县的制度实施现状，计算出当前 B 县实施政府权责清单制度的总体效果，对所构建的政府权责清单制度评价指标体系的可操作性进行验证。同时，利用这一应用性细化的指标体系，从宏观上审视了当前县（区）一级在落实和推进政府权责清单制度的总体效果。

一、制度制定指标值计算

（一）组织支持指标值

A 省 B 县依据“行政权力进清单、清单之外无权力，有权必有责、用权须负责”的原则，多部门紧密配合，积极推进政府权责清单制度制定等工作，组织支持的各个指标值得分如下：在业务培训开展情况方面，B 县政府针对权责清单制定等工作开展专项培训，如研讨培训班、工作业务培训会等，积极领会省、市一级的精神，进一步提升县级干部的个人能力素质，培训次数超过 10 次，该项指标最后得分为 10 分；在工作领导小组搭建情况上，该县高度重视推进政府权责清单制度，实际建立领导小组数占应建立领导小组数的比值为 1，比例超过 95%，因此该项得分 10 分；在咨询团队和专职人员配备情况方面，经走访调研的相关数据统计，B 县关于政府权责清单制度制定的咨询团队与专职人员配备比例较低，仅为工作小组人数中的 27.3%，因而该项得分为 6 分；在物质资金提供情况方面，通过行政记录与问卷调查等方式得知，B 县政府响应省、市一级的部署，对政府权责清单制度制定在物质资金上提供了一定的专项财政支持，包含财政资金、办公用品与后勤保障等，但从总体资金支持与扶持力度来看，整体物质资金供应还有完善的空间，经过计算该项得 6 分。

（二）编制公布指标值

在编制要素是否齐全方面，通过对 B 县的清单文本进行分析，B 县所编制的通用清单的要素包括事项编码、事项名称、子项名称、设定依据、事项类型、实施主体或责任单位、追责情形等；实施清单（权责事项进行细化完善程度）的要素包括权责事项通用清单要素、运行流程、办事指南、岗位责任、追责情形、问责依据及执行监督，所有要素齐全，该项得分 10 分；在编制分工是否清晰方面，通过走访调查发现 B 县的社会公众能在一定程度上参与编制，但参与度仍明显不足，其中虽然专门设置了权责清单反馈意见箱，但反馈数量不足 80 条，反馈效果不佳，在权责清单编制过程中，能够较好地吸收法律顾问、专家学者的意见，参与率接近 20%，故该项得分为 7 分；在编制要求是否合理方面，B 县政府权责清单制度编制严格以法律、法规、规章以及政府工作部门“三定”规定及相关规范文件为依据进行编制，严格遵循省、市文件精神要求，做好科学合理的编制工作，该项得 10 分；在印发公布是否主动方面，当政府权责清单未涉国家机密或法律允许其公开时，经过审核确认后需及时向社会公开，B 县主动、及时地通过本级人民政府网站、省网上办事大厅、政务公开栏、办事指南和新闻媒体等向社会主动印发包含公布编码、名称、依据、行使主体、权责划分、责任事项、监督方式等事项，公开内容需具备清单制度所包含的完整性和准确性，同时接受社会的监督，由此，该项得 10 分。

（三）动态调整指标值

在权责清单动态调整前的充分论证方面，B 县对权责清单动态调整前进行了较充分地论证，按照法定程序上报调整事项，未出现擅自调整本部门权责清单，做到有记录（备案）可查，并对各单位报送的责任清单进行合理性、合法性审查、反复修改完善，基本完成责任清单事项的梳理，因此该项得 10 分；在判断动态调整的时效准确方面，因政府权责清单制度不是“一次定终身”的制度，需要根据政府工作部门权力和责任的变化进行调整。而通过机构改革，部门职能进行调整，一些部门合并设置，一些部门的职能被划转出去，权责清单要随之及时动态调整，才能保持权责清单的稳定性、约束性、时效性，才能让政府工作部门更好地行使行政职权。但由调研结果可知 B 县有时并不能在 A 省规定的 20 个工作日的动态调整时限内完成调整工作，曾存在动态调整超出规定时间 3 个工作日的问题，因此该项得 7 分；在清单调整能否追溯记录方面，B 县在新增、取消、下放（含委托）、变更权力等，总体上能够做好记录（备案），以对进一步完善权责清单动态调整，基本上能够做到台账可查，因此该项得 8 分；在判断动态调整能否进行效能问责方面，B 县能够在动态调整中强化效能问责，强化责任意识、效率意识和工作质量意识，促进作风转变，但也有一定的改善空间，因此该项得 8 分。

二、制度执行指标值计算

（一）应用管理指标值

在与简政放权相结合情况方面，自政府权责清单制度推行以来，B 县为此做了大量的简政放权基础性工作，从行政审批项目和公共服务项目精简情况就可以很容易看出与简政放权相结合的实效：2015—2019 年，B 县行政审批项目共精简 152 项，公共服务项目共精简 114 项。当前 B 县做到了促进标准同事项同步转移或下放，以标准化促进规范化，不存在缺位放权、选择性放权，该项得 10 分。在与完善清单管理制度体系相结合情况方面，B 县以政府权责清单制度为核心和基点，建立了公共服务清单、行政事业性收费清单、行政审批中介服务清单、监管事项清单、负面清单等专项清单制度，因此该项得10分。在与“三定”规定相结合情况方面，B县各部门在权责清单的编制细化上能够按照有关法律法规和“三定”职责全面梳理本部门主要职责，但目前仍然存在仅仅以“三定”为指导方针，未能建立有效对应、有机衔接的管理机制，因此该项得8分；在与政府日常管理运行相结合情况方面，B县较好地制定了政府日常的权责清单制度管理办法，且管理办法制定秉持一定科学合理的准则，当前能够根据管理办法开展相关工作，整体运行较好，该项得8分。

（二）信息管理指标值

在数据公开化程度方面，B县在网上办事大厅发布的政务服务信息应与政府权责清单管理系统发布的权责清单信息相一致，做到数据同源，同步发布、更新，因此该项得10分。在流程标准化程度方面，B县总体上实现了标准统一、互联互通、资源共享和业务协同，但在资源共享和业务协同等标准化程度仍有很大的提升空间，经过计算整体标准化程度大概在80%左右，该项得分8分；在运行数字化程度方面，B县政府权责清单在网上办事大厅、政府权责清单管理系统和政务管理系统等方面实现管理、维护、更新的数字化程度较高，该项得8分；在办理网络化程度方面，B县的政府权责清单相关事项录入、取消、下放、整合和暂停实施的网上办理事项及程度为良好，有完善的空间，该项得8分。

（三）监督管理指标值

在开展监督检查情况方面，B县建立包括监督管理机构（部门）、监督管理办法、监督细则、监督实施、舆论监督和公众监督等相应的监督管理机制，但相关机制仍有完善的空间，且在落实层面仍存在象征性落实的情形，该项得6分；在开展社会评价情况方面，B县虽然开展座谈交流、问卷调查、网络评议、电话测评、走访调查进行政府权责清单制度的社会评价，但这个评价与其他评价相结合，距离较好反映评价结果仍有改善空间，因此该项得6分；在开展廉政风险评估情况方面，B县每年均有开展廉政风险评估及评估结果并反馈落实情况，但在频次上有待进一步增强，经过计算该项得6分；在开展绩效考核情况方面，B县重视权责清单在绩效考核方面的作用，能够将政府部门权责清单动态调整、公开和实施情况纳入政府或工作人员年终绩效考评，但是整体来看，其作用发挥一般，此项得8分。

三、制度结果指标值计算

在制度结果的指标值计算方面，由于该维度的指标针对的是政府权责清单制度的结果，且第四部分涉及的主要是公众的满意度，因此该维度的主观指标数据的获取则是通过对政府部门及其工作人员的问卷调查进行获得。需要说明的是，由于指标设定时是以疑问句呈现的，所以在问卷设置时根据相应的意思转化为肯定性的询问方式，并使用非常符合、比较符合、一般、不太符合、不符合5级量表进行计分。通过发放50份问卷给B县部分政府工作人员，初步获得B县政府权责清单制度在实施效率、实施效果和实施效应方面的认识。对主观指标的平均得分计算公式为：（非常符合人数 ×10+ 比较符合人数 ×8+ 一般人数 ×6+ 不太符合人数 ×4+ 不符合人数 ×2）/50。调研结果仅作为对制度的主观性认识的指标值计算，不做其他用途。

（一）实施效率指标值

通过调研走访和问卷调查可知，B 县在办理事项能否在规定时间内完成维度，平均得分为 8.84 分；在办事地点等待时间是否适度维度，平均得分为 8.44 分；在是否存在推诿扯皮等现象方面维度，平均得分 8.68 分；在部门间协调事宜能否快速解决维度，平均得分为 8.52 分。具体每项得分如表 6-2 所示。

表 6-2　实施效率指标值

（单位：人数、得分）

指标	问卷设置	非常符合	比较符合	一般	不太符合	不符合	平均得分
办理事项能否在规定时间内完成	推行政府权责清单制度后，办理事项能在规定时间内完成	29	14	6	1	0	8.84
在办事地点等待时间是否适度	政府权责清单制度实施后窗口事项的办结率提升，等待时间适度	22	20	5	3	0	8.44
是否存在推诿扯皮等现象	政府权责清单制度施行后各部门承担相应职责更加清晰	25	19	4	2	0	8.68
部门间协调事宜能否快速解决	权责清单编制后，各部门能协同配合，快速协调	24	17	7	2	0	8.52

（二）实施效果指标值

通过调研走访和问卷调查可知，B 县在权责边界是否划定明确维度，平均得分 8.44 分；在职能转变和机构改革是否稳步推进维度，平均得分 8.12 分；在权力运行是否得到有效制约维度，平均得分 8.56 分；在公共服务是否有较高质量与水准维度，平均得分 8.52 分，具体每项得分如表 6-3 所示。

表 6-3　实施效果指标值

（单位：人数、得分）

指标	问卷设置	非常符合	比较符合	一般	不太符合	不符合	平均得分
权责边界是否划定明确	政府权责清单制度明晰政府权力行使和责任履行界限	22	19	7	2	0	8.44
职能转变和机构改革是否稳步推进	政府权责清单制度加强政府职能的优化、精简与理顺	21	16	8	5	0	8.12
权力运行是否得到有效制约	权责清单加强了政府权力的制约与监督	24	19	4	3	0	8.56
公共服务是否有较高质量与水准	政府权责清单制度实施促进政府公共服务质量与水平显著提升	24	20	1	5	0	8.52

（三）实施效应指标值

通过调研走访和问卷调查可知，B 县在是否坚持全面依法治国维度，平均得分 8.32 分；在是否激发市场经济活力维度，平均得分 8.56 分；在是否保障社会知情权维度，平均得分 8.28 分；在是否彰扬公共精神维度，平均得分 8.68 分，具体得分如表 6-4 所示。

表 6-4　实施效应指标值

（单位：人数、得分）

指标	问卷设置	非常符合	比较符合	一般	不太符合	不符合	平均得分
是否坚持全面依法治国	政府权责清单制度坚持以法律规范内行使权力以及规范运行	20	20	8	2	0	8.32
是否激发市场经济活力	政府权责清单制度带来了经济活力的提升	22	23	2	3	0	8.56
是否保障社会知情权	政府权责清单制度更好地使政府事务公开透明化，保障社会知情权	22	18	5	5	0	8.28
是否彰扬公共精神	政府权责清单制度体现了公共精神	24	21	3	2	0	8.68

四、公众满意度指标值计算

在公众满意度指标值计算上，通过发放200份问卷对B县政府权责清单制度的满意度进行初步调查，经过问卷回收和筛选，最后得到192份有效问卷。调查总共分为公众期望、感知质量、公众满意等三部分组成，每一指标的平均得分计算公式为:（满意人数 ×10+ 比较满意人数 ×8+ 一般人数 ×6+ 不太满意人数 ×4+ 不满意人数 ×2）/ 总人数。调研结果仅作为制度满意度的指标值计算，具体得分如表6-5所示。

表6-5　公众满意度指标值

（单位：人数、得分）

维度	指标	非常满意	比较满意	一般	不太满意	不满意	平均得分
公众期望	对制度制定的预期	91	78	16	5	2	8.61
	对制度执行的预期	81	88	17	2	4	8.50
	心理上的信心	105	63	14	6	4	8.70
	行动上的支持	95	59	28	7	3	8.46
感知质量	对务求实效的感知	103	54	27	3	5	8.57
	对便民利民的感知	93	64	27	4	4	8.48
	对权责一致的感知	108	55	21	5	3	8.71
	对公开透明的感知	90	72	20	4	6	8.46
公众满意	与预期相比的满意度	100	56	26	4	6	8.50
	与理想相比的满意度	86	52	45	8	1	8.23
	正式表达的满意度	97	51	34	7	3	8.42
	非正式表达的满意度	86	49	46	6	5	8.14

通过表6-5对公众满意度在三个维度上的呈现，各项指标的平均得分均在8—9分之间，说明公众对B县政府权责清单制度在公众期望、感知质量、公众满意等三个部分总体认可度良好。

第四节 综合指标值计算

综合指标值计算是指在计算出各个指标的实际测评后，与各层相对应的权重相乘，最后得出总的测评值 A。各标准权重值、各指标权重值和各指标测评值如表 6-6 所示。

表 6-6 B 县政府权责清单制度实施效果得分总览

目标	类型	维度	操作性指标（三级指标）	权重 W	指标得分
政府权责清单制度实施效果	制度制定	组织支持	业务培训开展情况	0.0480	10.00
			工作领导小组搭建情况	0.0064	10.00
			咨询团队和专职人员配备情况	0.0185	6.00
			物质资金提供情况	0.0091	6.00
		编制公布	编制要素是否齐全	0.0101	10.00
			编制分工是否清晰	0.0075	7.00
			编制要求是否合理	0.0017	10.00
			印发公布是否主动	0.0025	10.00
		动态调整	是否充分论证	0.0225	10.00
			是否时效准确	0.0017	7.00
			能否追溯记录	0.0066	8.00
			能否进行效能问责	0.0036	8.00
	制度执行	应用管理	与简政放权相结合情况	0.0192	10.00
			与完善清单管理制度体系相结合情况	0.0603	10.00
			与“三定”规定相结合情况	0.0061	8.00
			与政府日常管理运行相结合情况	0.0107	8.00
		信息管理	数据公开化程度	0.0377	10.00
			流程标准化程度	0.0123	8.00
			运行数字化程度	0.0046	8.00
			办理网络化程度	0.0061	8.00

（续表）

目标	类型	维度	操作性指标（三级指标）	权重 W	指标得分
政府权责清单制度实施效果		监督管理	开展监督检查情况	0.0234	6.00
			开展社会评价情况	0.0022	6.00
			开展廉政风险评估情况	0.0053	6.00
			开展绩效考核情况	0.0074	8.00
	制度结果	实施效率	办理事项能否在规定时间内完成	0.0041	8.84
			在办事地点等待时间是否适度	0.0087	8.44
			是否存在推诿扯皮等现象	0.0209	8.68
			部门间协调事宜能否快速解决	0.0025	8.52
		实施效果	权责边界是否划定明确	0.0178	8.44
			职能转变和机构改革是否稳步推进	0.0037	8.12
			权力运行是否得到有效制约	0.0311	8.56
			公共服务是否有较高质量与水准	0.0048	8.52
		实施效应	是否坚持全面依法治国	0.0612	8.32
			是否激发市场经济活力	0.0129	8.56
			是否保障社会知情权	0.0090	8.28
			是否彰扬公共精神	0.0993	8.68
	公众满意度	公众期望	对制度制定的预期	0.0133	8.61
			对制度执行的预期	0.0665	8.50
			心理上的信心	0.0941	8.70
			行动上的支持	0.0188	8.46
		感知质量	对务求实效的感知	0.0044	8.57
			对便民利民的感知	0.0456	8.48
			对权责一致的感知	0.0113	8.71
			对公开透明的感知	0.0152	8.46
		公众满意	与预期相比的满意度	0.0637	8.50
			与理想相比的满意度	0.0363	8.23
			正式表达的满意度	0.0132	8.42
			非正式表达的满意度	0.0081	8.14

将权重与得分相乘并进行加权平均，计算公式如 6-1 所示。

$$A=\sum_{i=1}^{48}(p_{ci}\times W_i) \tag{6-1}$$

经计算，B 县的综合指标值 A=8.64 分，这是利用政府权责清单制度实施效果评价指标体系对 B 县政府权责清单制度实施概况进行测评得到的，处于“良好”[①] 等级。

第五节　评价结果分析

通过对 B 县的实证分析我们可以发现，B 县当前的政府权责清单制度实施效果处于“良好”等级，说明 B 县能够较好地推进政府权责清单制度，取得了较好的成效。比如，B 县在业务培训开展情况、工作领导小组搭建情况、编制要素是否齐全、编制要求是否合理、印发公布是否主动、是否充分论证、与简政放权相结合情况、与完善清单管理制度体系相结合情况、数据公开化程度等方面均得到满分 10 分，说明 B 县在这些方面做得比较到位。同时，政府部门的工作人员和公众对 B 县政府权责清单制度实施的效果的满意度大多在 8 分以上，总体上对这一制度是比较满意的。但根据实证分析的结果可以发现，B 县政府权责清单制度在推进过程中也存在些许问题。如咨询团队和专职人员配备情况、开展监督检查情况、开展社会评价情况、开展廉政风险评估情况、开展绩效考核情况等方面需要不断加强。

同时，可以发现对各个指标的得分结果采用不同的指标计算方式，会得到不一样的结果。为了更好地进行对比分析，采取平均数计算和权重计算两种方式。首先，运用算术平均数对制度制定、制度执行、制度结果和公众满意度方面四个类型进行总判断。经计算，对于制度制定维度上的 12 个指标，其指标平均分为 8.86 分；对于制度执行维度中的 12 个指标，其指标平均分为

① 该等级划分主要参考当前得到比较一致认可的等级划分标准，其中优秀得分区间为：$9 \leqslant A < 10$；良好得分区间为 $8 \leqslant A < 9$，中等为 $7 \leqslant A < 8$，合格为 $6 \leqslant A < 7$，小于 6 的视为不合格。

8.88 分；对于制度结果维度中的 12 个指标，其指标平均分为 8.53 分；对于公众满意度维度中的 12 个指标，其指标平均分为 8.52 分。上述结果表明经历了几年的实施后，政府权责清单制度在制度制定方面趋于稳定，已经进入制度执行这一重点阶段，但在提升公众满意度等方面还有较大的提升空间。通过对指标体系中的 12 个维度的得分进行分析可知，其中，组织支持维度平均得分 8.65 分；编制公布维度平均得分 8.97 分；动态调整维度平均得分 9.26 分；应用管理维度平均得分 9.65 分；信息管理维度平均得分 9.24 分；监督管理维度平均得分 6.39 分；实施效率维度平均得分 8.63 分；实施效果维度平均得分 8.49 分；实施效应维度平均得分 8.53 分；公众期望维度平均得分 8.60 分；感知质量维度平均得分 8.52 分；公众满意维度平均得分 8.39 分。其中应用管理维度平均得分最高为 9.65 分，监督管理维度平均得分最低为 6.39 分，说明 B 县在政府权责清单制度应用管理方面取得较好的成绩，而关于权责清单的监督管理有待进一步开展与完善。

而根据权重值计算出的得分来看（满分 10 分，保留 2 位小数），制度制定得 1.22 分，制度执行得 1.74 分，制度结果得 2.36 分，公众满意度得 3.33 分。得分占比分别为 88.55%、88.85%、85.36%、85.18%。这一数据从侧面表明了四个维度的得分程度，说明 B 县政府权责清单制度在公众满意度方面需要再下功夫。此外，这一结果也要求我们不能因为某一指标的权重值较小或者所占分值较少而选择将之忽略，政府在推进权责清单制度时可以有所侧重，但仍需要全面协同推进这一制度。

第七章　政府权责清单制度实施存在问题的归因分析

第六章结合 A 省 B 县政府权责清单制度实施情况，运用第五章设计的指标体系进行应用性的分析，计算出了当前 B 县实施政府权责清单制度的总体效果，对所构建的政府权责清单制度评价指标体系的可操作性进行验证，从宏观上审视了当前县（区）一级在落实和推进政府权责清单制度的总体效果。总体而言，结合对 B 县的评价和第三章政府权责清单制度的改革历程与实施现状的阐释，能够合理地推测出当前县（区）一级的政府权责清单总体上正在有条不紊地推进中，但在政策推行的各个环节中，仍存在一些问题有待改进，不过仅通过指标体系的评价难以对这一制度实施存在的问题及其原因有一个全面深刻的认识，为此，本章结合案例研究法和扎根理论研究法，借助 NVivo 11 软件进行编码和构建模型，对 B 县进行政府权责清单制度实施效果的实证研究，在管中窥豹的基础上，实现对政府权责清单制度实施存在的问题及原因进一步剖析。

第一节　研究设计

通过这几年的实施，笔者发现越往基层延伸，政府权责清单制度的推行存在的问题越多、困境越大，如何健全和完善政府权责清单制度，从而推进政府依法行政，是一个亟待解决的问题。因此，本章在指标体系设计进行评价的基础上，以 B 县为例，选用案例研究法和扎根理论研究法等方法，挖掘政府权责清单制度实施过程中存在的问题，分析出现相关问题的深层次原因，以对政府权责清单制度有一个更为全面而具体的把握。

一、研究方法与工具

质性研究是指以研究者本人作为研究工具，在自然情境下采用多种资料收集方法对社会现象进行整体性探究，使用归纳法分析资料和形成理论，通过与研究对象互动对其行为和意义建构获得解释性理解的一种活动[①]。本书在研究方法和工具上，主要采用案例研究法、扎根理论研究法和 NVivo 11 软件。

（一）案例研究法

案例分析法（Case Analysis Method），又称个案研究法，是对有代表性的事物（现象）深入地进行周密而仔细的研究从而获得总体认识的一种科学分析方法。本章将在前文对 B 县分析的基础上，结合案例研究中的深度访谈，在相关资料分析的基础上，有计划地通过与被访问者交谈等方式来收集

① 陈向明 . 质的研究方法与社会科学研究［M］. 北京：教育科学出版社，2001：3-13.

调查资料与信息[①]。具言之，笔者及笔者团队在 2017—2020 年中多次深入 B 县，采用蹲点调研和参与式观察的方式，在长期实地观察和走访调查的基础上，掌握了 B 县关于推行政府权责清单制度的关键资料。一是结合第五章的指标体系和第六章的实证检视，对近年来 B 县政府权责清单制度推行的有关会议纪要、文件材料、报告总结、领导讲话稿以及汇总数据等进行收集整理，归纳了 B 县政府权责清单制度推行过程中的主要做法和相关成效，从而对 B 县政府权责清单制度有了总体的认识，为访谈进行问题成因分析奠定了基础、指明了方向；二是在调研的过程中，笔者及笔者团队以 B 县多名具有代表性的政府工作人员为研究对象进行多次深度访谈，每次访谈长达半小时以上，平均每人接受访谈三次，所掌握的访谈音频和形成的文字材料，为进一步分析当前政府权责清单制度实施存在的问题及原因积累了一手资料。

（二）扎根理论研究法

扎根理论（Grounded Theory）是美国学者格拉塞（Barney G. Glaser）和斯特劳斯（Anselm Strauss）在 1967 年首次明确提出的，提倡基于原始数据发展理论，实质性研究本身作为一种可靠的方法论获得合法性。扎根理论在国内广泛应用于社会科学的多个领域，强调系统搜集和分析经验事实，并在经验事实的基础上进行理论抽象，其宗旨就是基于经验资料建构理论。扎根理论要求对资料进行逐级编码，包括开放式登录、关联式登录、核心式登录。研究者在开始研究之前一般没有理论假设，直接从原始资料中归纳出概念和命题，然后上升到理论，这是一种自下而上建立理论的方法，即在系统收集资料的基础上，寻找反映社会现象的核心概念，然后通过在这些概念之间建

① 荆玲玲 . 社会调查方法［M］. 哈尔滨：哈尔滨工程大学出版社，2016：122.

立联系而形成理论[①]。扎根理论要求对资料进行逐级编码：一级编码即开放式登录，就是从资料中发现概念类属，对类属加以命名，确定类属的属性和维度，然后对研究的现象加以命名及类属化；二级编码又称关联式登录或轴心登录，主要任务是发现和建立概念类属之间的各种联系，以表现资料中各个部分之间的有机关联；三级编码又称核心式登录或选择式登录，是指在所有已发现的概念类属中经过系统分析以后选择一个“核心类属”，将分析集中到那些与该核心类属有关的码号上面[②]。

（三）NVivo 11 软件

一般而言，可以通过数学物理等数字手段解决的问题都不算问题，真正难的是如何找出一些难以量化的资料和内部关系进行分析处理。如果只靠研究者本人的大脑，对于那些来源多、范围广、数量大、关系复杂，难以量化的资料，即使抓住了关键信息，也一定会漏掉一些内容。因此，必须引进计算机资料辅助工具辅助研究者处理大量复杂的资料。NVivo 11 软件是由澳大利亚 QSR 公司开发的一款能够对图片、文档、视频、音频、电子邮件、电子表格等数据资料进行组织、存储、检验和分析的计算机辅助质性分析软件，在搜集的访谈资料导入之后，借助先进的数据管理系统，查询统计和可视化工具，更便捷地挖掘更多有价值的信息，凝练一般规律，呈现更可靠的研究结论。笔者及笔者团队将借助 NVivo 11 软件分析案例从案例中获取的 B 县材料，通过创建项目、导入资料、建立节点、节点编码、资料分析、模型建立等一系列步骤，可以更好地提取有用信息，运用扎根理论对政府权责清单制度实施问题进行归因分析，对复杂资料进行有效梳理，从而获取更可靠的结论。

① 陈向明．质的研究方法与社会科学研究［M］．北京：教育科学出版社，2001：327-332.

② 陈向明．质的研究方法与社会科学研究［M］．北京：教育科学出版社，2001：332-335.

二、研究对象及样本

本章研究对象所选择的是B县权责清单制度的建设情况。党的十八届三中全会召开后，B县开始全面建立并实施政府权责清单制度，并以建设服务型和法治政府为发展核心，逐步实现政府职能的转变，简政放权，为人民群众提供便利。经过几年的发展，B县政府权责清单制度逐渐发展完善，从制定县级政府权责清单延伸至乡镇政府权责清单，B县对政府权责清单制度的积极探索，积累了经验、并取得了一定的成效，促进了B县全面高质量的发展，并且为全面建成小康社会提供县域层面的制度保障，具有一定的代表性。但正如前文研究所呈现的，不可否认的是B县政府权责清单制度在制定和实施的过程中仍然存在一些问题，通过对其影响因素进行深入分析，可以为政府权责清单制度的顺利实施提供一定的参考和借鉴。因此，笔者及笔者团队采取目的性抽样的方式，选取了B县15名工作人员作为访谈对象进行长达数年的跟踪，主要采取结构化、半结构化和探索式三种访谈方式。所访谈对象均在政府权责清单制度改革的主要部门和岗位，其中，既包括县直部门主要负责同志、分管领导，也包括科室负责人、具体经办人员，可以说他们是B县政府权责清单制度实施的直接参与者和实践者，他们所提出的关于制度实施存在问题和成因是最直接的，具有一定的代表性。

相关访谈主要是让被访谈者结合自身工作经验和推行改革体验，分析并提炼自己的观点，目的是深入了解行政机关工作人员作为改革的参与者，对B县政府权责清单制度推行过程中存在问题、成因的看法。为了保证访谈内容的真实性和准确性，笔者及笔者团队在征得被访谈者同意的情况下，对15名主要人员（累计长达45人次）的访谈过程进行了录音和文字记录，总共形成了120余万字的文字材料。在访谈过程中，访谈内容主要集中在“结合自身工作实际，您认为推行政府权责清单制度过程中存在哪些问题”“您认为造成这些问题的原因是什么”访问者不会局限于访谈提纲的题目顺序，而会根据实际的访谈情况对访谈问题进行弹性处理，积极鼓励被访谈者思考回忆、进行解释和详细描述，在整个访谈过程中重视对某些问题的细节进行深入探究，并对相关访谈内容进行适时调整和进行前后回答的检验。访谈结束后，对被访谈者匿名处理，用大写的英文字母进行顺序编号，如表 7-1 所示。

表 7-1　主要访谈对象信息表

采访对象	任职单位	岗位或职务	工作职责	工作年限（年）
A	政府办公室（法制办）	科员	负责合法性审查	7
B	发展和改革局	副局长	分管项目审批及权责清单管理	15
C	机构编制委员会办公室	副主任	负责全县权责清单的编制汇总及相关事宜协调	20
D	教育局	科员	负责机关内部规章制度建设	8
E	发展和改革局	四级主任科员	负责办理固定资产投资项目审批、核准、备案手续	12
F	行政服务中心管委会	工作人员	负责业务科工作	5
G	生态环境局	审批科副科长	建设项目环境影响审核、行政审批标准化建设和管理	19
H	卫生健康局	窗口负责人	负责行政审批和管理服务项目把关，审核和签发许可证	27
I	市场监督管理局	审批科负责人	负责工商等事务的行政审批	23
J	自然资源和规划局	审批科科长	分管本部门行政审批有关工作	20
K	人力资源和社会保障局	科员	负责本部门行政审批，权责清单的实施	3
L	公安局	民警	负责审批业务审核	8
M	公安局	民警	负责审批业务审核	13
N	行政服务中心管委会	主任	主持行政服务中心管委会全面工作	26
O	住房和城乡建设局	副局长	分管规划、造价、审批工作	18

资料来源：作者自制。

三、研究过程

本章的研究过程一方面是对B县这个案例进行深度剖析；另一方面是基于访谈法获取的原始资料信息，严格遵循质性研究中常用的理论建构方法——扎根理论，借助NVivo 11软件作为编码和分析的工具，通过对访谈文本资料进行开放式编码、主轴式编码、选择式编码的逐级编码，从而探索出目前政府权责清单制度实施存在的问题，并进行原因分析。

（一）访谈文本的初步整理

词频探索和自动编码探索可帮助研究者建立对访谈文本的初步印象和认知，有助于提高后续自由编码的准确度，减少反复调整、修改编码的次数，提高编码效率。本书首先将整理好的访谈资料导入NVivo 11软件，建立空白研究项目，在进行自下而上的自由编码分析前，利用NVivo 11软件的词频、自动编码分析等探索型分析功能对访谈文本进行初步探究，为后续自由编码提供依据。具言之，在词频条件处将搜索范围设置为“选定项”，选定访谈文本中受访者回答部分的文字作为词频搜索范围。考虑到国外软件对中文自然语言的识辨功能有限，在选定分析文本后，需将词汇最小长度设定为2个字符，并将分组功能设置为“完全匹配”。接着，将显示字词数从100个词开始，逐次递减10个词运行，每次运行后需观察结果中是否出现“但是”“没有”“比如”等无意义词汇，若出现则将其添加至停用词表后再次运行查询，如此反复直至搜集到50个有实际意义的词汇。除了“清单”“权责”“制度”词汇的词频较高外，“行政”“部门”“事项”“权力”“政府”“服务”“审批”“监督”“职责”以及“调整”“公开”“信息”“编制”等也是频次比较高的词汇。由此可初步推断，在访谈中受访者对政府权责清单制度的关注较多，权力事项梳理、行政审批、动态调整、信息公开等可能是受访者平时接触比较多、诉求较多的方面。

（二）实施数据编码

主要运用扎根理论“自下而上”的思维方式，在逐字逐句认真阅读的基础上，对文本资料进行开放式编码、主轴式编码、选择式编码的逐级编码。在利用 NVivo 11 软件对第 13 位受访者 M 的访谈资料进行编码时，没有出现新的自由节点，接着继续对第 14 至 15 位受访者 N、O 的资料进行编码，均没有出现新的可作为自由节点的编码，表明数据已经达到饱和，受访者人数符合要求。

1. 开放式编码

扎根理论的首要步骤就是进行开放式编码，在开放式编码的过程中将原始资料概念化，提炼出最有用的信息。因为之后的主轴式编码和选择式编码都是基于开放式编码进行的，所以在开放式编码过程中，任何关键信息都不能漏掉，对资料也不能随意进行归纳或删减，否则就会导致原始资料在编码过程中失真。在概念化的过程中，为了避免研究者的主观偏见，需要“研究者以一种开放的姿态，抛弃个人前设，凭着敏锐的理论敏感性去分析资料，将资料先掰开、揉碎，再进行概念化、类属化”[①]。为了让编码过程与真实的原始材料更贴近，对原始资料进行命名时可以采用本土概念。利用 NVivo 11 软件对被访谈者的原始访谈文本进行逐行编码的过程中，重视分析和把握每一个实词或每一段句子。编码时，若一段文字涉及多个节点，则将具体文字在不同的节点下分别标记。如果无法确定某些文字所属的节点应该放置于哪个树状节点下，则将其暂时标记为自由节点，否则将文字内容具体标记为某个

① 陈向明．扎根理论在中国教育研究中的运用探索［J］．北京大学教育评论，2015，13（1）：2-15.

子节点，然后放置于某个树状节点下。开放式编码是对原始数据的概念化，在 NVivo 11 软件中通过开放式编码产生了 128 个开放式编码，55 个开放式编码节点，产生的参考点数为 287 个。

2. 主轴式编码

“主轴式编码的过程主要是挖掘概念类属之间的各种联系，从而表现资料中各个部分之间的有机联系”。结束对所有资料的编码后，利用软件分类，仔细阅读和思考每一节点下的具体内容，必要时根据内容对节点的名称进行相应地修改，同时比较不同节点的内容，必要时合并或重组一些节点，深入研究树状节点的逻辑性，并调整部分子节点的位置。本书通过梳理各个概念词之间的关系，将第一步开放式编码所得到的 55 个自由节点整理归纳成 15 个主题类属。

3. 选择式编码

选择式编码是整个模型的核心部分，进一步提炼了核心范畴，对主范畴与其他范畴之间的关系进行了说明。基于前两个阶段，选择式编码系统分析了已有的概念、类属，从而产生“核心类属”。所谓“核心类属”，必须要比之前产生的类属具有更高的统领性，并且可以将大部分研究结果纳入这一更广泛的理论概念中，从而可以起到提纲挈领的作用。本章通过对不同类属进行分析比较、归纳出五个核心类属，包括：法律法规依据缺位、制定缺乏规范性、思想认识存在偏差、相关配套机制缺失、社会公众参与不足，这五个核心类属共同构成了政府权责清单制度实施存在问题的原因维度。访谈文本的整个三级编码分析过程如图 7-1 所示。

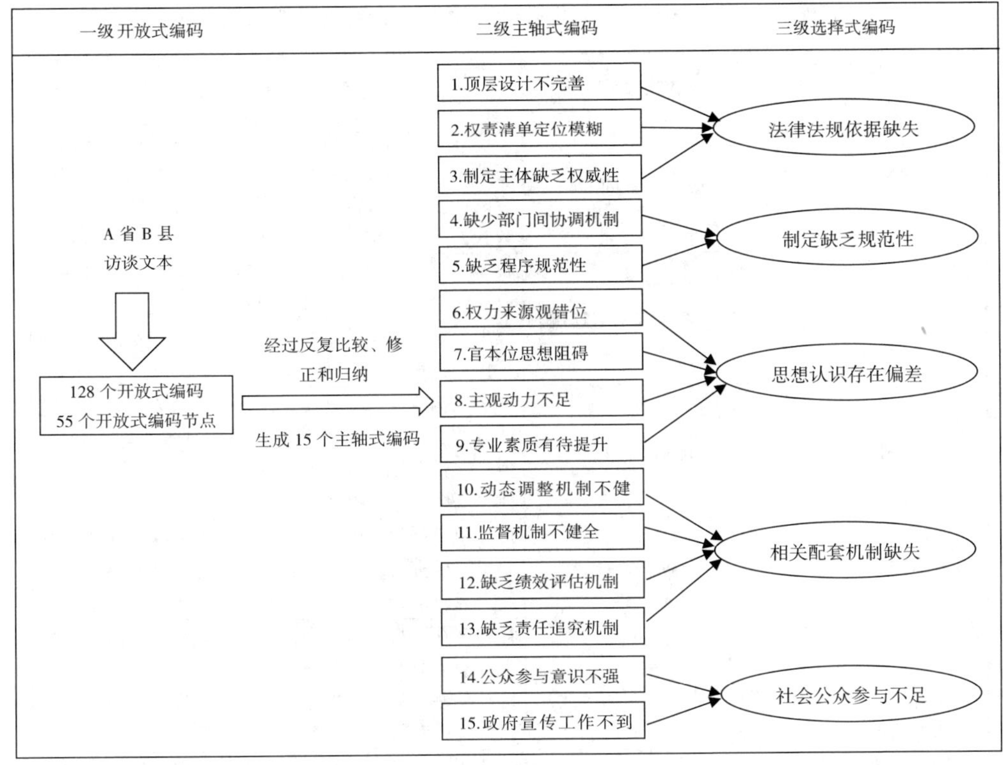

图7–1　访谈文本编码分析过程

资料来源：作者自制。

限于篇幅，本书以核心类属中的“相关配套机制缺失”为例来将编码过程可视化，具体如表7–2所示。首先在开放式编码过程中，通过对访谈资料进行分析，建立自由节点形成了15个概念，再将15个概念类属根据他们之间的关系进行整合形成范畴化，形成4个概念范畴，分别是“动态调整机制不健全”“监督机制不健全”“缺乏绩效评估机制”“缺乏责任追究机制”。在最后的选择式编码阶段则提炼出“相关配套机制缺失”这一核心类属。

表 7-2　以“相关配套机制缺失”为例的编码过程可视化

选择式编码	主轴式编码	开放式编码	参考点内容具体范例
相关配套机制缺失	动态调整机制不健全	法律法规调整周期长	有一些权责清单要进行调整是因为相关的法律法规有所变化，因此要对它进行更新，但是法律法规内容的调整可能涉及多个部门多个事项，整个过程比较长，清单的调整也就随之慢了
		人为因素影响调整速度	权责清单调整需要经过一系列程序，比如召开会议，印发文件等这些都需要花费一定的时间，在过程中如果工作交接不好，都会使整个权责清单调整工作耗费更多的时间
		调整不及时	由于机构改革职能划转、深化“放管服”政府职能转变等，政府权责清单制度内容时效性有所滞后，但一些部门没有及时对接上级取消、下放的职权，清单制度未做及时调整
		只进行局部调整	口头说要调整，但实际上往往只有上级有通知、有要求要检查时才会进行调整，而且这种调整比较仓促，只对部分进行调整，缺乏对整体的长远考虑
	监督机制不健全	监督方式模糊	社会公众没有与政府沟通的平台或渠道，所以实际上社会公众并不了解政府，公众监督政府的形式也比较单一，只有举报电话，并没有设立专门的举报窗口，或者其他的监督途径
		监督主体不明确	法律法规就没有规定相应明确的监督主体，没有专门的监督，就算出现问题也很难及时得到纠正
		内部监督机制缺失	主要是政府实现自我监督，政府同时作为制度的制定者和执行者，在自己监督自己的问题上，很显然很难保持绝对公正、独立，很容易导致权力滥用
		缺乏第三方监督	应该有多元的监督主体，人大、社会公众、新闻媒体包括政府自身都要对政府进行监督，缺乏任何一方的监督都不行
		缺乏人大监督	权责清单均由政府部门自身制定并审核公布，各级人大及其常委作为国家权力机关，没有发挥应有的监督制约作用
	缺乏绩效评估机制	缺乏对公职人员的考核	政府部门每年年底都有工作、学习、廉洁方面的考核，却没有对落实政府权责清单制度这项工作的绩效考核，因此公职人员这方面的重视程度不够，积极性不高
		缺乏对实施效果的评价	当前还没有一套科学完善的评估机制，对政府权责清单制度的执行效果进行分析，当然这个定量的过程比较困难，定性评价效果又没有那么好

（续表）

选择式编码	主轴式编码	开放式编码	参考点内容具体范例
		权责不一致	其实责任清单是权力清单的另一面，有权就得有责，但实际上政府部门还存在着权责数目不对等的情况，往往放大自身或缩小自身责任，权大责小普遍存在
	缺乏责任追究机制	责任清单内容参差不齐	现实中各地的责任清单内容存在很大差异，关于责任主体、责任事项、追责情形方面的规定也不明确，仅把责任清单作为权力清单的补充，缺乏追责力度
		只监督不问责	很多政府部门虽然公布了权责清单，但是对监督过程中出现的问题，无法做到问责追责，监督实际上形同虚设
		追责情形不明	没有明确规定具体追责主体、追责手段、追责机构这些内容，如果由谁问责、如何问责、向谁问责等都不确定，那么政府权责清单制度将会沦为一种形式，随意更改权力与责任也是不可避免的

资料来源：作者自制。

完成访谈编码后，从访谈资料中随机抽取 25% 的访谈文本[①]，交由参与本课题的另一位研究者独立编码，进行信度检验。本章遵循通用的信度计算公式[②]为：

$$R=\frac{n*K}{\left[1+\left(n-1\right)*K\right]} \tag{7-1}$$

式中，R 为判别信度值；n 为编码人员数；K 为研究人员间的平均相互同意度。而编码者的平均相互同意度计算公式为：

$$KAB=2MAB/(NA+NB) \tag{7-2}$$

式中，MAB 为两位研究者编码相同的编码数；NA、NB 分别为两位研究

① 王璐，高鹏．扎根理论及其在管理学研究中的应用问题探讨［J］．外国经济与管理，2010，32（12）：10–18．

② 吕欣烨．基于内容分析法的“互联网＋政务服务”政策研究［D］．成都：电子科技大学，2018．

者的编码数[①]，计算结果在［0.8-0.9］区间被认为可接受，超过 0.9 则被认为具有较高的信度[②]。经 NVivo 11 软件编码比较结果与上述两个公式的运算检验后，发现研究者编码的平均相互同意度（0.852）和信度（0.920）均在可接受的信度标准范围内，表明该编码整体一致性信度较高，结果是可靠的。由此，可以认为这一研究的访谈文本编码结果具有一定的可信度，能较好地归纳出访谈文本的核心观点，具有较强的解释力。

第二节　研究结果与分析

扎根理论将抽样访谈、资料编码分析和理论构建作为一个有机过程，其中理论构建是扎根理论的核心部分。根据三级编码，本章构建了政府权责清单制度实施存在问题及原因剖析的理论框架，如图 7-2 所示。其中政府工作人员"思想认识存在偏差"是其内因，而"相关配套机制缺失""社会公众参与不足""制定缺乏规范性"以及"法律法规依据缺位"是影响政府权责清单制度顺利实施的外因。同时，通过对访谈文本的分析我们也可以了解到，部分外因虽然可以直接对政府权责清单制度的实施产生影响，但是大部分外因需要通过内因才能发挥其影响作用，即当个体在受到外部环境压力时，只有将其转化为自身的主观动力，积极采取措施，才能有效推进政府权责清单制度实施。

① 徐国泉．苏州科技创新政策工具运用的特点、趋势及对策［J］．苏州科技学院学报，2013，30（2）：9-16.

② 郭俊华，徐倪妮．基于内容分析法的创业人才政策比较研究——以京沪深三市为例［J］．情报杂志，2017，36（5）：54-61.

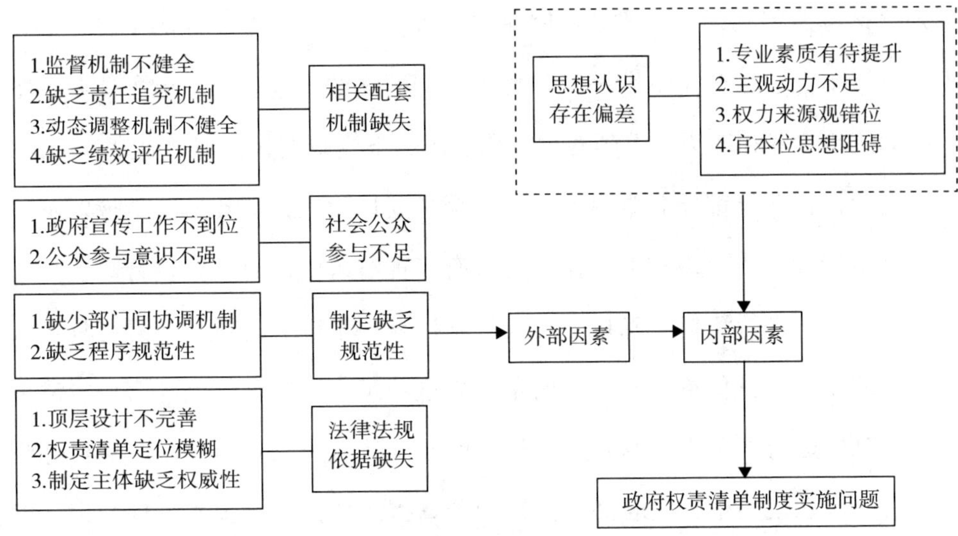

图 7-2　政府权责清单制度实施问题归因分析的基本框架

资料来源：作者自制。

（一）思想认识存在偏差

思想是行动的先导，思想认识不到位，政府权责清单制度便不能推进，所以必须先提高行政人员的法律意识、为人民服务意识，促使他们树立正确的权力观，依法行使权力，违法则需要承担相应的责任。而作为内因的思想认识存在偏差是影响政府权责清单制度实施的关键因素，若思想认识存在偏差，就会阻碍政府权责清单制度工作的开展。其中，思想认识存在偏差主要包括专业素质有待提升、主观动力不足、权力来源观错位、官本位思想阻碍。

1. 专业素质有待提升

公共事务的复杂性使政府的权责事项呈现出复杂性的特点，编制政府权责清单这项工作专业性强、精准度高、工程量巨大，对行政人员的素质提出了新的要求。除了要纳入一系列烦琐的内容，在编制政府权责清单的过程中，必须严格遵循编制程序，严格按照法律法规，一一进行合法性的审查，以防出现依据不合法、分类不统一、归类不合理的问题，这要求制定主体要具备更高的法治素养和能力，上到各项法律法规，下到政府权责清单制度的知识、权力的运行程序等都要非常熟悉并能融会贯通地使用，还要熟练掌握电脑操作和网站管理技能。事实上，在制定政府权责清单中，对于一些行政人员来说，科学合理进行清权、确权、晒权与制权是一个巨大的挑战，只有具备较高素质的专业人员负责政府权责清单编制这项工作，才能促进政府权责清单制度的良好运行；否则，专业人员的缺失会导致政府权责清单制度的目标难以实现。但在现实中，政府部门内部中既掌握法律知识、公共管理知识又能熟练操作电脑的专业人才比较匮乏，某种程度上导致了专业人才在思想上存在认识上的偏差。另外，受传统管理思维模式的影响，部门行政人员在推行政府权责清单制度过程中，由于未能很好适应权责清单这项工作，对于哪些要批、哪些要管、哪些要放，以及如何处理好管和放的关系还比较困惑，多数政府工作人员在工作中并不明白，以为下放权力后就解放了，就不需要承担责任了，导致在实际开展工作的过程中常常没有重视权责清单的作用，仍旧以过去的惯性经验处理相关的政府事务。因此，面对这样一项新的制度，让一些行政人员科学合理地进行清权、确权、晒权与制权是一个巨大的挑战，导致行政人员在思想认识上存在偏差。从访谈结果也可以了解到，多数政府工作人员由于对政府权责清单的内容和意义并不明白，仍旧以过去的惯性经验来处理政府权责清单制度，导致出现行政权力划定界限模糊，权责清单目录梳理杂乱不一等系列问题，整体工作完成度差，甚至造成政府权责清单制度在实施过程中出现效率低、成本高等问题。例如，被访谈者 I 说到，“其实我们对政府权责清单的相关知识还比较缺乏，在制定权责清单的工作中，我们一般就是拿上级政府部门的模板来改一改就用了”（20200515）；被访谈者

A 提到，“一是权责清单制度的规范程度不够，清单制度公布后，与其他县区相比，项目名称、法律依据、项目数量上存在较大出入；二是部分县直单位对推进权责清单制度工作认识不够，觉得清单制度是无足轻重的，落实专人责任心不强，未及时报送材料”（20191209）。

2. 主观动力不足

政府行政人员的主观责任感决定着其思想认识，直接影响着政府权责清单制度的推行。若行政人员能够积极履行其职责，责任感较强，主观动力较足，则非常有利于政府权责清单制度的实施。若政府行政人员责任感不强、主观动力不足，以法不责众的心理去办事，则会造成放权不到位、不合理，很容易造成只顾结果而不管手段、过程的后果。换言之，政府权责清单制度的顺利实施有赖于政府部门及行政人员明确的任务分工，高度的集体责任感，若行政人员的责任感不强烈，加之缺乏主观动力，只按照上级领导的指示开展工作，也会严重影响政府权责清单制度的实施。在具体的实践过程中，部分政府部门没有对权责清单制度形成清晰的认识，只是将其作为一项普通的工作来完成，认为权责清单只是梳理部门自身权力的一份文件，没有意识到政府权责清单制度所具有的约束力和权威性，缺乏依单行权的意识，行使相关行政权力时没有依据权责清单所规定的程序。同时，有些部门存在“一阵风”思想，认为政府权责清单制度只是一阵子，只是“刮刮风”而已，“熬过去”一段时间就可以了。主观动力不足带来了思想重视程度不够，出现了敷衍了事的情形。一方面，造成了部分县级政府部门在制定权责清单时会选择直接套用上级政府部门的模板或只是稍作变通；另一方面，导致了部分工作人员认为权责清单的梳理编制只是阶段性的，只要公布就算完成了工作任务，未能充分发挥主观能动性及时对权责清单进行更新，甚至存在隐瞒虚报等情况，导致权责清单难以发挥应有的作用。在访谈过程中可以发现，部分行政人员忽视了政府权责清单制度的作用，无法明确说出权责清单到底“是什么”“有什么用”，使得他们在具体的工作过程中因认知不够和动力不足而存在敷衍的态度，未能充分发挥其主观能动性。例如，被访者C说到，“其实我们在推进权责清单这项制度时也希望下面的工作人员能够投入更多的时间把这个事情做好，这样也有利于全县的权责清单制度工作推进，但是有的部门他们的动力并不是很足，觉得只要完成就好了，熬过去就行了，而不是抱着主动而为去把这件事做好的态度”（20180606）。被访者K提到，“刚开始我们在接到任务时也很想做好，但是光靠自己一个人肯定是完不成的，其他人没有动力做和不配合，我们也很无奈，关键还是要提升大家的参与动力吧”（20200812）。

3. 权力来源观错位

政府部门手中的权力取之于民，应该对行政人员手中的权力进行监督和约束，把权力关进制度的笼子里，让权力在阳光下运行。权力来源观与政府权责清单制度正相关性较强，正确的权力来源观可以为实施政府权责清单制度指明方向，而错位的权力来源规则导致相反的结果。宪法明确规定：中华人民共和国的一切权力属于人民。这一规定是人民当家作主原则的本质表现，也是建设服务型政府、深化体制改革的理论依据，必须坚持简政放权和为人民服务，只有秉承这样的观念才能促进政府权责清单制度的有效推行。而要使人民当家作主真正落到实处，实施政府权责清单制度就是一项重要的制度安排。因此，这要求政府行政人员深刻意识到自己手中掌握的权力源自人民，必须确保自己手中的权力是用来为人民群众谋福祉，这才能使这个制度真正落到实处。但从社会发展的历程来看，权力至上的观念还没有根除，部分行政人员特权意识严重，法律意识淡薄，缺乏对公民权利的尊重和认同。在现实中，也常常出现许多政府行政人员忽视公众利益的情形，导致权力清理不够彻底，部分行政人员没有意识到自己手中的权力源自何处，导致公权私用这种情况时有发生。究其原因，出现这种问题的根源在于权力观错误。改革开放以来，传统计划经济时代所固有的旧观念还没有完全根除，一些行政人员缺乏法律意识，仍然在潜意识里认为国家机构是用来管理人民群众的工具，公民权利意识淡薄。目前，部分行政人员对完善和规范权力行使的重要性缺乏充分认识，尽管政府反复要求要扩大简政放权的力度，但仍有部分行政人员把实施政府权责清单制度当作一种形式，尚未真正依法行使权力，对本应该下放的事务没有下放，甚至一些行政人员仍抱着为小团体谋取私利的想法。因此，在政府权责清单制度的推行过程中，改变政府行政人员的思想观念是重要一环，如果他们没有转变自己固有的思想观念，即使政府权责清单制度再尽善尽美都是无用的。例如，被访者 C 说到，“虽然政府权责清单制度已建立，但权力的清理不够彻底，‘隐形’权力还在‘游离’状态”（20191218）。被访者 B 提到，“目前一些行政人员仍抱着为小团体谋取私利的想法，完全没有意识到自己手中的权力源自公众，导致公权私用这种情况时有发生”（20200116）。

4. 官本位思想阻碍

官本位思想产生于高度集权的行政官僚体制，是指人们用是否做官及官位高低去衡量个人社会地位与价值的高低所持的一种观念。在传统的政治文化中，官本位思想根深蒂固且影响深远，严重阻滞了构建政治文明的进程。传统官本位思想就是“以官为本”，认为官员是拥有特权的，能够享受普通老百姓所没有的特殊待遇。受传统官本位思想的影响，政府行政人员在行使行政权力时，容易偏离“以民为本”的价值导向，为民服务的思想薄弱，部分政府行政人员仍然认为民众是被管制的对象，而手中拥有的权力是自己谋取利益的利器。同时，还有一些行政人员以为自己高高在上，可以随意发号施令，甚至出现了权力滥用、以权谋私，权钱交易的情形。由于部分行政人员以自身利益为导向，没有充分认识到自己所行使的行政权力是民众所赋予的，而认为是其职位本身自带的，不想曝光自己手中的权力，更不想自己掌握的权力被约束和限制，导致政府权责清单制度在实施过程中遇到阻力。可以说，传统政治文化中的官本位思想是政府行政人员思想意识存在偏差的重要原因之一，严重影响了改革发展的进程，也影响了政府权责清单制度实施的过程。对于权责清单这样一项较新的制度而言，容易出现部分领导干部和基层工作人员“法无授权不可为、法定职责必须为”的思想认识淡薄，对有限政府理念、法治政府理念尚未完全贯彻到位，没有树立正确的工作理念，没有从思想意识、工作作风、执法方式等方面上转换管理者和执政者角色，没有树立服务公众的理念，依然存在“门难进、脸难看、话难听、事难办”的现象。例如，被访者 N 说到，“其实现实中有一些不认真对待权责清单的领导干部和基层工作人员。为什么会存在这种情况呢？很重要的一点是他们觉得公开了会影响自己的权力行使，但上级要求又不得不做，便出现了应付的现象”（20200317）。正如被访者 D 提到，“由于政府部门中存在着官本位思想，一些行政人员未能很好坚守为人民服务这一宗旨原则，要想在这种观念之下实行权责清单制度更是难上加难”（20200515）。

（二）相关配套机制缺失

相关配套机制是制度能否顺利运行和实现预期效果的关键因素，政府权责清单制度实施问题的破解，需要保障完善的配套制度，改善优化制度供给。但通过案例研究和编码结果可知，在政府权责清单制度推进过程中，这些相关配套机制仍存在缺失，具体包含监督机制不健全、缺乏责任追究机制、动态调整机制不健全以及缺乏绩效评估机制四个方面。

1. 监督机制不健全

政府无法自己评价政府权责清单制度实施的好坏情况，监督机制的设置对政府权责清单制度的运行具有十分重要的意义。政府权责清单制度效用的发挥主要由两个基本因素所决定：一是制度本身是否完善；二是监督机制是否健全[①]。从权力制约监督理论来看，行政权力天生会不断膨胀和扩张，如果没有进行监督、约束和限制，权力很有可能存在不合理行使的现象，就会导致其背离行使的初衷，造成权力滥用，严重影响政府行为效能和公信力的提升。而政府权责清单制度的目标就是要把权力关进制度的笼子里，明晰权力边界，对哪些权力可以行使，哪些权力不能行使都做出明确规定，可以说这一制度意义重大。为了避免出现“精简—膨胀—再精简—再膨胀”这一传统行政改革的怪圈，必须建立健全的监督机制，不给行政主体自己“设定权力”留下发展空间。推行政府权责清单制度，并不是为了简单制定出权责清单这一文本材料，而是旨在通过对权责事项的梳理，使行政权力正确归位，剔除不合法的权力，填补缺失的权力。因此，需要监督政府部门是否依法行使权力。事实上，目前各地政府对权责清单制度必须实施监管这一方面有所提及，但这些规定存在的一大问题便是针对性不强，主要还是偏原则性，比如，“加强对权责清单管理”或者“强化对权力的监督”等提法。这些提法没有明确规定政府权责清单制度的监督主体、监督标准、追责情形、惩治办法等方面，这不仅对将权力纳入法治轨道不力，也造成政府权责清单制度的监督机制与该制度的建设发展脱节。同时，忽视了社会公众层面的监督。从各地政府实践来看，当公众的利益受到侵害或发现行政人员违法违规时，大多数行政人员会选择性忽视公众反馈的信息，公众的举报和监督无法发生实质性的作用，使得监督渠道形同虚设。此外，没有独立的第三方参与政府对权责清单制度

① 张力，任晓春 . 论我国权力清单制度的运行逻辑与现实考量［J］. 东南学术，2016（5）：48-54.

实施的监督，会影响清单的权威性，事实上第三方监督主体的缺失，容易为权力滥用留下发展空间。

总体而言，没有独立的第三方参与政府权责清单制度实施的监督，会影响清单的权威性，但事实上监督主体常常存在缺失的情况，从清单梳理至清单制度实施的整个过程中的监督主体也较不明确，监督形式也较为单一。例如，被访者B说到，“政府权责清单制度缺乏规范的约束机制和监督惩戒机制。特别是在行政许可事项管理方面，一些许可事项脱离日常监管，游离于目录清单管理之外，给一些部门违法违规设立行政审批留下漏洞”（20191210）。被访者D提到，“政府权责清单制度缺少配套的监督机制，制度施行后谁来监督，怎么监督，都不是很明了，这就造成了制度执行后的效果如何，很难评价，也缺乏专门的执法科室、人员”（20191209）。被访者E指出，“目前权责清单制度的监督主体不是很明确，主要是政府部门对自己进行监督，在这种情况下，要想保持监督的公正独立是很困难的”（20181016）。

2. 缺乏责任追究机制

法律法规是将权力和责任同时授予给行政主体的，这也就意味着，行政主体接受了权力也就必须承担相应的责任。责任清单是政府权责清单制度中的重要组成部分，政府必须严格依据权责清单行使行政权力，如果超出清单的范围，违背了法律法规，就要被追究法律责任。换言之，责任和权力是紧密联系的，政府部门只有厘清责任边界，完善责任追究机制，才能有效解决行政人员态度不积极、责任感不强的问题。但在现实中，各地方政府对责任清单的重要性并没有形成统一的认识，有的认为责任清单是对权力清单的有效补充，有的认为责任清单和权力清单是并列存在的。从整体层面上看，虽说各地政府都已经制定出责任清单，但责任清单的内容普遍针对性不强，进而使得监督与问责无法发挥作用。同时，各地政府责任清单的内容存在较大差异，有的对责任主体、责任事项、追责情形进行了详细规定，有的列入了责任依据和部门的职责边界，等等。然而，仅局限在政府内部进行问责，就会出现相互包庇的现象，追责力度不强，也缺乏法治性。此外，缺乏责任追究机制，行政人员就无法充分认识政府实施权责清单制度的重要性，更别提要求要建立健全完善的责任追究机制。在调研过程中笔者也发现，政府权责清单制度的具体实践中仍然存在由于部分政府没有建立责任追究机制，导致出现了“理是一回事、做是一回事”的现象。即有些已经取消、下放的事项还在做，有些要承担的职责却不做。政府权责清单制度实施似乎沦为一种形式主义，在其公布后政府并没有怎么改变其行使权力的方式。由于建设政府权责清单制度最初的设想是规范政府部门权力的运行，要让其真正发挥实效，就要采取相应措施，明确追责主体、追责手段、追责机构等内容，才能建立完善责任追究制度，将政府权责清单制度落到实处。如果连由谁问责、如何问责、向谁问责等都没有统一规定，那么政府权责清单制度将变成一项形式工程。可以说，完善的责任追究机制是一项制度的重要组成部分，有利于将这个制度有效落实到位。而这个机制一旦缺失，行政主体行使权力时就很可能将权力作为自己谋取利益的工具，容易出现随意决策和无监管、无追究、无责任的“三无境地”等情形，导致制度失去了本来所具有的强制性、震慑性和严肃性。同时，如果出现了违背政府权责清单制度的情况，也会导致无据可依的尴尬局面。例如，被访谈者O说到，“虽然大多数政府都已经制定出责任清单，但各地的责任清单的内容实际上存在较大差异，针对性也不强，公开的渠道也单一，进而使得监督与问责无法真正发挥作用，追责力度不强”（20191209）。被访者L提到，“虽然责任清单公布了，但是大家的工作方式还是像之前那样，只要不出现大的纰漏上级也不会管”（20200818）。

3. 动态调整机制不健全

权责清单的梳理主要是依据法律法规规章等，若法律法规发生变化，需要对权责清单及时进行调整。可以说，政府权责清单制度是一个逐步完善的过程，要在不断更新中进行调整，尤其是在权责清单公示后，要通过动态调整机制保障权责清单的权威性、准确性和时效性。但由于权责清单涉及面广、调整工作量大，在政府部门自身掌握调整权和监督机制缺失的情况下，容易造成权责清单动态调整不及时的问题。通过在实地调研中发现，被访谈者普遍反映政府权责清单制度推行以来，没有形成规范的动态管理机制。目前关于权责清单制度的调整，都是围绕着上级要求来的，通常是上级有通知、有要求的时候，下级才进行局部调整；上级没通知、没要求，下级便照旧执行。像在 2018 年机构改革后，部门职能进行了合并、分离、调整，本应该对权责清单进行一次比较有针对性的大规模调整，但在现实中这样的调整迟迟没有得到很好的实施。当权责清单调整不及时，权责清单的准确性、时效性和权威性就会受到质疑，不利于其应有作用的发挥。究其原因，就是动态调整机制没有健全，导致权责清单调整不及时。具体而言，一是由于政府权责清单制度是依据法律法规制定的，需要与法律法规相适应进行调整。然而，法律法规的调整周期一般比较漫长，其内容又多个部门的事项有关，故而导致权责清单无法及时进行调整，权责清单的准确性、时效性、权威性无法得到保证。二是由于政府权责事项调整关系政府部门内部权责增减的问题，各部门在处理这一问题时都比较谨慎，加之调整权责事项的审批程序非常严格，需要先由政府部门提出申请的要求后，经相关部门审批确认后再由政府常务会议审核后才能公布，导致政府权责清单无法得到及时调整。三是存在人为因素放缓了政府权责清单制度调整的速度，比如，在省政府下发调整意见后，市级政府若对调整意见研究太久，未能及时下发到县（区）一级的政府，会使得县（区）一级政府无法及时调整权责清单；同理，若相关调整要求没有及时下达乡镇，也会使得整个调整进程滞后。另外，调整后的权责清单，还需由相关部门审核研究，并经历以正式文件印发等程序，一定程度上会影响权责清单调整的时效性。四是在具体实践中，还可能存在部分政府部门没有充分重视权责清单的调整工作和这项工作实施对应的监督情形，使得这项工作几乎没有违规成本，导致动态调整不及时。例如，被访谈者 B 说到，“政府权责清单制度动态管理不规范，随着‘放管服’改革的深入推进，行政职权事项增加、取消、下放和相关行使层级、权限范围的调整越来越频繁，但也出现了一些不规范的问题”（20191210）。被访者 H 提到，“政府权责清单制度内容时效性有所滞后，一些单位没有及时对接上级取消、下放的职权，清单制度未做及时调整，导致群众办事的复杂度增高”。被访者 F 指出，“权责清单属于动态调整，当权责清单中的某些要素发生变更时，周期较长、效率较低，尤其对乡镇级未能做到及时接收并对事项及权责清单进行更新”（20191218）。

4. 缺乏绩效评估机制

在政府权责清单制度实施过程中，只有监督机制是不够的，还需要建立健全完善的绩效评估机制，评估分析政府权责清单制度的整体推行效果，进而对政府权责清单制度的实施进行修正优化。其中，政府权责清单制度绩效评估是指通过建立科学的主客观评价指标体系，借助内外部评价主体的力量，跟踪和评价其推行情况和效果，观察其是否达到制度设计初衷的过程。建立绩效评估机制是权责清单建构过程中的关键一环。但通过大量查阅相关文献、媒体报道和对相关政府部门进行走访调查发现，当前对政府权责清单制度实施效果的评估刚刚起步，或者不够重视对该制度的评估。具体而言，主要表现为以下四个方面：一是地方政府缺乏主动参与评估意识，由于部分政府官员对制度发展规律缺乏客观认识，同时受“官本位”等思维影响，认为主动评估会限制自己的权力，会触及现有的利益，会给自己“增添麻烦”；二是评估结果反馈不被重视，现实问题主要在于制度评估结果往往不被重视，对权责清单评估这一重要环节悄无声息，导致未进行政府权责清单制度评估，或进行评估的也只是将评估结果束之高阁的结局，未能充分有效地发挥评估对制度建设的重要作用；三是绩效评估机制不健全，由于当前政府权责清单制度缺乏统一的评估标准，完整的评估体系也还未建立，评估机制仍不健全，从而制约着政府权责清单制度的发展，建立健全以政府权责清单制度绩效评估指标体系为核心的绩效评估机制成了当务之急；四是评估数据获取存在困难，评估的根本目的是要及时发现制度制定和实施中出现的问题，由于评估或多或少会涉及被评估对象的利益，地方政府可能会为了评估结果更好看而提供一些虚假信息，对部分真实信息进行隐瞒，使评估过程中所获得的信息具有不可靠性，加之评估指标的选择、公民参与的抽样本身也影响着相关数据的获得，更是增加了数据获得的困难程度。通过对实务部门的相关访谈笔者也发现，在政府权责清单制度实施过程中，不少政府部门工作人员未形成政府权责清单制度需要评估的观念，或者认为进行评估会增加工作量，或者认为当前他们不具备进行评估的能力和条件，或者在等待中央层面自上而下地开展评估。正如被访谈者 C 所说，“我觉得没有评估的能力和条件，评估的话会增加我的工作量，还是等中央层面来开展评估吧”（20201025）。被访者 K 提到，“对权责清单实施效果的评估我觉得还是有点困难，除非是自上而下要求说要进行评估了，下面的政府部门才会重视，不然平时已经够忙了，显然各部门不会花费精力自己评估自己”（20200611）。

（三）社会公众参与不足

政府权责清单制度的有效推行离不开公众的参与和监督，政府应利用多渠道、多方式进行宣传，使公众清楚地了解政府的职责权限，清楚权力运作流程，同时建立完善的公众参与机制，充分考虑社会公众的意见和看法，以保证清单制度的有效实施和后续完善。但在实地走访调查过程中我们得知，被访谈者普遍反映不同部门之间的信息共享比较薄弱，在梳理政府权责清单的过程中没有充分听取考虑社会公众的意见。通过对相关材料进行编码并构建理论框架后可以发现，政府权责清单制度实施问题受到社会公众参与不足的影响，主要表现在政府宣传工作不到位、公众参与意识不强两个维度。

1. 政府宣传工作不到位

公开是政府权责清单制度建设的一个重要环节，因此政府有必要建立一个完善的政府信息公示平台，使社会公众能够更加方便地参与政府权责清单制度的实施，发挥政府权责清单制度的功能效用。当前，虽然各地政府的信息公示平台基本建立了起来，但在上下级政府间或同级政府部门间缺乏相对有效的信息共享机制，从而造成部门之间“信息孤岛”的现象。一般来说，政府在权责清单制度的推行过程中有四个途径：一是直接由负责政府权责清单制度的政府部门在清单制定时加以完善，通过统一公开宣传的方式，让政府的工作内容被公众所知晓；二是建立完善的网络信息平台，将政府权责清单制度的所有内容在政府门户网站上全面公开，以便公众对政府实施实时监督；三是在政府部门内设立专门的办事窗口，主要负责解决政府权责清单制度的相关问题，同时也以类似摆放 LED 显示屏的方式将重要信息公示；四是借助新媒体等方式，通过推送文章实时更新信息，扩展宣传的范围，加强宣传的力度。但在具体的现实中，政府对权责清单制度的宣传仍不够到位，尚未吸纳社会公众的积极关注和广泛参与，导致制度推行过程中没有达到预期效果，阻碍了社会公众对政府权责清单制度的有效参与。实际上，目前还缺乏要求各级政府部门公布权责清单的统一规定，因此出现有些政府部门的权责清单既没有在政府门户网站上公布，也没有在行政服务中心内公布的情况。尤其各县（区）级及以下的政府权责清单的公布情况不容乐观。笔者在相关调研的基础上通过观察各县（区）的政府门户网站发现，部分区县政府网站并没有单独的板块来宣传权责清单，而是用新闻来报道权责清单的相关内容情况，导致在查找这个栏目时存在较大困难，说明县（区）及以下存在宣传政府权责清单不到位、方式单一、动力不足的困境。在研究过程中，我们还进一步发现，一些地方政府在政务大厅内并没有主动自觉公示政府权责清单实施的相关情况，部分县（区）政府的权责清单版块甚至只包含一张清单列表，与权责清单内容相关的信息很少，更新速度缓慢，点击浏览量也较低。总体而言，电子政务平台规范不统一、信息共享度低、信息更新缓慢，公众要查找具体的办事服务指南并不容易，阻碍了社会公众对政府权责清单制度的有效参与。如果只在政府门户网站上公布，对于那些缺乏网络条件或不会使用网络的社会公众来说是不公平的，也阻碍了政府权责清单制度的推行。正如被访谈者 L 所说："推行政府权责清单制度需要加强宣传监督力度，但现在关于政府权责清单制度公开载体还是比较少的，通常限于行政服务中心窗口、相关政府办事网站及纸质办事手册"（20191218）。被访者 M 提到，"当前（关于政府权责清单制度）的公开机制是不健全的，也跟不上制度的动态调整，加上宣传不到位，其实很多公众并不知道有权责清单制度"（20191224）。被访者 N 谈到，"权责梳理还不够科学、规范。权责事项梳理后，很多县直单位只是走了自己的'内部流程'，而忽略了专家和公众的意见"（20191218）。

2. 公众参与意识不强

政府每项行政权力都与公众的利益密切相关，政府公示“权责清单”只是公众了解掌握政府权力的起点，而后在其实施过程中则需要社会公众积极广泛的参与。现代公共管理的正当性或合法性必须奠基于足以承担责任并能实现民主社会的价值基础之上①。社会公众参与政府权责清单制度中的重要性在于：其一，可通过补充社会公众所反馈的信息弥补政府所掌握行政信息的局限性，保障政府权责清单制度的正当性；其二，让公众参与政府权责清单制度的梳理过程中，提高公众的参与度，强化公众对政府的监督，从而有效制约行政机关的权力使用；其三，权责清单的内容是与每个社会公众密切相关的，增加公众参与也是为了实现行政法中的程序正义。公众参与在权责清单制度中发挥着重要的作用，要想充分实现公众权利，就必须让公众参与权责清单的制定、公开以及落实的所有环节中。但在研究过程中我们发现，社会公众主动参与观念意识仍比较薄弱。从各地政府实践来看，权责清单从编制、上报、审核到公布等阶段，都只有各级政府内部人员参加，除了受到参与渠道因素的影响外，公众是否主动参与亦是在这个过程中需要考量的一个重要因素。一方面，大部分社会公众受传统政治思想文化的影响，还是较为畏惧政府部门，对于政府权责清单制度也没有明确清晰的认识，大多数公众习惯抱着“事不关己、高高挂起”“多一事不如少一事”的行为态度，认为这与自身的生活关系不大，便没有积极参与政府部门的行政管理活动；另一方面，虽然随着社会主义法治化的发展，公众权利意识有所提升，有些社会公众虽然有较强烈地参与积极性，但是由于信息不对称，以及自身法律意识较为缺乏，参政议政和维权的能力都较低，因此也慢慢降低了对政府权力行使

① BELLONE C J, GOERL G F. Reconciling public entrepreneurship and democracy［J］. *Public Administration Review*, 1992（2）: 130-134.

的关注，降低了对政府权力进行监督的积极性。例如，被访谈者F坦言，“在梳理和编制政府权责清单的过程中，我们几乎没有考虑社会公众的意见和看法，公众由于自身的局限性参与观念意识也比较薄弱”（20200313）。被访者C提到，“我们在编制权责清单的时候其实也很希望公众参与，有的单位为此还发布了征求意见稿，但是收到的反馈却寥寥无几，我们猜可能是公众觉得权责清单是一项很专业的事情，自己平时也用不到，干脆就不去管这个事情了”（20191218）。

（四）制定缺乏规范性

政府权责清单制度的实施涉及多元主体，明确多元主体的权责，加强它们之间的协调合作，有利于政府权责清单制度的顺利实施。同时，要对政府权责清单制度体系建立统一标准，统一平台，实现区域联网逐步向全国联网转变[①]。但在具体研究过程中，通过分析梳理政府权责清单制度各内容要素可以发现，当前政府权责清单制度标准不统一具体包括了依据标准、职权标准、权力类型标准不统一等内容。结合对B县的案例分析和具体的访谈内容，本书将政府权责清单制度制定缺乏规范性概括为缺少部门间协调机制和缺乏程序规范性两个方面。

1. 缺少部门间协调机制

各层级的政府及其部门是一个有机统一的整体。随着公共行政管理环境和公共行政事务的日益复杂化，仅依靠某一个政府部门来处理复杂的公共行政事务，很难落实好权力的承接和下放，导致公共问题不能有效解决，需要完善部门间协调机制，加强各政府部门的沟通与合作。因此，在当前社会背

① 谢建平．权力清单制度：国家治理体系和治理能力现代化的制度性回应［J］．华东师范大学学报（哲学社会科学版），2014，46（6）：108-112.

景下，促进政府部门之间交流联动协作，便变得尤为重要。从政府权责清单制度发展历程来看，各地政府自推行政府权责清单制度以来取得了一定的成就，但也暴露了一些问题。例如，上下级政府间职权交叉重叠、同级政府部门间权责划分不对等、政府部门之间缺乏有效的联动等问题，严重影响了政府权责清单制度的组织实施管理效果。在实地调研走访中我们发现，上下级政府部门之间沟通联动有一定的缺失，使得有赖于上下级地方政府部门有效联动的政策决策上传下达受到阻滞。理想状况下，政府各层级应该有合理清晰的划分权力，各层级间权力应该是无缝连接。同时，若下级政府部门能够及时获取上级对推行政府权责清单制度的指导和决策，并把政府权责清单制度的实施情况反馈给上级，使上级政府部门及时了解下级情况，那么，则能有效避免信息壁垒的出现，避免政府部门行政效率过低、行政成本偏高。但事实上，纵向层级的权责划分较为模糊，各层级在制定权责清单过程中相对独立，缺少有效的沟通、交流和反馈，导致政府权责清单制度存在职权空白或职权交叉的现象。从横向角度来看，我们发现同级行政部门之间交流协商也较少。通常情况下，各地政府推行政府权责清单制度的建设过程中，需要多个行政部门之间通过相互学习和沟通、资源共享及支持建立协同联系，以提升跨部门合作、整合的治理能力。但在具体的实践中，一些同级政府部门间尚未建立必要的交流合作机制，影响了政府权责清单制度的实施进程。在调研走访的过程中我们也了解到政府部门之间存在缺乏有效顺畅的协调机制，这俨然已成为政府权责清单制度建设过程中的突出问题。正如被访谈者 E 所说，“参与权责清单编制的县直单位，在权责梳理阶段由于没有充分沟通协商，导致权责归属存在重复或者漏项”（20191218）。被访者 C 提到，“大家似乎没有合作的意识，都是自己搞自己的，存在闭门造车的情况，通常会出现部门只负责梳理自己的行政权力与职责，不同部门之间沟通比较少，很多权力交叉、权力重叠的现象无法梳理清楚”（20200721）。

2. 缺乏程序规范性

标准化程序对制度执行的有效性的作用尤为重要。目前，国家要求各级政府各职能部门必须依据相关法律法规规定来公正行使权力，程序规则必须正当，这是严格规范政府行政管理人员违法行为的重要基础，也是推进依法治国的重要精神体现。同时，制约行政权力和规范权力的运作是政府权责清单制度的价值取向，而这个价值目标的实现很大程度上需要依赖于程序的标准化。就政府权责清单制度而言，通过程序控制的权力，比通过组织法控制的权力，在保障清单中的合法性更具重要意义，因为程序控制的权力可以实现各阶段的约束和监督，及时发现有问题，阻止由于“一步错步步错误”所致的结果不正义，真正将程序正义与结果正义结合起来。政府权责清单制度只有经过标准化程序的运作，严格规定权责的依据，权力的划分标准，以及对权力的行使责任进行严格的规划，从而才能形成合理高效的政府权责清单制度，才能保证权责清单的顺利实施。目前的权力清单没有一个统一的编制程序，权责清单具体编制的一些基本问题大部分也尚未有非常明确的规定，缺乏统一的权责清单的推进流程图，一定程度上导致了各地实施这一制度时出现权责清单内容和进度不统一的问题，影响了权责清单的效力，容易招致社会质疑。权责清单不仅限于编制权力目录，而是要经过“清权、减权、确权、晒权”等多个阶段广义的编制程序。若缺乏对清单的编制进行规范的具体规定，则会导致权责清单在编制过程中由于缺乏严格程序而无法取得良好效果。即使各地政府遵循了基本原则编制了清单，但由于各省、市、县（区）的实际情形存在较大差异，加之工作人员的素质及能力也不同，使得各地对权责清单编制规定也多种多样，某种程度上影响了权责清单顺利执行。在调研中多次涉及的一个问题便是由于权责梳理缺乏标准化程序导致分类标准不统一、梳理口径不一致。总体而言，如果权责清单制度能够实现标准化程序，使制度的执行主体被赋予程序的约束力，权力关进制度的“牢笼”里才能得以有效保证。正如被访谈者 G 所说，“由于没有统一的标准，具有相似功能的同类部门梳理权力时，会出现不同的权力事项名称，使得梳理工作产生严重的差异”（20191220）。被访者 F 表示，“从清单公布的格式上，各个部门各自为政，有的用 Word 文档格式，有的是 Excel 表格，格式上的不统一显示了其严谨性和权威性不足”（20191218）。被访谈者 A 指出，“政府权责清单制度的规范程度不够，清单制度公布后，与其他县区相比，项目名称、法律依据、项目数量上存在较大出入”（20191209）。

（五）法律法规依据缺位

政府权责清单制度的顺利实施，需要进一步加强顶层设计，建立与政府权责清单制度相配套的法律法规，确保政府权责清单制度的实施有切实的法律制度作为保障。结合对 B 县的案例分析和具体的访谈内容，本书将从顶层设计不完善、权责清单定位模糊、制定主体缺乏权威性三个方面，对政府权责清单制度法律法规依据缺位进行考量。

1. 顶层设计不完善

从立法与执法两者的关系来看，立法是前提和保障，执法才是目的。如果立法出现缺位，那么该制度就将缺乏有力的理论支撑，与该制度相关的工作也很难有序进行。政府权责清单作为约束政府部门职权的一项创新制度，当前其制度创建还缺乏一部完整的法律作为支撑，出现权责清单合理与合法难以统一的问题。当政府部门在行使各自职能遇到问题时，便不能将权责清单作为执行依据，主要还是依靠更具权威性的法律法规甚至部门规章制度，导致权责清单的准确性和权威性严重不足。而要处理好这一矛盾和问题，需要从顶层设计上进行完善。顶层设计是从全局出发统筹规划某一个任务或项目的各方面、各层次，强调各要素之间围绕核心理念进行有机匹配和有序衔接，以实现集中有效资源，高效完成任务目标。在推行一项新的制度时，需要加强制度顶层设计和相关配套制度建设，才能保障新制度实施的总体进度和执行效果。对政府权责清单制度而言，其作为深化行政体制改革的一项新制度，需要在完善的顶层设计下保障其推进的总体进度和执行效果。从政府权责清单制度发展历程可以看出，自中央明确提出推行政府权责清单制度以来，地方政府积极响应号召，取得了一定的成效，但这个过程中也仍然面临着一系列问题，一定程度上反映了需要在顶层设计方面进一步优化，尤其如何在法律制度上给予相应保障，是地方政府能够充分高效合理地利用相关资源，从而落实执行政府权责清单制度建设的关键。总体而言，面对数量十分庞大又很繁琐的权责清单，负责编制的工作人员必须要对各个政府机关的职权进行梳理，顶层设计的完善能够减少制度推行过程中的运行成本和提供法律上的保障，有助于高质量地完成这项工作，真正发挥政府权责清单制度的价值功能。正如被访谈者 B 所说，“在编制政府权责清单时，有的单位在面对一些政策决定与现有法律规定相冲突的问题时，为了早日完成交代的清单编制工作，往往选择将这些政策决定作为相关制定依据，而忽略国家法律法规的有关规定，从而导致出现权力规定变更在先、国家法律规定变更在后的问题”（20200818）。被访者 C 表示，“目前各层级进行权责清单制度梳理的方式主要是中央公布的法规由中央层面进行梳理，省级公布的由省级梳理，市级公布的由市级梳理，但由于没有统一的标准，导致权责梳理存在不规范的现象”（20191216）。被访谈者 H 指出，“在梳理权责事项的过程中，有部分事项的法律依据、受理条件等要素信息与当前实际的事项信息出现了内容不匹配的问题，主要表现为法律条文内容与最新修订的内容不符，行政职权行使部门变更前后没有调整等”（20191218）。

2. 权责清单定位模糊

一项新制度的出现，必须有明确的法律定位，定位不清会导致体制在实施过程中受到各种困难。但目前有关政府权责清单制度的各种官方文件暂未明确规定政府权责清单制度的内容和外延，也未明确规定权责清单的特性和效力，导致地方政府在制定权责清单时存在着巨大的认识和理解差异。而法律概念的模糊直接导致了清单的定位不清，增加了各地理论研究和实践的难度。同时，权责清单中明确规定了行政机关的权力，但这些权力来源是多种不同的、零散的，再加上法律颁布数量较多和领域较广，一般民众难以理解，这就导致了社会公众对权责清单体制的质疑，不光是质疑它的法律效力，还对该制度实施的价值与作用存疑。依法行政是行政法的一个基本原则，清单之外无权力，因此在清单中所列的权责事项，必须是对具有合法和高效的规范性的现有法律文件中行政权力的综合、整理和列举。因此，二者的具体内容必须是完全一致的。从这种意义上衡量，依清单行政说到底也就是依法行政。但在具体实施中，遗漏行政权力、躲避行政责任、争抢权力利益或行政权力滞后于法律法规修改或废止的现象也屡见不鲜，从而导致政府权责清单制度中的行政权力和法定权力无法随时保持完全一致或者同步修改完善。进言之，如果未及时对政府权责清单的法律效力做出明确定位，那么政府权责清单制度的合法性将受到质疑。当产生矛盾冲突时，该制度会沦为形式主义的摆设，发挥不了实际作用。此外，政府权责清单制度的法律效力还决定其他机构能否有效地监督，以及行政相对人能否够根据权责清单中规定的主要程序来维护其合法权益，从而确保制度长期以稳定状态有效地实施。但中央和地方政府目前暂未有一个专门的法律法规，对权力清单体制的具体规范和详细规划并进行证实，即使有涉及，也只是比较空泛的。若在内容和形式上缺乏法律规定的限制和缺乏统一监督的问责路径，则会影响政府权责清单制度本应发挥的法律作用。被访谈者 C 表示，“目前有关政府权责清单的各种官方文件并没有明确规定权责清单制度的内容和外延，也没有明确规定权责清单的特性和效力，这导致在制定权责清单时会存在着巨大的认识和理解差异，法律概念的模糊直接导致了清单的定位不清，降低了权责清单制度的约束力和权威水平，增加了政府的实践难度”（20180606）。被访者 G 表示，“权责清单制度的法律规定在内容方面存在一定缺陷，一方面是对这一制度的实施主体、编制过程和监督责任等缺乏清晰的表述；另一方面就是没有对制度的法律效力进行明确的定义，导致了理解不同、进展不一、反复操作的局面”（20190621）。

3. 制定主体缺乏权威性

实行政府权责清单制度的目的是防止政府权力的滥用，让权力在阳光下运行，接受人民的监督。我国的一切权力属于人民，人民行使权力的机关是各级人民代表大会，而政府是人民代表大会的执行机关，是人民意志的执行者和人民权益的捍卫者。从法理分析，能够规定政府拥有哪些权力的不是政府部门自身，而是授予政府权力的各级人民代表大会。简言之，政府各类管理权力是人民和人民代表大会赋予的，如果没有人民赋予政府权力，政府便没有权力可言。因此，权责清单的制定主体应该是代表人民的利益和意志的各级人民代表大会，而不是负责执行人民意志的政府及其相关部门。但现有关于政府权责清单制度推行机制存在的一个问题便是缺乏各级人民代表大会的参与，在权责清单初步制定后，也缺乏本级人大的有效审议，政府权责清单制度的权威性和合法性被降低。目前，政府权责清单的清理和编制的一般完成程序首先要由编制主体对权力事项进行初步汇总整理，再提交审核主体进行合法性审查，若审核通过，则由公布主体向社会予以公开，行政主体加以执行，未审核通过的则需反馈编制主体对权责事项进行全面修改。但由于目前没有明确统一的政府权责编制主体，导致各省在实践中缺乏统一操作标准，执行主体与编制主体合成一体，“谁的清单谁制定谁执行”的现象层出不穷。在实践中，权责清单的清理与编制由政府主导，但由地方各级政府负责编制或者成立领导小组负责发布，然后由政府自己梳理、总结，最后以政府文件形式公布。这种“自我认定、自我执行、自我裁量”的情形，导致了清单的制定者、审核者、公布者、执行者高度重合，可能造成“自我定权、自我行权”的局面，出现“权力交叉空缺、责任主体不清、追究路径不明”的情形，使政府权责清单制度的实际作用收效甚微。例如，被访者 B 说到，“在政府权责清单制定中人大没有参与，在初步制定后，也缺乏本级人大的有效审议，政府权责清单制度的权威性和合法性其实是站不住脚的”（20191210）。被访谈者 K 提到，“由于权责数量依旧庞大，现在还是会存在同一事项由多个利益相关的部门管理的情形。在权力下放的实践过程中，也存在权力的选择性下放，特别是服务性强、责任重大、手续繁琐、无关资源分配、无利可图、投诉风险高的权力”（20191213）。

第八章　推进政府权责清单制度的策略建议

正如哈贝马斯所说，理论必须放下手里拿着解释世界的钥匙的架势，去经受不断变化的社会现实的检验。唯有如此，理论才可能给人们的行为指明方向，成为推动社会进步的一种必要的催化要素。推行政府权责清单制度是一个稳健、循环往复和螺旋上升的实施过程，是政府改革从理念、组织、制度、技术以及人员的全程体系，必须按照合理的程序逐步执行。根据前文对政府权责清单制度的环境背景、文献综述、基本概念、难题检视、客观诉愿、指标体系、实证检视及归因分析等探讨，本章从制度制定、制度执行、制度结果和公众满意度四个方面，具体从完善制度制定工作，提高制度的合理性；有力推进制度执行，实现制度预期目标；重视制度执行结果，推进制度优化调整；构建公民参与机制，提升公众的满意度等方面，提出完善与健全政府权责清单制度可资借鉴的政策建议，为稳步推进改革提供具有操作性的行动指南。推进政府权责清单制度的对策建议分析框架，如图 8-1 所示。

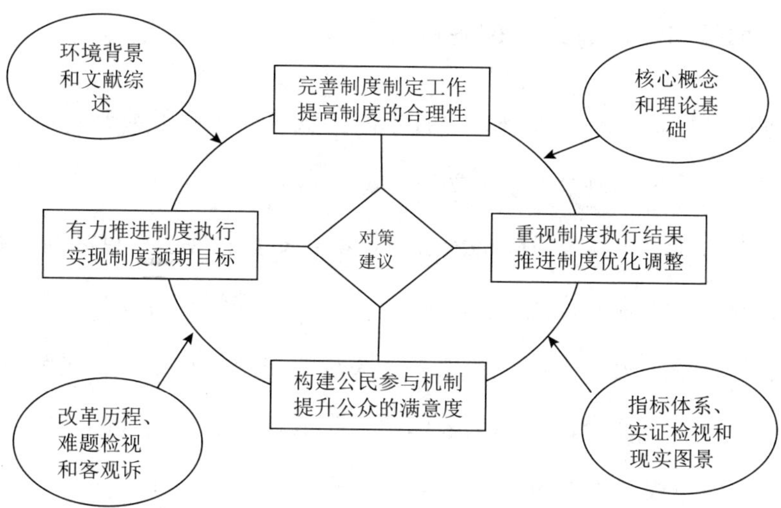

图 8-1　推进政府权责清单制度的对策建议分析框架

第一节　完善制度制定工作，提高制度的合理性

虽然在指标赋值上，制度制定维度的指标值只占了 0.1381，但这一制度却起着基础性和关键性的作用。换言之，政府权责清单制度的完善与否关系该制度后续能否顺利执行以及能否实现预期的制度目标，是推行政府权责清单制度的重要前提。由于当前政府权责清单制度的制定已经初步完成，需要对制度制定环节进行查缺补漏，以提高制度的合理性。因此，本节主要从加强组织领导、统一分类标准和依法动态调整等方面对完善和创新制度制定内容进行探讨，进而完善权责清单制度体系，以期提高政府权责清单制度的合理性与科学性。

一、加强组织领导，合理安排人员

推进政府权责清单制度制定过程不断完善的前提是始终坚持制度的依法制定，注重清单的编制公布。一方面，政府权责清单制度的一个重要目标便是强化权力的制约与监督，坚持依法制定本身便是实现这一目标的重要方式，可以避免权责清单在制定完善的过程中出现为了部门利益或个人私利而导致的滥用职权现象；另一方面，若缺乏相关法律法规的约束，权责清单将会使公众产生政府“自话自说”的刻板印象，降低权责清单制定的透明度与权威性，影响公众对权责清单的理解度与支持度。

在组织支持方面，其权重在制度制定中占比 59.36%，涉及业务培训开展情况、工作领导小组搭建情况、咨询团队和专职人员配备情况、物质资金提供情况等因素，对权责清单制度制定产生较大影响。从指标权重来看，业务培训开展情况（0.5852）在编制公布中占据着重要作用。由于政府权责清单的编制工作具有较强的专业性，对编制人员的素质及专业水平有较高的要求，建立专项培训制度是一个值得在权责清单制度实施过程中高度关注的事项。可以采取线上线下相结合的培训方式，对专门部门内的工作人员及时开展相关业务培训，培养更多关于权责清单制度方面的人才，还可通过编制《权责清单编制说明》《权责清单参考样式》等培训材料，着力提升经办人员业务水平，让部门领导到部门工作具体人员对清单知根知底，做到熟练运用。

从具体的实践来看，在权责清单制度建设时，要有专门负责这一制度制定工作的组织机构，并辅之相关工作领导小组。以清单编制为例，目前权责清单的编制主要由各县（区）的编办统筹完成，指导县（区）直部门和街（镇）开展清单编制工作，由于统筹安排，清单编制工作有条不紊地开展。不少县（区）镇（街）还专门成立了工作领导小组，推动权责清单制度的不断发展。但在这个过程中仍然存在责任主体协同度不够，个别部门因缺乏沟通导致梳理出来的权责清单不能很好地反映本部门的职责情况。因此，在下一步推进清单编制时，要打破利益固化的藩篱，在面对权责清单制度推进过程中存在的各种困难，要强化政府工作部门、审改部门、法制部门和行政服务中心等各部门之间的协同程度，确保制度改革的整体性发展。此外，确立每个层级统一的负责部门，建立必要的组织、协调、沟通和控制机制，确保权责清单制度的落实并不断优化。

在人员安排上，是否配备专职人员、工作人员专业水平和培训制度建立情况等因素都会影响权责清单制度的实施效果。针对这些问题，可以通过设置专门的人才机构、安排专门的人员充实完善权责清单负责人的队伍建设等方面入手，确保权责清单制度制定的有效推进。一方面，这个过程中可以聘请高校专家和其他法学专家等，构建政府权责清单专家咨询库，解决推进权责清单制度过程中所面临的专业性和技术性问题。在实地调研中也发现，是否有专门负责权责清单制度的工作人员且其是否专业对权责清单制度的实施产生重要的影响。缺乏权责清单制度的专职和专业人员，一直被政府权责清单制度能否有效深入推进困扰着。对此，在推进权责清单制度时要配备专门负责权责清单制度的工作人员，并且该工作人员最好具备相应的专业知识，使其能够顺利解决制度推进过程中遇到的问题且能创新性地推进制度的发展。此外，制度的执行需要做好物力和财力保障，正如卡尔·帕顿和大卫·沙维奇（2001）[①]所说，充足的装备、物资设备以及其他的支持设施是政策制定和政策执行过程中所必需的。

---

① ［美］卡尔·帕顿，大卫·沙维奇．政策分析和规划的初步方法［M］．孙兰芝，胡启生，译．北京：华夏出版社，2001：185.

二、统一分类标准，优化制度框架

通过对大量的政府权责清单制度文本进行分析可知，当前权责清单分类标准不一致，存在“9+X”模式或“10+X”模式等，容易造成制度实施过程中陷入“各自为政”的状态中。同时，权责梳理标准的不统一势必会给后续评估带来许多难题。因此，在权责清单编制公布方面，首先要统一分类标准，形成规范化的文本。这一过程中，需要依照法律、行政法规、规章和“三定”等规范性文件进行梳理，编制好通用清单和实施清单这两大类清单，推动权责清单制度的规范化和标准化建设，确保权责清单制度在制定过程中的规范性、权威性、系统性和重构整合性。

在编制公布方面，其权重在制度制定中占比15.71%，涉及编制要素是否齐全、编制分工是否清晰、编制要求是否合理、印发公布是否主动等因素，对权责清单的编制产生重要影响。从指标权重来看，编制要素是否齐全（0.4647）在编制公布中占据着重要作用。在权责清单的编制过程中，要充分考量编制要素的完整性问题以及编制分工的清晰度情形，确保制定出的权责清单是一份完整、翔实、科学的权责清单。一般情况下，权责清单需包括：行政职权及其法律依据、权力行使的主体、权力运行流程图、权责清单管理办法以及与权力相匹配的责任等要素。一是行政职权及其法律依据是政府权责清单制度的重要内容及主干部分，编制权责清单时，除了要列明各级政府所拥有的行政权力及其对应的责任，并引注与该项权力相关的法律法规及行使依据与标准，不得有凌驾于法律法规之上的政府权力，确保做到“法无授权不可为”；二是权力行使的主体必须明确，通过列明权责清单中各项政府权力的行使主体，使不同政府部门的工作人员明确本部门的工作职责与工作内容，防止不同部门间行政权力的交叉、重叠，避免出现行政相对人在办事过程中各部门工作拖拉、推诿扯皮，导致行政相对人办事体验感下降的现象；三是绘好权力运行流程图，展现各项政府权力的具体运行流程，提高行政相对人了解行政权力运行过程的直观性与便利性，增强行政相对人办事过程的便利感及其对政府服务水平的信任度；四是结合本行政区划内的实际情况，在遵循下级管理办法服从上级管理办法、管理办法服从法律的原则基础上，完善权责清单管理办法，为政府权责清单制度的运行提供有力保证，确保政府权责清单制度顺利高效执行；五是实现权责清单中权力与责任的匹配，将“法定职责必须为”行政理念的“软约束”通过政府权责清单制度这种客观形式转化为“硬约束”，避免出现没有对应责任的权力。

从具体的实践来看，在权责清单的编制过程中要充分发挥专家学者的重要作用，对于涉及法律等专业问题，要咨询相关法律专家，让专家做好把关的作用，确保编制的清单符合法律法规的要求。这一过程中还需要征求公众意见，征求公众意见不仅可以对权责清单制度进行宣传，还可利用这样的机会听取公众最直观的意见表达。但通过现实的调研可知，由于政府工作部门及其工作人员认为清单编制是政府的事情，忽视了征求公众意见的重要性，导致这一块工作的缺失。因而在清单编制中，要设置征求公众意见环节，充分发挥公众在清单编制中的重要作用。

权责清单的编制需要明确清理范围，并在统一归档具体内容和样式的基础上进行“清权、厘权、配权、晒权和制权[①]”。在清权方面，政府部门要敢于兜底，应该坚持职权法定、便民高效、权责一致、上下一致、公开透明的原则。对权责清单制度的制定，不可忽视的一点是要进一步处理好清单与法律之间的关系。权责清单制度作为一项前瞻性、突破性的改革，必然会和具有滞后性的法律法规相冲突，需要进一步处理好二者之间的关系。总之，在

① 黄平 . 浙江：8000 多项权力是如何被削减的［N］. 经济日报，2014-06-24（1）.

清单编制过程中需要编制好通用清单和实施清单，并在这一过程中注重编制要素是否齐全以及辅以其他手段，使编制的权责清单制度更加科学合理，优化整个权责清单制度框架。

三、依法动态调整，推动制度创新

动态调整是否及时，是衡量动态调整的重要指标，也是提升权责清单管理的科学化和信息化的重要体现。在权力运行优化调整方面，对设计权力交叉重叠问题，可以撤并的，要坚决予以撤并；对暂时无法撤并的，则要划分明确的权责关系和归宿问题，减少部门之间的相互推诿和相互扯皮的情况。这一过程中要加强对权责清单制度的动态管理，进一步推进简政放权，转变政府职能，规范权力运行，提高行政效率，是权责清单制度得以优化和提升的重要制度安排。

在动态调整方面，其权重在制度制定中占比 24.93%，涉及是否充分论证、是否时效准确、能否追溯记录、是否效能问责等因素，同样会对权责清单的制定产生影响。根据权重指标可得，是否充分论证在动态调整维度中的权重值为 0.6547，占有较大的权重。动态调整是一个持续性的过程，需要建立完善“事项必备、有备必审、适时调整”的动态管理机制，确保动态调整工作的常态化、制度化。权责清单动态调整要落脚于动态二字，权责清单编制后不是一成不变的，需要建立机制使清单能够因事而化、因时而进、因势而新，根据现实的变化及时调整各类清单，在这个过程中，对所要调整的内容进行充分认证，确保所要调整内容的科学性。

从具体的实践来看，一方面，动态调整需要形成常态化的运行机制，这是由于动态调整不是随便进行调整的，是建立在一定的制度框架下进行调整优化的，这就需要有一个专门的调整办法对整个调整过程进行规范，使动态调整有迹可循。同时，动态调整办法能够明确调整时间、调整范围和调整依据，让动态调整工作更加有的放矢。另一方面，要遵循规范的动态调整程序，如果调整程序不规范，也就意味着不合规，会降低动态调整的科学性和权威性，降低公众对权责清单的认可度和支持度。同时，动态调整要合法合规，依据法定程序进行。在这一过程中要根据法律的“立改废释”等对清单进行及时调整，做到不僭越法律，在合法性中完成权责清单制度的动态调整，切实做到与法律法规相统一。此外，还需注意的是明确清单动态修改的频次和频率，保证权责清单的相对稳定性，防止由于过度调整造成办事效率低下、办件错误率提升的情况发生。

权责清单制度的制定是一个持续性的过程，不是一蹴而就的，除了要在这一过程中进行动态管理，还要结合各地实际进行制度性创新，方能保证权责清单制度的常态化发展，彰显权责清单的制度价值。从权责清单制度的演变进程可以得知，权责清单制度的发展除了中央的推动，地方政府关于权责清单制度的创新也为这一制度的发展提供了许多有益的经验和案例，能促进这一制度不断发展。因此，在对政府权责清单制度的评估中，可以将政府是否创新权责清单制度的内容作为一个重要的评估标准，实现以评促建，倒逼制度创新的出现。同时，从顶层设计上要给政府权责清单制度留有足够的资助空间，在合理的范畴内允许制度创新的失败。此外，政府也可以在改善投资环境、优化公共服务、创新制度供给等方面显示出自身的竞争优势。

第二节 有力推进制度执行，实现制度预期目标

政府权责清单制度能否顺利执行，是该制度能否实现预期制度目标的重要保证和关键，离开有效的制度执行，政府权责清单制度只能是一纸空文。

权责清单制的建设是一个非常庞大且涉及政府自身改革的系统工程，其在本质上是一个多元参与的互动过程，需要各主体共同切实推进政府权责清单制度的执行工作。根据对 B 县的实证检视也可以发现，政府权责清单制度的执行仍有很大的提升空间。为更好地推进该制度，除了要有一套设计科学合理合法的权责清单制度之外，还需要从运用、信息和监管三方面加强管理，以推进权责清单制度落到实处。

一、做好规范管理，推进清单应用

政府权责清单制度能否实现预期效果与科学完善的制度是否得到有效运行存在重要联系，而严格规范管理并出台配套机制是制度能否顺利运行的关键因素。换言之，制度的制定能否取得预期效果在于日常的推进落实，规范管理则在这个过程中发挥着巨大的作用，是权责清单制度得以落地生根并结出硕果的重要抓手。政府权责清单制度配备完善的运行依据与配套机制，一方面，有利于将政府权责清单制度的执行过程进行详细化与具体化，便于基层政府工作人员操作执行；另一方面，有利于将政府权力的运行过程及政府责任的履行过程更好地呈现在公众面前，从而提高政府权责清单制度的公众知晓度和支持度。

在应用管理方面，其权重在制度执行中占比 49.34%，涉及与简政放权相结合情况、与完善清单管理制度体系相结合情况、与“三定”规定相结合情况、与政府日常管理运行相结合情况等因素，会对权责清单的执行产生影响。通过指标权重和对 B 县的调查可以发现与完善清单管理制度体系相结合情况（0.6264）占有较大的比重。是否具备完善的制度配套机制，是政府权责清单制度是否形成完整制度体系的重要标志，各级政府要继续完善清单管理制度体系，要以权责清单为核心和基点，建立公共服务清单、行政事业性收费清单、行政审批中介服务清单、监管事项清单、负面清单等专项清单制度体系。同时，还可以出台制度建设工作细则、制度推进考核机制实施计划等相关文件，进而完善整个权责清单制度体系。

从具体的实践来看，在应用管理上可以先重点加强以下两方面的建设：一是在管理办法制定上，目前仅有少数的县（区）一级政府有制定本县（区）关于权责清单制度的管理办法，大部分县（区）的管理办法直接采用省一级的管理办法，未将上级制定的管理办法进一步细化。这要求在推进政府权责清单制度时，要制定本级的权责清单制度管理办法，为该制度的有效管理提供管理基础。二是要落实“应尽必进”原则，确保权责清单制度需全部进入行政服务中心，发挥好行政服务中心这一促进权责规范管理的载体作用。

此外，督促权责清单制度与简政放权、“三定”工作的深度融合也是权责清单在运用上需要强化的，能够更好地发挥制度的应有之义。在与简政放权的融合上，要按照权责一致的原则，在做到权力和责任同步转移和下放的同时，县（区）政府部门应将编制的行政审批、服务事项办事指南和审查细则同步转移或下放，做到“标准同事项同步转移或下放”，以标准化促进规范化。在这个过程中，还要重视对简政放权节奏的把握，保证基层政府对行政审批权下放接得住、管得好。在与“三定”相结合方面，要以权责清单为基础，深化“三集中三分离”改革，进一步梳理细化部门职责，建立与“三定”规定有效对应、有机衔接的管理机制。除了与简政放权和“三定”规定结合之外，是否编制服务指南和操作手册，也会影响权责清单制度功能的发挥，在推进权责清单制度执行过程中要加强服务指南和操作手册的编制和完善。

二、加强制度宣传，强化信息管理

任何一项制度在执行前和执行时都要使执行者和接受者对制度有一定的政策认知，而制度宣传则是加强制度认知的重要方式和手段。制度宣传既是贯穿于制度执行的先导，也是制度执行过程中的重要手段。对权责清单制度的宣传，除让全社会对这一制度更好地了解之外，还含有教育、说服和鼓动的成分。具体而言，开展制度宣传具有两方面作用：一是针对制度执行者而言，加强宣传，有助于执行者对权责清单制度有一个更好的认知，更好地把握制度的本质和内涵，促使他们更加积极主动地贯彻落实这一制度。二是针对制度的目标群体而言，加强制度宣传，有助于目标群体对制度更好地知晓和理解，能够使其从心里支持和认可这一制度。因此，在制度执行时，要采用多渠道、多形式对权责清单制度进行宣传，形成有利于权责清单制度实施的舆论环境，确保权责清单制度得到高效执行的认可和支持。

除了在制度执行过程中对制度进行宣传，加强制度的信息化管理也是在制度执行过程中的重要抓手。在信息管理方面，其权重在制度制定中占比31.08%，涉及数据公开化程度、流程标准化程度、运行数字化程度、办理网络化程度等因素，在权责清单的执行中扮演着重要的作用。其中，数据公开化程度（0.6213）占有较大的比重。在网络信息年代，建立一个各级政府职能部门间信息、数据共享的网络平台，以实现信息的互通有无，是极其重要的。政府可以通过加强权责清单制度网上公开的网络平台建设，发挥网上办事大厅、清单运行系统的功能作用，让清单上网成为常态化，获取信息更加方便和快捷。加强信息化管理，还要与权责清单的公开程度、公开内容和公开载体相结合。在权责公开程度上，政府部门要做到应公开的全部公开，落实政务信息公开相关要求。在公开内容方面，包含编码、名称、依据、行使主体、权责划分、责任事项、监督方式和流程图等均要在网上进行公开，方便公众办事查询及进行有效监督。在公开载体上，要线上线下相结合，充分利用传统载体和以新媒体为载体相结合的公开形式。最后，要充分利用技术手段，构建信息收集和搭建网络体系，实现权责清单制度实施过程中的全方位信息化管理。

在“互联网＋政务服务”背景下，信息化管理还要关注网上审核实现程度和清单的信息化管理等内容，若能全部实现网上审核，将会对权责清单制度起到重要的推进作用。在具体的实践中，若能由专门的政府信息管理部门对平台中与权责清单相关的信息分类进行梳理分析，选取归纳出具有普遍性的政府权力及其对应的责任，以及各级政府在权责清单方面的具有普遍适用性的制度创新举措，在不同层级政府、不同政府部门间进行推广，使政府信息共享带来的正面效应不断涌流，提高政府权责清单制度的科学性与完善性。

三、落实工作督察，纳入绩效考核

在监督管理方面，其权重在制度执行中占比 19.58%，涉及开展监督检查情况、开展社会评价情况、开展廉政风险评估情况、开展绩效考核情况等因素，在权责清单的执行中的作用不可忽视。其中，开展监督检查情况占有较大的权重，权重值为 0.6132。通过督察，可以不断完善权责清单运行监督机制，提高政府部门及其工作人员对权责清单制度重要性的认识，进一步压实部门责任，充分发挥权责清单在规范权力运行、厘清政府与市场边界、建设法治政府和服务型政府等方面的作用，为推进权责清单制度的落实奠定良好的基础。因此，在政府权责清单制度监督管理过程中，要加强权责清单工作的落实情况的督察，这就要求机关效能工作机构、审改部门、行政服务中心管理机构和机构编制部门等按照职责分工，对权责清单制度的具体执行情况进行督察。为了更好地对其工作进行督察，可以通过技术手段建立完善的电子监察系统，将清单纳入该系统，并对其进行实时、全程的动态监察，推进权责清单与监察系统的衔接互动。而在具体的督察内容上，可以从宣传贯彻、落实执行、机制建立和服务到位等几方面的情况进行督察。在具体的督察程序上，可采取部门自查、重点督察、第三方评估和总结反馈的程序。

权责清单可以用作为绩效考核的依据之一①，把权责清单制度执行情况纳入绩效考核亦是推进权责清单制度落实的重要工具。因而，在政府权责清单制度的执行过程中，需制定一套科学完整的政府权责清单制度执行情况的考核标准与体系，并将政府权责清单制度的执行情况作为政府绩效考核的重要考核指标与依据。在这个过程中，可以将权责清单制度与政府及其工作人员的绩效考核挂钩，可以形成内在的激励要素，化意识认知为行动自觉。在具体考核方法中，可采取县（区）级政府每年向同级机构编制部门和审改部门报送上一年度权责清单基础数据和执行情况报告。但在现实调研中可以发现，有些县（区）仍未将权责清单纳入政府的绩效考评中。基础数据和情况报告是权责清单制度实施效果的重要评判之一，是纳入绩效管理的基础。要落实基础数据报送和执行情况报告这一要求。同时，机构编制部门牵头部门应会同政府法制部门、机关效能工作机构，建立权责清单执行情况和实施效果考评机制，将监督检查、社会评价和考评结果作为年终绩效考核评分依据。

① 梁远 . 让权责清单在落地运用中结出制度硕果［J］. 中国行政管理，2018（8）：13-17.

第三节　重视制度执行结果，推进制度优化调整

政府权责清单制度在制定和执行后，会产生一定的制度效率、效果和效应。在效率上，政府权责清单制度应该继续优化权责工作流程和办事流程，会对营商环境和政府工作人员的效率产生重要的影响；在效果方面，公众最直接的感受就是其所受到的服务是否发生重要的变化，也就是政府在减权增服方面做得如何；在效应方面，权责清单制度会给政治、经济、社会和文化等带来什么样的回应，特别是在政治上，政府如何对责任做进一步的回应是被重点关注的。从指标权重来看，该项权重值为 0.2761，说明制度执行的结果在制度评估中占有较大的比重。本文主要从制度执行结果出发，对政府权责清单制度如何根据效率、效果和效应三方面的评估，从优化流程管理、注重减权增服和强调政府责任等三方面推进权责清单制度的建设。

一、优化流程管理，提升制度效率

权责清单制度的流程优化可以分为两部分来理解，一方面是权责清单编制流程的优化；另一方面是对权责清单内容的优化。这是因为流程的优化不仅仅是权责清单里办事流程的优化，更需要编制流程的优化，增强编制流程的科学性、合理性和可靠性。对于权责清单编制流程优化而言，优化政府权责清单的具体编制流程，要形成政府权责清单“启动程序、清理程序、批准程序、公布程序、实施程序、公众与社会协商程序、修改程序”① 的具体编制流程，以增强权责清单编制的科学性。对权责清单内容的优化，对内可以是

① 林孝文．地方政府权力清单法律效力研究［J］．政治与法律，2015（7）：64-70.

服务手册，对外可以是办事指南，且在权力清单的构成要素中，权力运行流程图更是直接助力高效政府理念的落实[①]。从应然的角度来理解，政府权责清单制度不仅仅是对政府权力清单和责任清单的简单梳理，更是对政府权责清单运行流程和各主体之间的权责关系的重新构造，并在重构的基础上进行政府权责的厘定、整合和优化。

在实施效率方面，其权重在制度结果中占比 13.11%，涉及办理事项能否在规定时间内完成、在办事地点等待时间是否适度、是否存在推诿扯皮等现象、部门间协调事宜能否快速解决等因素。从指标权重来看，是否存在推诿扯皮等现象占有较大的权重，权重值为 0.5780。在政府权责清单中应明确各项权力的实施主体及本项权力所对应责任，重点关注涉及多个权力主体的行政事项，确定其中一个主体为牵头统筹部门，其余主体为协助部门，避免出现同一项权力存在多个主体并且各主体间权力分配不明晰、相互推诿扯皮的行政权力交叠现象。换言之，应确保各级政府的权力与职责分配的相对合理性与稳定性，杜绝出现行政权力过于集中在同一级政府、同一个部门或行政权力过于分散在不同级别的政府、不同政府部门以及权责清单过于频繁修改与变更，从而导致部门权力过大或部门间推诿扯皮，行政效率低下的现象。

进一步，不管是在内容上还是在编制时的流程优化管理，都对制度效率的提升有显著的作用，而这是否会对制度结果产生重要的影响，是衡量实施效果中不可或缺的一部分。这也意味着在推进这一制度时，既要以制度能否促进公共性和实现公共利益为第一要义，也要在这个过程中考虑制度制定和实施的投入产出比，考虑制度执行后政府及其工作人员的办事效率是否有所提升。因此，在急剧变化的社会环境和机构改革中，对现有资源进行合理安排，实现资源的最优化配置，进而提高投入产出比。同时，可以在流程优化

① 王太高．权力清单：“政府法治论”的一个实践［J］．法学论坛，2017，32（2）：13-21.

的基础上减少行政运行成本，提升服务效率。

二、注重减权增服，提升服务效能

在实施效果方面，其权重在制度结果中占比20.81%，涉及权责边界是否划定明确、职能转变和机构改革是否稳步推进、权力运行是否得到有效制约、公共服务是否有较高质量与水准等因素。从指标权重来看，权力运行是否得到有效制约，权重值为0.5409。在立足制度执行结果及倒逼制度优化调整的过程中，各级政府应通过政府权责清单制度的实行与推广，厘清各级政府的各项权力与责任，明确政府各项权力的边界，加强对政府权力的制约，推动政府积极履行责任，从而促进政府职能转变，改变过去政府管得过多过宽的现象，持续推进简政放权，不断彰显政府权责清单制度的实施效果。

党的十九大报告中指出：转变政府职能，深化简政放权，创新监管方式，增强政府公信力和执行力，建设人民满意的服务型政府[①]。党的二十大报告中进一步指出，要“深化简政放权、放管结合、优化服务改革”[②]。权责清单能够在服务上发挥其应有的作用，树立政府组织的服务意识，构建服务型政府。同时，新公共服务与政府权责清单制度都立足公共性，并将提供公共服务作为其价值理念。针对当前政府权责清单制度推进过程中缺乏公共服务标准、政府服务效能低下等问题，要以“减权增服”为方向，以致力于服务公众为目标，通过创新服务体系、服务方式和服务手段，梳理本部门具体的服务事项。

首先，强化政府的服务精神，提升政府服务水平。在推进政府权责清单

① 人民日报．决胜全面建成小康社会 夺取新时代中国特色社会主义伟大胜利［N］．人民日报，2017-10-19（2）．

② 习近平．高举中国特色社会主义伟大旗帜 为全面建设社会主义现代化国家而团结奋斗［N］．人民日报，2022-10-26（1）．

制度过程中，政府部门及其工作人员一方面要端正履职态度，按照方便服务对象和提高服务效能的原则，推进权责清单制度的优化；另一方面，要树立“公民本位、社会本位”的正确权力观，扩大服务范围，简化工作流程，让政府“多运动”，让群众“少跑腿”，为企业和群众提供更多便利。其次，要进一步明确政府服务的职能，推动服务方式升级，将服务公众的理念切实转化和落实到行政管理中。政府应该根据实际情况下放相应权力，发挥市场机制的作用，为社会或第三部门提供公共服务创造良好环境，切实在服务上下功夫。同时，用政府权力的“减法”，换取服务“加法”，提高政府权责清单制度的含金量，着力解决公共服务中的痛点和难点，更好地为公民提供更加优质、便捷、高效的公共产品和服务。最后，要按照权责清单制度制定过程中精细化和具体化的要求，建立以服务公众为导向的权力运行流程图，对政府权力运行的过程进行重新塑造，对政府提供公共服务的社会满意度进行评估，实现政府权力清单制度规范性和惠民性的双重目标。

三、强调政府责任，匹配权责关系

在实施效应方面，其权重在制度结果中占比66.08%，涉及是否坚持全面依法治国、是否激发市场经济活力、是否保障社会知情权、是否彰扬公共精神等因素。从指标权重来看，是否彰扬公共精神，权重值为0.5444。公共精神的彰扬离不开责任的承担。新公共服务理论指出，承认责任并不简单。有权必有责，权责需对等，权责受监督。权力清单既是规范权力的有益尝试，更是权责匹配的契机[①]。针对政府权责清单制度推进过程中存在的权责界限模糊、责任缺失等问题，要强化公共管理者的责任意识，为行政权力瘦身、替政府责任加码。同时，构建以“政府责任”为核心的政府治理模式，利用责任制约权力，

① 吴常幸．“权力清单”制度的政治学意义［J］．党政论坛，2015（5）：39-40.

深化“权责一致”在行政体制改革中的重要作用。

具体来说，一方面，政府部门针对责任不突出、缺少追责这一现实问题，要构建以责任为核心的政府治理新模式。权力清单与责任清单是共生的，要自我革命，刀刃向内，建立健全基于权力清单制度下的“全方位、立体化”的责任监督追究体制。同时，要处理好权力与责任的表单关系，原则上以权责逐一对应的形式进行责任清单制度的编制和公布，避免出现“有权无责”或“有责无权”的现象。对那些无法一一对应的权责，则要依据法律法规及相关规定加以明确，健全权责清单的动态调整机制，确保权责清单制度真正落到实处、取得实效，实现责任型政府的构建。另一方面，针对公共管理者受官僚主义思想影响及责任意识不够等问题，要以增强公共管理者的责任意识为第一要义，通过培训、学习等方式，注重其责任感的培养，明白权责清单制度推行的重要战略意义，让其深刻意识到政府权责清单制度推进过程中责任意识对促进公共利益实现的重要性，并在政府权责清单制度推进过程中科学、合理、有效地承担相应的政治责任和道德责任等，有条不紊地推动政府权责清单制度的实施。此外，各级政府应通过对政府权责清单制度的评估，反过来推进政府权责清单制度的优化创新，建立一个具有长效性的闭环管理机制，使权责清单保持持久适用性。

第四节 构建公民参与机制，提升公众的满意度

一项制度实施成功与否，除了按照既定目标去执行，其结果能否让公众有更多的获得感、满足感和幸福感则是一个重要的参照依据。随着公众参与意识的日益提升，越来越多的公众活跃在政府各项政治活动中，是推进政府权责清单制度建设过程中重要的力量。从某种意义上说，公众参与意味着公

众对政府权责履行是否得当、用权是否公开透明和办事是否务实高效的满意度都会产生重大影响。对于政府权责清单制度而言，其不仅仅是政府自身的一场革命，也是全社会共同关注的一项重要制度政策。制度的制定和实施最终能否取得预期目标，除了要发挥政府自上而下进行制度的推动外，也要充分利用公民参与这一自下而上的重要推进力量，以期实现制度的长效化发展。从权重指标来看，公众满意度权重值为 0.3905，这一结果可以从权责清单制度所要实现的关于限权履职的目标来理解。这一过程中，由于满意度较难直接衡量，而是从公民参与的角度进一步提升公众的满意度。因此，通过构建公民参与机制提升公众对权责清单的满意度，促进制度的良性发展。

一、健全问责机制，倡导公民监督

政府权责清单制度的有效推行离不开公众的参与和监督。公众对权责履行的满意度关注点，主要体现在制度执行过程中权责清单能否有效地发挥制约和监督政府权力的作用，以及所提供的服务是否更加便捷利民。这也涉及当政府工作人员没有正确用权和履责时是否会因“不作为”或“乱作为”受到行政问责，直接影响权责清单制度的权威性与公正性，是公众对政府信任力的重要构成之一。因此，在行政问责方面，政府部门要明确问责的主体和对象，对在制度执行过程中出现的权责错位、权责越位和懒政怠政等问题要利用完善的问责程序去处理解决。同时，问责过程的公开也有利于提升公众对这一制度实施的信心，认为权责清单制度是具备可操作性的，能够发挥重要作用的，这在无形中也会提高公众对权责清单制度的满意度。

除了政府自身的问责，倡导公众参与监督也是确保制度有效执行的重要一环。没有公民持续性的参与和监督，政府权责清单制度的推动就会缺乏广泛的社会基础，该制度的重要作用也就难以发挥了。公众对政府的监督，可以提高政府的合法性和有效性，进而提高公众对政府及政府政策的支持度和认可度。在参与式民主理论看来，政治体制上的权力制约权力和法律意义上的权力制约权力固然有着重要的意义，但是对整个社会发展来讲，这主要是一种消极的权力制约方式。而参与民主理论主张一种“以社会制约权力”的途径[①]，公民监督正是发挥这样一种“以社会制约权力”的作用。因此，有必要充分考虑社会公众的意见和看法，强化公众评价和外界监督这一参与机制，制约和监督政府的行政行为，减少权力异化的空间，确保制度执行时不出现偏差。在政府权责清单制度推进过程中，要结合政府权责清单制度绩效评价指标体系的构建，将公民对政府的“满意度测评”和“改善度测评”等指标纳入政府绩效评估体系中，从深处着力优化完善考核机制。同时，政府要搭建相应的监督平台，拓宽监督渠道，并扩大监督主体，主动接受社会公众的监督，满足公众对政府权责清单制度的参与需求和监督需求，保证清单制度的有效实施和后续完善。

二、坚持公开透明，提振公民信心

要提升公众对政府权责清单制度的满意度和实现公民的有效参与，信息的获取是必不可少的。缺乏必要的信息，公民对这一制度的满意度和参与到这一制度的有效性便无从谈起。针对公众在制度制定中对权责清单制度能否促进权力运行的公开性、公正性和透明性等测量指标可知，制度层面上的信息开放和“透明度”建设能够打破信息孤岛现象，有效整合资源，改变公众处于信息链弱势地位的非均衡状态。因而在这个过程中，“晒权”就显得尤为重要。通过编制权力运行流程图和借助互联网技术打造网上政务大厅，能够

① 董石桃．寻求民主发展与公民参与的统一——一种参与式民主的进路［J］．科学社会主义，2010（3）：60-64.

将政府的“权力”家底晒出来，增加公民对这一制度的认可度与支持度，是制度发挥效用的重要方面。

信息公开是公民参与的基础性制度，没有公开而谈民主制是很可笑的[①]。一方面，要保证信息的全面性和信息的可得性。信息的全面性涉及“哪些信息应该公开”的问题以及“哪些属于免于公开的例外情况”。对于那些可以公开的信息必须毫不保留地进行公开，对于那些免于公开的例外情况则可以予以明确，让公众的知情权得以保障，才能有效提升公众对权责清单制度的知悉程度。信息的可得性则是指在使得“主动公开”和“依申请公开”两种方式相辅相成的情况下，确保公民获取相关信息是无障碍的。另一方面，政府权责清单制度的推进要通过信息平台加强信息的公开，突出问题导向和需求导向，保障公民的知情权，提振公民信心。在这一过程中，网络信息技术在政府权责清单制度建设过程中发挥着重大作用，因此要积极推进电子政务的建设，要充分利用迅速发展的互联网技术，运用信息网络技术和大数据时代带来的数据优势，整合有关资源，统一权责清单的公布载体，构建集约化和智能化的电子政务平台。通过利用制度层面的信息开放和“透明度”建设改变公民所处的弱势地位，保障公民对这一制度在理解上的一致性，解决政府部门数据资源分散的现象和破除政府服务网“信息孤岛”的困境，为公民参与到政府权责清单制度中去提供新的契机。

三、营造民主氛围，突出公民参与

一项制度若想达到其预期的制度效果，需在制度制定中、制度执行时及制度实施产生的效果等过程中加强宣传。只有制度的制定者、执行者与接受

---

① ［苏联］列宁 . 列宁全集（第六卷：1902 年 1 月—1903 年 8 月）［M］. 中共中央马克思恩格斯列宁斯大林著作编译局，译 . 北京：人民出版社，1986：131.

者均对制度有一个较为全面和正确的政策认知，该项制度才能实现预期目标。新公共服务理论指出，政府官员需要给予一个组织中个体成员的价值和利益足够的关注，要合理引导公民积极参与。公众参与政府权责清单制度的意义不仅仅在于增加其推进过程中的“可视化”，更主要的是通过这一过程促使政府与公民在利益博弈时达到平衡的状态。因此，在政府权责清单制度推进过程中，不能脱离公众，要以公众参与、专家论证和政府决策协同治理为手段，切实发挥专家智库和公民的重要作用，并融入新公共服务理论所提倡的“参与、协商、公共价值和公共责任”等价值理念，建立开放和协同的运行机制，重新恢复公民的自豪感和责任感，让公众参与到权责清单制度的实践中来。

可以说，在对权责清单制度满意度的评估中，权责清单制度的实施有效地释放了社会的活力，为营造全社会的民主氛围奠定基础。公众的信任度、期待度和参与度都是最终影响公众对政府权责清单制度的重要因素。而这些因素的发挥，有赖于民主氛围的营造程度和公民参与程度的高低。此外，公民参与权责清单制度中这一现实的发生，取决于公民愿意并实际参与和政府愿意并允许公民参与，二者缺一不可。因此，在推进政府权责清单制度时，完善政民互动，达成改革共识，营造政府权责清单制度实施的良好氛围。通过海报、新闻媒体等宣传方式，普及政府权力清单相关知识，深入解读政府权责清单制度改革问题，提升公民对政府权责清单制度的知晓度和认可度。同时，政府部门在清权厘权的过程中，要将拓展社会参与机制固定为政府权力清单机制编制的必要环节，做好公民参与的程序设计与机制建设，让公民成为“变革的能动参与者，而不是指令或资助配给的被动的、顺从的接受者”①。

① ［印度］阿马蒂亚·森．以自由看待发展［M］．任赜，于真，译．北京：中国人民大学出版社，2002：274-276.

总结与展望

随着政府权责清单制度向纵深推进，该制度为“将权力关在笼子里”和履行政府职责提供了重要保障，逐渐实现了行政审批不断简化、服务功能不断优化的目标，不仅契合了当前行政体制改革核心要义，也有助于构建简约高效的政府治理体系。但作为一个新兴事物，存在着实践改革需求和理论滋养供给之间的矛盾较为突出的问题，特别是对这一制度实施效果的评价研究仍寥寥无几，影响了政府权责清单制度推进的实效，引出了对政府权责清单制度实施效果进行评价研究的重要性、必要性和紧迫性。因此，本书立足政府权责清单制度实施推进的理论需求，在通过大量文献资料阅读和实地调查走访多家部门单位的基础上，通过指标体系构建的方式，对当前政府权责清单制度的实施进行实证评价，并针对上述相关研究提出了政府权责清单制度推进的对策建议。通过研究，本书取得了以下几方面的成果。

一、核心概念界定

首先，本书从行政权力的概念、分类入手，描述了其具有的强制性、合法性、公共性、扩张性和有限性等特征，并从权力清单的制定主体、运行逻辑和法律定性等三个方面，对权力清单的内涵进行全面分析，发现权力缺乏有效制约和监督是催生权力清单更深层次的因素；其次，从行政责任、责任清单建立目的、具体内容、功能作用等方面来全面把握政府责任清单的内涵；再次，在权力清单和责任清单的基础上，厘清了权力与责任之间所蕴含的相互依赖与相互制约的关系，指出权责统一、权责一致是政府权责清单制度制定和优化必须要遵循的法则和应该重点关注的方向，进一步明晰了政府权责清单制度的内涵与外延，总结了政府权责清单制度具有的合法性、明确性、公开性、改革性、广泛性等五大特征，提炼出政府权责清单制度的三大功能，即厘清政府职权，促进简政放权；公开权力运行流程，促进阳光行政；降低制度交易成本，提高行政效能；最后，探讨了政府权责清单制度实施效果评价的概念和运行程序，指出政府权责清单制度实施效果评价，就是指采用一种或几种评价方式对这一制度的实施效果进行详细的分析和测量，反映其运行的实际效果，旨在及时调整和改进制度，以期提升行政效能、改善服务质量和提高公众满意度。

二、理论基础阐释

首先，本书介绍了新公共服务理论的基本内容和实践概况，并从公共利益的价值目标、责任的重要性、服务而不是掌舵、重视公民权和人的价值四个维度等内容实质作为当下进一步健全与完善政府权责清单制度的推进机理。其次，梳理了不同学者关于有限政府理论的具体内容，从有限政府具有广义和狭义之分、有限政府与无限政府及全能政府相对立、有限政府的运作方式是法治等内容对有限政府理论进一步理解，指出政府权责清单的建立目标与有限政府论的核心要义基本契合。再次，定义了权力制约与监督是指对权力的限制和约束、监察和督促，并从前提条件不同、运行方向不同、运行方式不同、时效性不同、依靠力量不同对权力制约和监督的区别进行了辨析，指出权力的制约与监督根植于对人类行为的深刻反思，遵循控权逻辑，是权力的一体两面，重点分析了权力制约监督理论的四种权力制约机制：以权力制约权力、以责任制约权力、以权利制约权力和以法律制约权力，为政府权责清单制度的建立和评价提供了一个可以契入的视角。从次，介绍了政府绩效评价理论，指出对于政府权责清单制度而言，其可视为政府限权履责的一项公共政策，对政府权责清单制度进行评价，即为一项公共政策绩效评价，从评价的意义、评价的方法、评价的过程，为政府权责清单制度的实施效果评价提供思考的方向和路径。最后，公共政策评估理论的评价主体、评价类型，也为政府权责清单绩效评价维度的建立提供理论依据，根据政策评估是对政策全过程评估以及公众满意度的考量，把政府权责清单制度的评估划分为制度制定、制度执行、制度结果和公众满意度四个部分。

三、政府权责清单制度构建的实施背景

政府权责清单制度的推行是时代所需，是国家治理体系和治理能力现代化的重要举措。宏观来看，构建政府权责清单制度是构建现代政府所内含的任务，也是国家治理现代化的要求，从现实出发，推行政府权责清单制度是在中央政策文件支持下，所必须推行的、符合“放管服”改革要求的一项重大举措。在内在动因方面，政府权责清单制度提出的现实基础包含必要性和必然性和可行性三个方面。其中，在必然性方面，推行政府权责清单制度是建设创新型政府、法治型政府、廉洁型政府和服务型政府的必然；在必要性方面，构建和推行政府权责清单制度是对国家治理体系和治理能力现代化的制度性回应，同时也是顺应社会主义市场经济的需要，能够助推当前政府转型的创新探索，是实现人民当家作主的积极举措；在可行性方面，政府权责清单制度是建立在其自身具备的制度正当性和有效实施的基础上，体现在它

对政府部门工作人员的强制性，使制度的执行者对制度有认同、可遵守、能执行，保证了制度实施的效果，而相配套的监督机制、动态调整机制为政府权责清单制度的可行性提供重要保障。

四、政府权责清单制度的演进轨迹

基于相关政策文本和各地政府的具体实践，对政府权责清单制度的演进轨迹进行详细梳理和分析，简单概况出政府权责清单制度的演进可分为初现端倪、试点导入和规范推广三个大的阶段，每个阶段中都有其发展的重点。其中，在初现端倪阶段，更多的是对政府权责清单制度的酝酿，虽然没有直接提出政府权责清单制度的说法，但在实践中已经为后面政府权责清单制度的发展提出了最初的样式。在试点导入阶段，首先通过对睢宁、成安和武侯的试点情况的经验总结，然后在全国范围内全面展开“县委权力公开透明运行”试点工作，并且从中央层面出台《关于开展县委权力公开透明运行试点工作的意见》(2010)，要求全国各省、自治区、直辖市结合实际认真贯彻执行。在规范推广阶段，是政府权责清单制度发展的一大高潮。在中央层面，梳理了2015—2021年中央层面对政府权责清单的建设朝着完善规范的方向前进的政策文本内容，以及回顾了2014—2022年政府工作报告中关于“权责清单”的表述，刻画了政府权责清单制度从权力清单建立到公布省级政府权责清单再到全面公布政府权责清单和全面实行清单管理制度的发展历程。在省部级层面，关注了东中西部省级和国务院部门在权责清单制度建设上逐渐完善的过程，对江苏省、安徽省、四川省和国务院部门的权责清单制度建设进行简要回顾；在市、县（区）级层面，各地市、县（区）级政府也纷纷结合省级政府权责清单制度精神以及管理办法，出台了市、县（区）级政府的权责清单，通过对广东省佛山市、河南省三门峡市、甘肃省张掖市、山东省泰安市东平县、浙江省杭州市富阳区等进行刻画，描绘了东中西部各市、县（区）推动权责清单制度的面貌。

五、政府权责清单制度的发展特点和实践检视

经过对政府权责清单制度整体发展脉络的梳理，从时间、空间和内容上对政府权责清单制度发展特点予以归纳。从时间上看，政府权责清单制度经历了其发展具有明显的阶段性特征，呈现准备孵化、规范扩展、精细发展的特点；从空间上看，政府权责清单制度符合从“试点—推广”这一政策推进特点，呈现局部试点、横向扩散、全面覆盖的特点；从内容上看，政府权责清单制度随着政府对行政权力和责任的意识而不断深入，从最初公布权力清单，到责任清单，再到服务清单，呈现权力为主、权责一致、服务优化的特点。总体而言，政府权责清单制度已慢慢成形，现出“严细实”的特点，实现了制度建构与实践操作的统筹，政府权责清单制度推进过程中取得了较为显著的成效。在这个过程中，各省、市开始出台政府权责清单制度动态管理办法和建设政府权责清单管理的地方标准，进行了清理模式创新、动态管理办法出台、地方标准建设、权责清单制度评价等诸多有益的尝试，在政府权责清单建设流程、清单审查编制机制、监督监管机制、动态调整机制等方面都积累了不少经验。

六、政府权责清单制度实施效果评价的客观诉愿

主要从政府权责清单制度实施效果评价的必要性和所面临的困境两个方面，对该制度的实施效果评价的客观诉愿进行阐释。首先，在对政府权责清单制度有了基本把握的基础上，从“推进制度落实，巩固制度成果；总结经验不足，提供改革方向；改善内部管理，优化资源配置；塑造良好形象，提

升治理能力；满足公众诉求，加强外界监督”五个方面阐述了为何要进行政府权责清单制度的评价。其次，根据对政府权责清单制度的整体把握，以及结合文献梳理、实践报道和走访调查等所获取的资料，探讨了当前政府权责清单制度实施效果评价过程中所面临的理念、制度和技术上的困境，包括缺乏主动参与评价意识、评价结果反馈不被重视、缺乏相应法律法规保障、尚未健全有效评价机制、评价工具运用能力不足、评价数据获取存在困难等具体内容。

七、政府权责清单制度绩效评价指标体系的构建

以公共利益为总的价值取向，延伸出民主、服务、效率、公民权四个层面的目标，主要遵循系统优化、科学规范、客观公正、公众参与、操作简便、动态发展等指导原则，从“制度制定—制度执行—制度结果—公众满意度”四个维度出发，对指标体系进行维度考量；在文献阅读、资料分析、问卷调查和实地走访调查的基础上，形成含有108个指标的绩效评价指标体系指标池，并利用专家意见法、头脑风暴法等方法，初步形成了含74个指标的指标体系。同时，对所构建的指标体系的指标进行隶属度分析、相关性分析，以及信度、效度检验等实证筛选，进而确定包含48个指标的政府权责清单制度绩效评价指标体系，进而运用层次分析法（AHP）确定各维度和绩效评价指标权重值。

八、A省B县政府权责清单制度实施效果的实证检视

主要是结合A省B县权责清单制度实施情况，运用设计的指标体系进行应用性的分析。具言之，在进行实证检视之前，先对含有指标权重值的指标体系进行应用性细化，对指标体系做进一步的明确化和可操作化。在此基础

上，结合B县这一制度的实施现状，依据细化说明测量出该县政府权责清单制度各个指标的实际值，计算出当前B县实施权责清单制度的总体效果，对所构建的政府权责清单制度评价指标体系的可操作性进行验证。同时，利用这一应用性细化的指标体系，从宏观上审视了当前县（区）一级在落实和推进权责清单制度的总体效果。此外，从对B县的评价中可以看出，当前县（区）一级的地方政府在权责清单制度制定上能够有条不紊地推进，总体上能够完成清单制定的相关工作，但B县政府权责清单制度在推进过程中也存在些许问题，如咨询团队和专职人员配备情况、开展监督检查情况、开展社会评价情况、开展廉政风险评估情况、开展绩效考核情况等方面需要不断加强。

九、目前政府权责清单制度实施存在问题的归因分析

本书选取了B县县直部门主要负责同志、分管领导、科室负责人、具体经办人员等进行访谈，深入透析当前政府权责清单制度实施过程中存在的问题及原因。主要结合个别被访谈者提及的信息，总结提炼出目前政府权责清单制度存在的专业素质有待提升、监督机制不健全、政府宣传工作不到位等困境。另外，基于访谈法获取的原始资料信息，结合扎根理论，借助NVivo 11软件作为编码和分析的工具，对访谈文本资料进行逐级编码，从而归纳出影响目前政府权责清单制度实施存在问题的原因，即思想认识存在偏差、相关配套机制缺失、社会公众参与不足、制定缺乏规范性、法律法规依据缺位等。

十、推进政府权责清单制度的策略建议

结合政府权责清单制度实施效果评价的客观诉愿、指标体系的构建，及政府实施权责清单制度过程中取得的经验和存在的不足，从完善制度制定工

作，提高制度的合理性；有力推进制度执行，实现制度预期目标；重视制度执行结果，推进制度优化调整；构建公民参与机制，提升公众的满意度四个维度探寻政府权责清单制度的下一步改革的行动指南。具言之，在制度制定维度，要加强组织领导，合理安排人员；统一分类标准，优化制度框架；依法动态调整，推动制度创新。在制度执行维度，要做好规范管理，推进清单应用；加强制度宣传，强化信息管理；落实工作督察，纳入绩效考核。在制度结果维度，要优化流程管理，提升制度效率；注重减权增服，提升服务效能；强调政府责任，匹配权责关系。在公众满意度维度，要健全问责机制，倡导公民监督;坚持公开透明，提振公民信心;营造民主氛围，突出公民参与。

法无授权不可为，行政权力进清单；清单之外无权力，清单之内有严规。对政府权责清单制度实施效果的评价是一项庞大且复杂的系统工程，不是一蹴而就的工作，需要全方位多角度对其实施效果进行考量。虽然本书在写作过程中阅读了大量相关书籍、文献、报道和政策文件，同多位专家进行沟通交流，也进行了实地考察和调研，与编办人员、行政服务中心工作人员、公众等进行深入座谈和交流，获取许多宝贵的一手资料，但由于自身能力和时间精力等限制，在研究过程中仍存在以下不足：一是所设计的指标能否完全涵盖政府权责清单制度实践的全部内容，以及指标遴选和赋值过程中仍具有较强的主观性，需要进一步的分析和论证；二是实证研究样本量由于时间、经历和资金的限制，仅选取几个比较有代表性的政府进行调研研究，调研数量和范围仍存在较大的局限性。

当前，政府权责清单制度逐渐往纵深方面发展，政府权责清单制度实施的评价也势必会逐渐提上政策议程，巨大的制度需求需要学界进行理论供给。对于上述提到的不足，可从以下三方面深入挖掘：一是利用数据挖掘技术科学筛选政府权责清单制度实施效果评价指标，对指标进行遴选，增强指标体系构建的覆盖性和客观性；二是挑选具有不同层次的代表性样本进行调研，扩大调研数量和范围，并对其实施效果进行对比分析，以期获得更客观合理的调查结果，解决这一制度“规范化运行”的困境，为推进政府权责清单制度的长效发展提供可资借鉴的建议对策；三是对指标体系的适应性和扩展性需要进一步研究，由于各级政府的情况存在差距，在具体评价时要适当地结合当地实际，如何解决这种理论与实际之间的差异也是指标设计完善需要考虑的。

总的来说，政府权责清单制度的实施效果评价的相关研究仍具有广泛的研究前景和拥有巨大的研究价值。加强关于这方面的研究，不仅可以弥补理论研究比较缺乏的不足，更能在实际中为政府实施该制度提供方向性指引。

后 记

《礼记·中庸》有云，“博学之，审问之，慎思之，明辨之，笃行之”，说的是为学的几个阶段。我所体验的为学当然也必须要善于处理渐与多，虚与骄，学与思，精与细，故与新，知与行之间的关系。毋庸讳言，为学不是简单化一、轻而易举；而是纷繁复杂、持续不断的过程。本书是在我获批2015年度国家社科基金一般项目的研究成果的基础之上修改、补充而成的，这些年来，围绕这一课题一直在不断摸索和探寻，敦促自己有了更多对现实的关注以及学术使命感的尊崇，才使我在很长的时间内勤奋地思考与写作，可以说这本书的产出是自己目前为学过程中最重要的篇章之一。但当自己落笔画上书中最后的句号时，我心中并没有如释重负的欣喜感觉，涌起的反而是丝丝难遣的留恋。这才让我真正深刻地体验到理论探索的不易、学术追求的不舍以及自我价值实现的不能。许久以来，一种困惑和沉重一直伴随着自己的感知与思考：对浩瀚而神圣的学术之海，我总有百般的憧憬，然而当走近它时却忽然发现，涉猎的知识越多，自己的无知之域也越广，对学术的敬畏时时会让我产生“胆战心惊”的感觉，它使我走不出困惑，一种沉重感更是挥之不去。然而我也将坦然执着……奋进就渗透着磨炼和险阻；追求就潜藏着困难和危机；境界就意蕴着期望和虚灵。在到达心中的圣殿之前，每个旅行者都必须要经历风雨泥泞中的跋涉。不过，沿途更有那无限美丽绚烂的风景，这一切又是那么令人好奇、令人向往、令人激越不已，因之锲而不舍，矢志不渝！我坚信自己要做一个忠诚的学术的朝圣者，孜孜不倦地追寻自己畅游学术之海的梦想与渴望，感受着载途中的那份特有的艰辛与快乐。

我们一直强调，研究理论不以实践为基础和依托，理论就将成为无源之水；实践的探索不以理论作指导，就将迷失方向、误入歧途。事实上，任何一种理论生存和拓展的价值魅力最根本就在于它能及时把握时代的脉搏，合理反映时代的特质，并能正确揭示千变万化社会现象之下的生成规律，努力探寻社会进步的发展良策，以期充分满足人与社会全面发展的需求。同样，任何一项重大的改革举措都离不开一定的理论作为支撑，如果没有相应理论的指导，也不可能得到多数人的认同并在现实实践中大行其道。当下，中国的公共管理研究正处于一个关键时期，在我们面前有许多必须解决而无法回避的理论问题，也有许多必须抓紧而不能容缓的实践任务。而如何应对这些理论问题和实践任务的挑战与考验，做到两者之间的良性互动和契合，理所当然地成了我国理论学界和实践部门要探讨的时代论题。

进入21世纪，随着当前全球化、信息化、市场化对传统治国理政模式的影响持续加深；国内经济体制建设和政治体制发展的不断推进以及转变政府职能，深化简政放权，创新监管方式，增强政府公信力和执行力，人民满意的服务型政府建设的进一步健全与完善，我国开始了由传统转向现代政府管理体制改革的艰难跨越，如何强化权力运行制约和监督体系一直是困扰我国经济社会发展的突出问题和稀缺资源，也是理论学界与实践部门关注的焦点及重心。衡量民主政治发展的标尺之一是权力运行的透明度。透明度越高、公开面越广，政治环境越民主。权力运行一旦公开透明，一切的过程和结果便会处在人民群众监督的视野范围内。这是真正意义上的“阳光”政治。作为制约与监督权力的新举措，政府权责清单制度依赖于清单式的权力公开机制和手段，有效地规范了政府权力的运行和督促了政府责任的担当，在当今公共议题讨论中日渐兴盛。但作为一个刚刚崭露头角的新兴事物，我们对政府权责清单制度暂且进行了初步探讨，如何达成理论与实践的相通相融，还需要深化研究力度，拓宽研究视阈：既有成果描绘了政府权责清单制度的整体画像，重点关注了政府权责清单制度的学理要素，但较多停留在核心概念、思想要义、理论逻辑等宏观阐释上，尚未对政府权责清单制度的改革实践成效做出全面客观地跟踪评价，没有从面临的现实情境来探索其作用机理及实现途径，对推行政府权责清单制度的内在要素、行动网络和动态过程等更微观的层次体系还没精准涉及，提出的对策和建议其针对性和可操作性有待加强。总之，如何保障我国政府权责清单制度在理想范围内健康、稳定、持续运转，建立一套科学合理的评估指标，对实际进程与效果予以科学规范的计量，借此对各级政府及其工作部门关于权责清单制度的政策取向、任务内容、发展模式等方面进行甄别，并依据实践情况和指标运行存在的症结问题，出击打破行动困境，整合优化资源配置，寻求解码良善之道，进而实现国家治理现代化，就显得极为迫切和必要。基于这一感知认识，我选择了“政府权责清单制度”这一方兴未艾的前沿领域作为自己的研究趣向，这本书它只是一个粗线条的描述，简单地阐释了政府权责清单制度的理论创新与实践探索上的些许内容观点。作为自己从事专业研究的一个初步尝试与开端，由于资料收集和实践调研有限，再加上研究水平的不足，拙作难免瑕瑜互见，必有阙失浅陋，如对政府权责清单制度理论渊源的提出，在发展脉络上不过是勾勒了一个简略的轮廓；对中国语境下政府权责清单制度的理路辨识以及具体的发展策略挖掘得还不够充分；有些概念在文字厘定上也尚须斟酌，等等。本书只是在下的一得之见，还望恳请各位专家和学者悉心地予以批评指正。

我想自己会在未来的时间里继续关注这个论题，而现在的这个研究可以为以后进一步深化和拓展奠定良好的基础。我有如此一种期待：自己尚显稚嫩的付出，可以为政府权责清单制度最终成为公共管理研究的新兴领域贡献一份力量。若能成行，我想自己的使命可能变得厚重，自己的研究可能变得更富有意义，并由此而使自己少一份惶恐，多一份欣慰。我不敢奢望太多，只想做引玉之砖，为其他人对该问题的深入研究做一方踏脚之石。

在该书的写作过程中，得到了许多师长、朋友、同仁和家人们的支持和帮助，值此书稿付印之际，诸般感情油然而生，有太多的人让我感激于怀，让我铭记在心，借以机会我要向各位表示由衷的谢意。

首先，我尤其要感谢自己的合作者林仁镇博士。在当前，凭借一人之力单独开展社会科学相关议题的研究是不可想象的，也是困难重重的。现代意义上的科学研究往往需要跟合作伙伴进行协同统筹、合理分工、分头推进。本书便是与仁镇博士一起齐心戮力完成之作。可以说，书稿不断地完善倾注着他大量的心血和汗水，他常常与我主动地交流和交换各种意见，他用精辟的观点、深邃的洞见和中肯的建议为我们提供了一个施展个性、自由驰骋的思想空间，正是在他的严格督促与缜密修复下，才使我们在撰写任务的进展上不断地收获及突破，且总能在关键时刻给予极富价值的点拨与梳理，从而为本书的顺利成稿构筑了牢靠强劲的“主心骨”。

其次，我要将最深挚的谢意献给自己的导师张创新先生。时光宛如流水，稍纵即逝，再度回首已然结束的吉林大学的六年（2001—2007 年）硕博求学生涯，自己不免颇多感慨，一直心存感念。张创新先生严谨的治学之风，深厚的学术积累，敏锐的智慧，开阔的视野与谦和的风度以及轻名利、淡荣华的人格魅力深深地影响着自己，他不仅教我如何做学问，更教我如何做人，一个清醒正直的人，这一切都成了我潜心科研和快乐生活的指南。他秉持史家风骨，坚持唯才是举，热情而富有感染力，他的持续奖掖与耳提面命都曾给予我莫大的鼓励和鞭策。在他循循善诱的教导下学习将是我一生都会珍视的幸福！深深记得2015年初秋，我急切地从福州奔赴长春，当时先生正在重病期间，但仍不忘叮嘱自己要乐观坚毅，积极进取，现在是爬坡过坎的阶段……孰料病魔无情，数日后先生即溘然仙逝，让人万分悲痛！这本书稿也是对先生的另一种祭奠与缅怀。师恩难忘，我们永远怀念您！

再者，我要特别诚恳地谢谢我的研究生，他们不辞辛苦收集和整理了大量资料，这些学生包括魏远明、叶若昀、谭博文、牟慧玲、林毓炫、陈燕、尤金凤、刘洋、黄思佳、郑晨宇、余萍、林煜岚、吴懿君、高思楠等，也正是在和小伙伴们数不清多少次的热烈的讨论中、无倦的长谈中激发了我们的灵感，开拓了我们专业研究的视野与思路。本书中的许多观点，都是在与这些同学的交流中碰撞出的思想火花，可以说是大家共同的思想结晶——“探索者总是与孤独结伴而行”，这次却是一个例外——正是他们的集思广益，收集的大量资料和整理的各个章节篇幅内容，给了我们思考问题的最直接动力与源泉，才使我们能够高站位，谋篇布局；绘新景，精准发力，顺利完成本书的撰写。

另外，我要衷心地感谢自己的工作单位——福州大学及经济与管理学院，为我们创造了如此良好的学术氛围与和谐而宁静的人文环境，能够在完成教学任务的同时，将更饱满的精力放到科研攻关之中，促使我们在这里积极地汲取学术的营养，健康地面对生活的历练，这一切都让我们无论何时何地都能如沐春风，受益良多。

还有，我要表示深深的敬意给中国民主法制出版社的各位编辑，没有他们无私的宽容、充分的理解和辛勤的劳动，本书实难付梓。当然，还有其他许多不能一一道名的师长、朋友和同仁也都在为我指谬匡正，从不同方面给了我诸多指导与帮助。殷殷厚意，统此谢忱！

最后，我要将最浓烈的爱意和感恩献给我的家人。写到这里的时候，我潸然泪下，思绪万千，不由得想起了已经过世的父亲，此书也作为一份迟到的礼物献给天堂的父亲！谢谢妈妈一直陪伴在我们身边，您那春风细雨般的关怀，总让我深切体味到一份天然的亲切和温馨，在内心深处这份亲切和温馨随时随地都洋溢在自己的周围，激励着自己，滋养着自己。特别感谢我的妻子彭宝珍女士，她对家庭生活井井有条的照料和对两个宝贝女儿百般呵护的照顾，让我没有后顾之忧，能够全身心地投入到科研工作和书稿撰写之中。她在自己的事业发展上也作出了很大的牺牲与割舍，为此我一直感到内疚，对她的感激之情，难以用言语表达，唯有我以更多更深的爱予以回报反馈。

……正是这众多无微不至的疼爱和持久不懈地注视，耐心地为我支撑起了一片任意翱翔的天空，使我更多了一份信心与勇气，一份从容与淡定，一份怡然与舒畅，自己的脚步才充满活力，不会停歇，更不会失去正确的方向。

此刻的窗外，无不映照着春山的新绿，沐浴着暖日的明媚，披拂着和风的温情，愿我们永远都拥有这美好幸福的时光！

叶　勇

2022 年 3 月于福大怡园西村